# Zu diesem Buch

Eine neue Art von Astrologie entsteht heute. Sie greift traditionelle Theorien und Einstellungen auf und kehrt ihr Innerstes nach außen. Die moderne Astrologie versucht zu einer Verständnisebene durchzudringen, die eine völlig neue Auffassung nicht nur von der Astrologie, sondern vom Menschen selbst ermöglicht. Die Naturwissenschaften leisten viel in der Erforschung abgegrenzter Detailfragen, aber es ist problematisch, diese Einzelergebnisse nicht wieder zu einem vollständigen und lebendigen Ganzen zusammenzufügen und so die tieferen Bedürfnisse des Menschen nicht zu befriedigen. Es ist das Bedürfnis nach einem Verständnis der universellen Prinzipien, der Harmonie des Ganzen und der Grundstrukturen des Lebens. Und so ist es nur folgerichtig gewesen, daß die moderne Psychologie die Astrologie für sich entdeckt hat, um auch die Bedeutung der vier Elemente als archetypische Kräfte der Seele zu erforschen.

Stephen Arroyo, einer der bedeutendsten und bekanntesten Astrologen Amerikas, zeigt die verschiedenen Ansätze der modernen Astrologie und die Möglichkeiten der Persönlichkeitsanalysen.

Stephen Arroyo

# Astrologie, Psychologie und die vier Elemente

Aus dem Amerikanischen
übersetzt von
Martin Störmer und
Cornelia Labonté

rororo
transformation

rororo transformation
Herausgegeben von Bernd Jost
und Jutta Schwarz

Umschlaggestalung Peter Keller
Illustration Stefan Kiefer

Veröffentlicht im Rowohlt Taschenbuch Verlag GmbH,
Reinbek bei Hamburg, November 1989

Gesamtherstellung Clausen & Bosse, Leck
Printed in Germany
980-ISBN 3 499 18579 2

# INHALT


Vorwort

ASTROLOGIE UND PSYCHOLOGIE 13
Wissenschaft und Psychologie am Wendepunkt 14
Grenzen des alten Systems 21
Verschiedene Auffassungen von Wissen und das Problem der Beweisbarkeit 26
Über die Beweisbarkeit der Astrologie 35
Archetypen und universelle Prinzipien 41
Universelle Prinzipien 44
Ansätze zur Astrologie 51
Der kausale Ansatz 51 Der symbolische Ansatz 53 Der holistische Ansatz 55 Der energetische Ansatz 58
Humanistische Psychologie und humanistische Astrologie 60
Die Anwendung der Astrologie in der Kunst der Beratung 68
Anmerkungen zu Ausbildung und Training astrologischer Berater 74
Das Verhältnis von Lehrer und Schüler 77
Die Ausbildung von astrologischen Beratern 80

DIE VIER ELEMENTE: EIN ENERGETISCHER ANSATZ ZUR INTERPRETATION VON GEBURTSHOROSKOPEN 85
Astrologie: Eine Sprache der Energie 86
Die Tierkreiszeichen als Energiemuster 88 Die Planeten als Energie-Regulatoren 91 Die astrologische Persönlichkeitstheorie 92 Grundbegriffe und Definitionen 93 Funktion der Planeten in den Zeichen 101

Die vier Elemente: Die grundlegenden Energien der Astrologie 103
Weltweite Anerkennung der vier Elemente 105 Moderne Darstellung 106 In spiritueller Sicht 108 Klassifikation der Elemente 109 Das Element Feuer 111 Das Element Luft 112 Das Element Wasser 113 Das Element Erde 115

Die Psychologie des Individuums 117

Die Elemente in der Heilkunst 124

Die Elemente in der Interpretation 127

Ungleichgewicht des Feuers 130 Ungleichgewicht der Erde 131 Ungleichgewicht von Luft 133 Ungleichgewicht des Wassers 135 Betonung von ausdrucksstarken oder ausdrucksschwachen Elementen 138 Überbetonung von Wasser und Erde Mangel an Luft und Feuer 138 Überbetonung von Luft und Feuer Mangel an Wasser und Erde 139 Andere Kombination der Elemente 140 Luft-Wasser Kombination 141 Luft-Erde Kombination 141 Wasser-Feuer Kombination 142 Erde-Feuer Kombination 143

Potential zur Integration: Aspekte und Planetare Beziehungen 145

Die Planeten in den Elementen 151

Merkur 151 Venus 154 Mars 154 Sonne, Mond und Aszendent 155 Jupiter und Saturn 157 Die »kosmosische Qualität« der Planeten 160

Die Elemente im Horoskopvergleich 162

Die Elemente und die Häuser: Ein System von Grundbegriffen 175

Klassifizierung der Häuser 177 Die Wasserhäuser 179 Das vierte Haus 180 Das achte Haus 180 Das zwölfte Haus 181 Die Erdhäuser 182 Das zehnte Haus 182 Das zweite Haus 182 Das sechste Haus 183 Die Feuerhäuser 183 Das erste Haus 184 Das fünfte Haus 184 Das neunte Haus 184 Die Lufthäuser 185 Das siebte Haus 185 Das elfte Haus 186 Das dritte Haus 187 Astrologie ein Weg zur Selbsterkenntnis 187

Anhang A 189

Anhang B 197

Anhang C 205

Bibliographie zu Teil I 214

# Vorwort

Eine neue Art von Astrologie wird in unserer Zeit geboren. Sie hat noch nicht so recht ihre Form gefunden, ist noch nicht gut koordiniert, den sozialen Bedürfnissen noch nicht ganz angepaßt. Daher braucht sie viel Ermutigung und Unterstützung von ihren Eltern. Genau wie ein Baby, das oft hinfällt bei seinen Versuchen, laufen zu lernen, hat diese neue Art von Astrologie ihre Höhen und Tiefen und fällt gelegentlich auch auf die Nase. Wie alle Kinder braucht dieses heranwachsende Wesen die konzentrierte Aufmerksamkeit seiner Eltern, damit es seine gesamten Möglichkeiten entwickeln kann. Eltern können nicht eher ruhen und mit Zufriedenheit ihre gelungene Arbeit betrachten, als bis das Kind völlig gesund und selbständig ist; aber Wachstum und Entwicklung des Kindes sind ihnen Ansporn genug weiterzuarbeiten. Diese neue Art von Astrologie greift die traditionellen Theorien und Einstellungen auf und kehrt ihr Innerstes nach außen. Dabei wird manchmal ein heruntergekommener Haufen von Widersprüchlichkeiten und leeren Banalitäten aufgedeckt, manchmal aber auch inspirierende Substanz universeller Wahrheit. Der moderne Astrologe versucht daher, die Unvollkommenheiten auszumerzen und zu einer Verständnisebene durchzudringen, die eine völlig neue Auffassung nicht nur von der Astrologie, sondern vom Menschen selbst ermöglicht.

Obwohl die Durchbrüche im Bereich der Psychologie, die in der ersten Hälfte dieses Jahrhunderts gemacht wurden, erst jetzt ins allgemeine Bewußtsein eindringen, beeinflußten sie die Astrologie schon in den dreißiger Jahren. Aber erst in jüngster Zeit hat dieser Bewußtwerdungsprozeß genügend Schwung bekommen, um einer großen Zahl von Astrologen und Astrologiestudenten die Notwendigkeit deutlich werden zu lassen, daß die astrologischen Traditionen und Sinn und Zweck der Astrologie selbst neu definiert und neu strukturiert werden müssen. Diese Umstrukturierung begann 1936 mit Dane Rudhyars *Astrologie der Persönlichkeit* und hat seit der Zeit langsam an Tempo und Popularität gewonnen. Die Entwicklung dieser neuen Astrologie war so langsam, weil es viele Jahre dauert, bis sich das Kollektivbewußtsein verändert, und bis die Astrologen den alten Strukturen, die sie zur Zeit ihres Astrologiestudiums gelernt haben, entwachsen sind. Aber der Zeitgeist hat sich gewandelt, und die Astrologen begreifen langsam, daß Interpretationsmethoden, die für die zwanziger Jahre angemessen waren, für Menschen, die heute leben und sich entwickeln wollen, irrelevant sind.

Die einzelnen Punkte, in denen sich die neue Astrologie von den älteren Methoden unterscheidet, werden in diesem Buch detailliert erklärt, aber eines möchte ich ganz besonders betonen: In den meisten traditionellen Formen der astrologischen Praxis, in denen der Astrologe im wesentlichen als Wahrsager fungierte, wurde angenommen, daß das Geburtshoroskop die Umstände enthülle, denen man im Leben begegnet, und daß diese Umstände *in der äußeren Welt* voraussagbar und in den meisten Fällen unveränderbar wären. Es ist jedoch offensichtlich, daß die Voraussagbarkeit einer Sache vom Grad ihrer Komplexität abhängt. Eine einfache tierische Zelle oder chemische Verbindung z. B. ist normalerweise vorhersagbar, da ihr Aufbau relativ einfach ist, nur wenige Variablen eine Rolle spielen und sie kein Bewußtsein oder die Fähigkeit zu alternativen Reaktionsweisen hat. Das Wetter ist weniger gut vorhersagbar, vor allem wegen der vielen unbekannten Variablen, und dennoch kann man es bis zu einem gewissen Grad durch eine Analyse der bekannten Variablen vorhersagen. Der Mensch ist am wenigsten vorherbestimmbar, da er über ein gewisses Maß an Vernunft, Willen und Freiheit verfügt und daher zu unendlich verschiedenen Reaktionen fähig ist. Und je mehr Bewußtheit er erlangt, desto weniger vorhersagbar wird er. Denn ein außerordentlich bewußter Mensch mag nur die Andeutung eines möglichen Ereignisses oder einer möglichen Erfahrung benötigen, um eine bestimmte Lektion zu lernen oder eine bestimmte Einsicht zu gewinnen, während es für jemand, der weniger bewußt ist, nötig sein mag, eine Erfahrung an eindeutigeren und konkreteren äußeren Bedingungen zu machen, um das gleiche Verständnis zu erlangen. Es scheint mir, daß ein Individuum vorhersagbar ist genau im Verhältnis zu seinem Mangel an Bewußtsein. Daher richtet sich die neue Astrologie, auf die ich mich beziehe, in erster Linie an diejenigen, die entschlossen sind, mehr Selbsterkenntnis zu erlangen.

Es ist wahr, wir sind mit einem bestimmten Geburtshoroskop, bestimmten geistigen, emotionalen und körperlichen Tendenzen, unserem »Karma« geboren. Die Umstände, denen wir begegnen, werden jedoch in einem großen Ausmaß davon programmiert, wie wir uns verhalten. In anderen Worten, man bekommt zurück, was man von sich gibt; alles kehrt zu seinem Ursprung zurück. Wenn man z. B. Ungeduld oder Selbstgerechtigkeit zeigt, wird man automatisch eine ebensolche Reaktion bei anderen *hervorrufen*. Es ist zwecklos, sein Geburtshoroskop für sein selbstgeschaffenes Unglück verantwortlich zu machen. Beim modernen, konstruktiven Gebrauch der Astrologie sollte die Betonung darauf liegen, mit der angeborenen energetischen Prägung zu arbeiten, sie zu modifizieren oder zu wandeln, damit diese Energien ihren bestmöglichen Ausdruck finden können. Ich habe daher in diesem Buch versucht, ein tieferes *Verständnis* der grundlegenden astrologischen Faktoren und eine tiefere Einsicht in Sinn und Zweck all der astrologischen Techniken herauszuarbeiten.

Dieses Buch enthält zwei unterschiedliche Teile. Die ersten sechs Kapitel von Teil I waren ursprünglich Teil einer Magisterarbeit für einen M.A. in Psychologie an der kalifornischen Staatsuniversität Sacramento. Die Originalarbeit erhielt 1973, bevor sie erweitert herausgegeben wurde, den Astrologiepreis der britischen astrologischen Gesellschaft als wertvollster Beitrag zur Astrologie während dieses Jahres. Es war mein Hauptanliegen in diesem Abschnitt, verschiedene Auffassungen von Astrologie abzuklären und ihre praktische Nützlichkeit zu zeigen, besonders wo sie sich direkt auf die Psychologie beziehen. Obwohl er hauptsächlich für Leser geschrieben wurde, denen die astrologische Blickweise völlig unbekannt ist,werden auch Studenten oder Ausübende der Astrologie davon profitieren können. Denn dieser Abschnitt ist nicht nur ein Beitrag zu Zusammenschau und tieferem Verständnis der astrologischen Voraussetzungen, sondern auch eine nützliche Hilfe, die endlosen Fragen der Nachdenklichen oder die voreingenommene Kritik der Nicht-Informierten zu beantworten.

Teil II dieses Buches liefert durch die systematische Erklärung der traditionellen Vorstellung von den vier Elementen eine theoretische Grundlage der gesamten Astrologie in energetischen Begriffen. Da die Elemente die tatsächlichen Energien sind, welche von den astrologischen Faktoren symbolisch dargestellt werden, wird es durch ein grundlegendes Verständnis der Elemente möglich, auf überschaubare Weise eine Synthese der Bedeutung des Geburtshoroskops zu bilden.

Der Mangel an Methoden der Synthese in den astrologischen Lehrbüchern scheint mir ein großes Hindernis für ein angemessenes Studium und eine hilfreiche Ausübung der Astrologie zu sein. Heutzutage sind so viele Lehrbücher für Anfänger erhältlich, aber selten findet man darin eine Erklärung, wie man zum Kern der Bedeutung astrologischer Faktoren durchdringt oder wie man ein überschaubares Ordnungsmuster in den endlosen Kombinationen des Geburtshoroskops erkennen kann. Da Teil II sich hauptsächlich mit den *grundlegenden Prinzipien* der Elemente befaßt, möchte ich an dieser Stelle hervorheben, daß ich oft verallgemeinern mußte, um das Wesentliche des zur Diskussion stehenden Prinzips deutlich zu machen. Ich möchte den Leser jedoch warnen, sich bei der Lektüre dieses Buches ausschließlich mit dem Sonnenzeichen-Element (bzw. überhaupt mit nur einem Faktor) seines Horoskops zu identifizieren. Ich habe in diesem Buch zu klären versucht, daß jeder Horoskopfaktor eine unabhängige Betonung im Gesamthoroskop darstellt, und daß nicht ein starker Faktor unter *Ausschluß* der anderen wichtigen Punkte über das Ganze dominiert. Auch wenn einigen Lesern der Begriff »Energie« ziemlich verschwommen erscheinen mag, muß ich sagen, daß unsere Sprache einfach keine präziseren Wörter anbietet. Schließlich ist die Lichtenergie, wenn man sie als eine Oktave betrachtet, nur eine von ungefähr fünfundsiebzig Oktaven im Frequenzbereich des *bekannten* elektro-magnetischen Spektrums. Der Versuch, transzendente Energien mit unserer begrenzten Sprache zu beschreiben, war eine schwierige und herausfordernde Aufgabe, und ich hoffe, der Leser wird mir einige Schwächen bei der Vermittlung dieser subtilen Inhalte verzeihen.

Der Ansatz, den man für die Untersuchung eines bestimmten Phänomens wählt, hängt natürlich von der Absicht ab, die man bewußt oder unbewußt, dabei verfolgt. Mit anderen Worten, was man mit seinen Schlüssen zu *tun* gedenkt, bestimmt, von welchem Ansatz man ausgeht. Es ist meine Absicht, mit diesem Buch Hintergrund und Rahmen für das Verständnis der Astrologie in modernen Begriffen zu liefern, und sowohl die Struktur als auch die Anwendung dieser Wissenschaft im Vergleich zu zeitgenössischer Psychologie, Psychotherapie und energetischen Konzepten zu erklären. Daher habe ich meistens Bezüge zu mehr »okkulten« oder »esoterischen« Aspekten der Astrologie weggelassen, nicht weil ich glaube, daß ein solcher Ansatz wertlos wäre, sondern ausschließlich, weil es den Rahmen dieser Arbeit sprengen würde.

Wenn neue Ideen gedeihen sollen, müssen wir uns von bekannten Axiomen befreien, damit die Fähigkeit, uns zu wundern, unsere Wahrnehmung schärfen kann. Eine solche Freiheit und Offenheit ist immer charakteristisch für wahre Wissenschaft. Um diese Freiheit zu erreichen, ist es notwendig, die intellektuellen und emotionalen Vorurteile aus dem Weg zu räumen. Aus eben diesem Grund habe ich so viele Seiten dieses Buches auf die systematische Kritik der gegenwärtigen »wissenschaftlichen« und psychologischen Methoden verwandt. Viele Menschen suchen heute nach einer einheitlicheren und umfassenderen Sicht des Lebens, als sie in den überspezialisierten Fachgebieten zu finden ist, und als sie an den üblichen Schulen und Universitäten gelehrt wird. Es gibt ein wachsendes Bedürfnis nach einer ganzheitlichen und befriedigenden Teilhabe an den Rhythmen des Lebens, und genau dahin kann die Astrologie uns führen. Der Physiker und Philosoph L. L. Whyte hat einmal geschrieben: »Das tiefste ästhetische und wissenschaftliche Prinzip liegt in einer Tendenz zu Einfachheit, Ordnung, Eleganz, Form.« Die Astrologie enthüllt das durchgehende Muster der Einfachheit, Ordnung, Eleganz und Form, das im gesamten Universum und genauso in jedem Individuum wirksam wird.

Es gibt dutzende von »Persönlichkeitstheorien« in der Psychologie, um ein gewisses Ordnungsprinzip im Charakter und Lebensstil eines Individuums zu entdecken und zu definieren. Jede Theorie der Persönlichkeit nimmt an, daß so etwas wie die »Natur des Menschen« existiert, die ein Neugeborener mit in diese Welt bringt, und zwar eher in Form allgemeiner Neigungen als spezifischer Charakterzüge. Das Problematische an den heute in der Psychologie verbreiteten Persönlichkeitstheorien ist, daß sie implizit eine Gruppe von Personen voraussetzen, die gewisse Eigenschaften mit dem Erfinder der Theorie teilen. Mit anderen Worten, der Theoretiker nimmt an, daß jedermann im Grunde wie er selbst ist, und da er nicht die Möglichkeit hat, durch ein kosmisches System seine Sicht vom Menschen zu erweitern, richtet der Gebrauch dieser begrenzten und voreingenommenen Theorien in der Praxis viel Schaden an. Wenn die Astrologie jedoch tatsächlich eine Sprache ist, welche die den Menschen wirklich bewegenden Energien beschreibt, wie es in diesem Buch plausibel wird, dann hätten wir in ihr wohl die genaueste Methode, die wirkliche »Natur des Menschen« für jedes Individuum gültig zu beschreiben. Nach neun Jahren umfassenden Gebrauchs der Astrologie scheint mir dies sicher zu sein; und in den letzten Jahren meiner Praxis habe ich all die anderen Theorien nach und nach fallengelassen. Für mich ist die Astrologie ohne Zweifel die genaueste und umfassendste Methode zur Beschreibung von Persönlichkeit und Verhalten sowie von Veränderung und Wachstum des Menschen. Ich bin oft gefragt worden, warum die Astrologie in den letzten Jahren so an Popularität gewonnen hat. Ich glaube, die Frage läßt sich zum Teil damit beantworten, daß die westliche Kultur keine lebendige Mythologie mehr hat. Der Mythos dient jeder Kultur als eine belebende Kraft, indem er die Beziehung des Menschen zu einer größeren, universellen Wirklichkeit aufzeigt. Die Menschen brauchen ein Ordnungsmuster, um ihrem kollektiven Leben eine Richtung zu geben und ihre individuelle Erfahrung mit Bedeutung zu füllen.

[1])In diesem Sinne stellt die Astrologie ein geschlossenes mythologisches System dar. Prof. Joseph Campbell schreibt: »Der Mensch kann sich im Universum nicht ohne den Glauben an eine gewisse Auswahl aus dem allgemeinen mythologischen Erbe behaupten. Tatsächlich scheinen nicht Umfang und Tiefe des rationalen Denkens, sondern die der jeweiligen Mythologie Maßstab für die Erfülltheit des Lebens zu sein.« Campbell betont, daß es drei wesentliche Funktionen des Mythos gibt: »ein Gefühl von Ehrfurcht hervorzurufen«, »eine Kosmologie zu schaffen« und »das Individuum in die Wirklichkeiten seiner eigenen Psyche einzuführen«. Heutzutage entdecken viele Menschen, daß die richtige Anwendung der Astrologie diese drei Funktionen erfüllt. Wenn wir also mit Campbells Definition vom Mythos übereinstimmen, müßten wir ihm meines Erachtens auch darin zustimmen, daß die Astrologie, wie in vergangenen Jahrhunderten, auch für unsere Zeit einen lebendigen und anwendbaren Mythos darstellt.

---

[1]) Vgl. *Beyond Stonehenge* von Gerald Hawkins; herausgegeben von Harper & Row, 1973. Der Autor, Astronom an der Universität von Boston, hat in fast jeder großen Kultur der Geschichte eine »kosmische Orientierung« gefunden.

# ASTROLOGIE UND PSYCHOLOGIE

# Wissenschaft und Psychologie am Wendepunkt

Das Phänomen Mensch muß auf einer kosmischen Skala gemessen werden
*Teilhard de Chardin*

So wie sich Kommunikation, soziale Formen und internationale Beziehungen in einer weltweiten Revolution befinden, stehen wir auch mitten in einer radikalen Umwälzung unserer Sicht von Mensch und Universum. Das Rad des Wandels hört niemals auf sich zu drehen, aber heute scheinen wir an dem kritischen Punkt zu stehen, an dem der alte Lebenskreis zu Ende geht und die ersten Anzeichen des neuen Kreises sichtbar werden. Die Wissenschaft insgesamt und die Psychologie als unabhängige Disziplin müssen sich kreativ und unvoreingenommen diesen Veränderungen (und den veränderten Bedürfnissen des modernen Menschen) stellen. Die meisten Leute erwarten immer noch von der »Wissenschaft« und sogenannten »Experten« Lösungen für das Dilemma unserer Zeit; aber nur allzuoft haben Psychologen, Psychiater und andere Spezialisten, die vorgeben die Antworten zu *wissen*, dem einfachen Menschen wenig anzubieten. Bedeutung und Stellenwert der persönlichen Erfahrung (das Hauptanliegen einer jeden personenzentrierten psychologischen Forschung) wird von diesen Spezialisten nur selten beleuchtet. Einige wenige Spezialisten haben wichtige Schritte zur Zusammenschau des modernen Wissens, die des Menschen tiefstes Wesen berührt, getan, wie z. B. C. G. Jung und Teilhard de Chardin. Aber meistens weigern sich auch diejenigen, die den hohen Idealen – wie der Suche nach Wahrheit, der Vereinigung unserer modernen Weltsicht oder der Hilfe für unsere Mitmenschen – Lippendienste erweisen, Risiken zu übernehmen und bleiben lieber in dem sicheren Gehäuse ihres professionellen Spezialistentums. Nur selten findet sich ein Mann von großem Mut und Kreativität, der bereit ist, die kritische Mißachtung seiner Zeitgenossen und Kollegen zu ertragen, und der es auf sich nimmt, nach diesen hohen Idealen zu handeln.

In der westlichen Kultur ist der Mensch heute mehr und mehr sich selbst und seiner Kultur entfremdet. Er hat den Kontakt zu seinen grundlegenden menschlichen Wurzeln verloren. Seine Traditionen und kulturellen Werte brechen zusammen oder werden aufgegeben. Der Mensch von heute muß dringend den Kontakt mit dem Geist der menschlichen Tradition und mit dem Innersten seines Seelenlebens wiederherstellen als den Faktoren, die Raum und Zeit transzendieren. Soweit ich weiß, ist keiner Theorie der »Persönlichkeit« im Bereich der Psychologie eine Beschreibung und ein Verständnis des kosmischen Menschen gelungen. Daher ist es an der Zeit, sich anderswo nach Theorien, Ideen und Erfahrungen umzusehen, die für jeden Menschen wahr sind. Das ist wahrlich eine große Aufgabe; aber da eine globale Gesellschaftsordnung im Entstehen begriffen ist, täten wir gut daran, den Weg für ihre friedliche Entwicklung zu ebnen, indem wir verstehen, was den Menschen wirklich ausmacht. Wie könnte diese neue Weltordnung aussehen, die am Horizont sichtbar wird? Huston Smith (1971), Professor für Philosophie am MIT und Autor von *The Religions of Man*, sagt dazu:

> Es gibt . . . drei große Kulturen, die westliche, die ostasiatische (China) und die südasiatische (Indien). Historisch gesehen hat jede von ihnen sich in ihren Hauptperioden auf einen der folgenden drei Problembereiche spezialisiert: der Westen auf die Natur, China auf die sozialen Beziehungen und Indien auf die psychologischen Beziehungen. Wenn die obige Hypothese richtig ist, müßte jetzt jede Kultur von den anderen beiden in den Bereichen lernen, welche sie vernachlässigt hat. China kann uns den Respekt für die Familie lehren, die Verehrung des Alters und das Verhältnis von Privatsphäre und Öffentlichkeit, das durch eine im Privaten wurzelnde Hingabe an die Gemeinschaft gekennzeichnet ist. Nach den Beobachtungen von Gordon Allport sehen die Inder vier Hauptziele des Menschen: Vergnügen, weltlicher Erfolg, Pflichterfüllung und Befreiung. Davon hat sich der Westen fast ausschließlich den ersten beiden gewidmet, ein wenig auch der Pflichterfüllung, aber der Befreiung überhaupt noch nicht. Auch die Kennzeichnung von verschiedenen Menschentypen in Indien ist trotz ihres Mißbrauchs im Kastensystem eine wertvolle Einsicht . . . Zweitens wird diese neue Kultur stärker ökologisch ausgerichtet sein. Wie bereits erwähnt, hat sich der Westen hauptsächlich mit der Natur beschäftigt. Auch China und Indien haben sich mit der Natur beschäftigt, aber eher im Geist von Wordsworth als von Galilei. Die westliche Einstellung ist die der Herrschaft über die Natur . . . Gegenwärtig versucht man sich zu Originalität vorzuta-

sten, aber wie steht es mit der Qualität? . . . Ich glaube, daß wir in der ökologischen Orientierung der neuen Kultur zum Ruhm der Einfachheit zurückkehren werden.

Meine dritte Voraussage über die neue Kultur ist, daß zu gegebener Zeit eine stärkere spirituelle Orientierung gegenüber der Welt entstehen wird. Während wir im 19. Jahrhundert die Natur als eine Maschine angesehen haben, betrachten wir sie jetzt im 20. Jahrhundert als einen Organismus, der sich durch weniger Determiniertheit und mehr Freiheit auszeichnet. Können wir nicht von einer mechanischen Anschauung im 17. bis 19. Jahrhundert, eines biologischen im 20. Jahrhundert auf eine psychologische im 21. Jahrhundert extrapolieren?
Letztlich wird unsere Fähigkeit, in die Kultur der neuen Welt einzutreten, davon abhängen, inwieweit wir eine neue Lebensform erreichen, die auf irgendeine Weise eine Synthese der drei Hauptakzente der vergangenen Kulturen – Natur, Mitmensch, Selbst – ist (S. 1ff).

Hans Stossel (1959) drückt die Herausforderung des modernen Menschen folgendermaßen aus:

Es ist heute lebenswichtig geworden, zu einem tieferen, spirituellen, kosmischen Verständnis zu gelangen, und es sollte Offenbarungscharakter haben, daß dies die einzige Notwendigkeit unseres Zeitalters und die Herausforderung dieses Jahrhunderts ist. In dieser Zeit sollte der Mensch ein größeres Wissen (nicht nur einen Glauben) darüber entwickeln, wie man in Einheit mit dem Universum lebt.

Diese Synthese, diese Harmonie des Menschen mit der natürlichen Welt und dieses Gefühl von Einheit mit dem Universum kann die Astrologie zum Wohle des modernen Menschen fördern. Der Psychologe Robert L. Marrone (1971) schreibt: »Die Gedanken des Menschen über die Natur und seine Beziehungen zur Natur haben ihn in der gesamten überlieferten Geschichte entweder eingeengt oder erweitert, ihn getrennt von der natürlichen Welt oder ihn verschmelzen lassen mit den Zyklen des Universums«. Das Gefühl der Menschen, von der natürlichen Welt getrennt zu sein, und der Mangel an Identität mit dem Kosmos erklärt, warum (entsprechend dem kulturellen *Zeitgeist* von heute) die Astrologie erst »bewiesen« werden muß, bevor viele Leute sie als eine ernstzunehmende Wissenschaft oder Kunst akzeptieren können. Fast in jeder uns bekannten Kultur gab es irgendeine Form von Astrologie; und dies ist nicht ihrem Mangel an moderner »Aufklärung« zuzuschreiben, sondern ihrem direkten Empfinden der Einheit mit der kosmischen Umwelt. Mehr als alles andere stehen die populären pseudo-wissenschaftlichen Vorurteile und das Festhalten an veralteten wissenschaftlichen Theorien unter Wissenschaftlern, Lehrern und der allgemeinen Öffentlichkeit einer neuen Synthese des Wissens und einer neuen Hoffnung für die Zukunft des Menschen im Wege. Es scheint, daß die meisten akademischen Psychologen genau das tun, wovor Robert Oppenheimer (1971) warnte, nämlich die Wissenschaft Psychologie nach einem schon überholten Modell der Physik auszurichten. Wenn wir einen Blick auf die moderne Physik werfen, sehen wir eine unglaubliche Mannigfaltigkeit vor uns, und Ideen wie Antimaterie und Unbestimmbarkeit erinnern eher an den Bericht eines Mystikers von religiösen Ekstasen, als an das, was man gewöhnlich von einer wissenschaftlichen Abhandlung erwartet. Und dennoch arbeiten die Forscher in der Psychologie, mit einigen wichtigen Ausnahmen, weiterhin mit den Methoden der Biochemiker oder Reflex-Mediziner. Ausübende der Astrologie sollten daher bei ihren Versuchen, eine durchdachtere und respektablere Art der astrologischen Praxis zu erreichen, nicht zu leicht die Astrologie selbst unterbewerten und die Effektivität der gegenwärtigen Psychologie überschätzen, auch wenn sie sicherlich von der Kenntnis einiger Einsichten und Methoden der modernen Psychologie profitieren können. C. G. Jung stellt dazu fest: »Offensichtlich hat die Astrologie der Psychologie einiges zu bieten, aber was die Letztere ihrer älteren Schwester geben kann, ist weniger klar.«

Genau wie die Wissenschaft ist die Astrologie ein machtvolles Instrument. Das Wissen, das man durch diese Methoden gewinnt, kann man auf zwei Arten nutzen: zur Manipulation oder zu einem wertschätzenden Verständnis. Unglücklicherweise wurde die Wissenschaft im Westen bisher vorwiegend auf die erstgenannte Art eingesetzt, und zwar nicht nur die Naturwissenschaften, sondern auch die Psychologie. Der Physiker und Philosoph L. L. Whyte (1954) schreibt: »Die Wissenschaft könnte nur profitieren von einem besseren Verständnis der unbewußten Voraussetzungen, die ihre historische Entwicklung geleitet haben, und die auch heute noch bestehen.« Es ist an der Zeit, daß die Wissenschaft insgesamt und Astrologie und Psychologie ganz besonders sich wieder mehr der Suche nach Wahrheit und Verstehen zuwenden als nur der Ansammlung isolierter Fakten. Obwohl die Astrologie für manipulative Zwecke gebraucht werden kann und auch gebraucht wurde, können wir durch ihre Synthese mit den besseren Einsichten der

Psychologie eine tiefschürfende Methode in die Hand bekommen, mit der wir lernen, uns selbst, unser Universum und unsere Mitmenschen besser zu verstehen. Während einige Wissenschaftler (einschließlich der Psychologen) zaghaft zum Ausdruck bringen, daß neue und kreative Ansätze nötig sind, um die Wissenschaft voranzubringen, verhindern sie gleichzeitig durch ihre eigene Einstellung und persönliche Identifikation mit der »Wissenschaft« die Entwicklung solcher Ansätze. Mit anderen Worten, sie verstehen den wirklich *kreativen* Prozeß nicht (der etwas anderes ist als das bloße Ansammeln und In-Beziehung-setzen von Fakten). Viele erkennen nicht, daß die Spaltung ihrer eigenen Persönlichkeit (beruflich »objektiv« – persönlich und privat »subjektiv«) verhindert, daß der kreative Funke bei ihnen überspringen kann. Denn Kreativität ist eine Frucht individueller menschlicher Ganzheit und Integrität, bzw. des Strebens nach solcher Ganzheit. Rudin (1968) schreibt in seinem Buch *Psychotherapie and Religion:* »Man kann seiner eigenen Seele nicht entkommen, ohne sein Leben zu verstümmeln, ohne sich selbst auch zu physischer Krankheit und zu einer falschen, stereotypen Produktivität des Intellekts zu verurteilen.« (S. 29–30) Anscheinend werden die Nachfolger und Schüler eines wirklichen Pioniers in jedem Bereich sehr bald engstirnig und fanatisch in der Sicherheit, die Wahrheit gefunden zu haben, und bringen die Ideen des schöpferischen Theoretikers zum Erstarren. Das hat zur Folge, daß neue Entwicklungen um Jahrzehnte verzögert werden. Dasselbe ist auch in astrologischen Kreisen geschehen und führte zu Zersplitterung und Zwietracht in einem Bereich, der tolerante Einigkeit so nötig hätte.

Es sind immer die Menschen, die dem Neuen wirklich offen gegenüberstehen, denen kreative Durchbrüche gelingen und deren Namen in den nachfolgenden Generationen verehrt werden. Gerade diese Offenheit führt kreative Menschen natürlich eher in Bereiche von Forschung und Denken, die beruflich unorthodox und kulturell unkonventionell sind. Alfred North Whitehead hat beobachtet, daß den meisten wirklich neuen Ideen immer eine gewisse Verrücktheit anhaftet, wenn sie zum ersten Mal vertreten werden. Wir brauchen uns nur Namen und Lebensläufe von einigen der wichtigsten schöpferischen Persönlichkeiten der abendländischen Kultur anzusehen. Wie viele von ihnen beschäftigten sich mit Bereichen, welche zu ihrer Zeit tabu waren. Einstein (1954) sagte über die »mystische« Erfahrung der schöpferischen Intuition und über das »religiöse« Gefühl wirklichen Verstehens:

> Das schönste und tiefste Gefühl, das wir erfahren können, liegt in der Wahrnehmung des Mystischen. Alle wahre Wissenschaft schöpft daraus ihre Kraft. Zu wissen, daß das für uns Undurchschaubare wirklich existiert, daß es sich als höchste Weisheit und strahlende Schönheit manifestiert, welche wir mit unseren dumpfen Fähigkeiten nur in ihren primitivsten Formen verstehen können – dieses Wissen, dieses Gefühl ist das Zentrum der Religiosität.

C. G. Jung gebrauchte die Astrologie nicht nur als psychologisches Instrument in seiner Praxis, sondern verwendete auch Jahre auf die Erforschung des psychologischen Aspekts alchemistischer Symbole. Sigmund Freud (1970) schrieb in einem Brief gegen Ende seiner Laufbahn: »Wenn ich mein Leben noch einmal leben könnte, würde ich mich parapsychologischer Forschung widmen statt der Psychoanalyse.« Der Astronom und Physiker Kepler (1967) berichtet, daß er den starken Wunsch hatte, nicht an die Wirksamkeit der Astrologie zu glauben, aber daß »der unzweifelhafte Zusammenhang von Sternkonstellationen und sublunaren Ereignissen meinen unwilligen Glauben erzwang«. Andere berühmte Wissenschaftler, die sich auch mit Astrologie beschäftigten, waren Francis Bacon, Benjamin Franklin, Lord Napier (Erfinder der Logarithmen) und Isaak Newton. Newton war es, der auf die Frage, was er in Cambridge studieren wolle, angeblich antwortete: »Mathematik, damit ich die Astrologie überprüfen kann«. Weiterhin soll er gesagt haben, als Haley (der Entdecker des Kometen) ihn tadelte, einem solchen Aberglauben anzuhängen: »Es ist offensichtlich, daß sie die Astrologie nicht studiert haben; ich habe sie studiert«.

Je mehr wir über das Leben entdecken, desto mehr versuchen wir zu Begriffen zu kommen, die viele Lebensbereiche und viele intellektuelle Disziplinen miteinander vereinen. Solche einheitsstiftenden Begriffe werden heute dringend benötigt und zwar ganz besonders in der Psychologie, der Wissenschaft, die am direktesten mit dem Leben des Menschen zu tun hat. Für mich ist es offensichtlich, daß die Astrologie genau das Modell von Ordnung und Einheit ist, das der Psychologie heute fehlt. Die Einheit, Gesundheit und Integration des Individuums ist die Grundlage für die Gesundheit und Lebensfähigkeit der Gesellschaft. Wie kann eine Gesellschaft, deren pädagogische Institutionen eine zerstückelte Auffassung vom Leben und eine verzerrte Sicht der Welt lehren, gesunde und kreative Individuen hervorbringen? Was gegenwärtig am meisten not tut, ganz besonders im pädagogischen Establishment, ist eine ernsthafte Infragestellung unserer Annahmen über das Wesen des Menschen und die Bedeutung des Daseins. Wenn wir uns selbst gegenüber ehrlich sind, können wir uns dem öffnen, was *ist*. Um eine Psychologie (und Astrologie) aufzubauen, die sich auf die Gesundheit und Erfüllung des einzelnen konzentriert, müssen wir eine wahre Wissenschaft vom Leben entwickeln, die sich mit dem Menschen als psycho-physischer Ganzheit beschäftigt und in deren Brennpunkt das Bewußtsein steht. Aber bevor das möglich ist, müssen wir uns von den veralteten Vorurteilen des materialistischen Denkens befreien und uns darüber klarwerden, daß verschiedene Studiengebiete verschiedener Ansätze bedürfen.

# Die Grenzen des alten Systems

Vielen Menschen wird heutzutage bewußt, daß die Naturwissenschaften die tieferen Bedürfnisse des Menschen nicht befriedigen können, trotz des materiellen Komforts, den sie ermöglichen und trotz des Stolzes, mit dem sie den Intellekt erfüllen. Wenn wir eine moderne Psychologie aufbauen wollen, müssen wir etwas schaffen, das nicht nur den Intellekt zufriedenstellt, sondern etwas, auf das auch Seele und Herz des Menschen ansprechen. Wir haben heute weltweit einen Punkt erreicht, wo der Mensch alles zu *wissen* und nichts zu *verstehen* scheint. Es ist nicht schlecht, Daten zu sammeln und ihre Beziehung zueinander statistisch zu untersuchen, aber eine zu starke Konzentration auf Einzelheiten läßt uns den Kontakt mit der integrativen, symphonischen, zusammenhaltenden Kraft des Ganzen verlieren. Dadurch geht die erneuernde Kraft der großen universellen Wahrheiten verloren. Die moderne Wissenschaft leistet viel in der Erforschung abgegrenzter Detailfragen; aber es ist problematisch, daß diese Einzelergebnisse nicht wieder zu einem vollständigen und lebendigen Ganzen zusammengefügt werden. Da wir gezwungen sind, komplexe Phänomene zu untersuchen, meinen wir, die einfachen unveränderlichen Wahrheiten vergessen oder verspotten zu können. Goethe schreibt dazu im *Faust*:

> Wer will was Lebendiges erkennen und beschreiben,
> Sucht erst den Geist herauszutreiben,
> Dann hat er die Teile in seiner Hand,
> Fehlt leider! nur das geistige Band.
> (Teil I, Szene: Studierzimmer)

Wir müssen uns heute stärker um das Ganze kümmern, statt immer nur um seine Teile; wir müssen uns erst wieder mit den universellen Prinzipien vertraut machen, die allem Leben zugrunde liegen, bevor wir anfangen, in der Natur herumzupfuschen. Die ökologische Krise, der wir heute gegenüberstehen, ist nur ein ganz offensichtliches Resultat davon, daß der Mensch sein »Wissen« ohne jede Führung durch Weisheit, d. h. ohne ein Verständnis für das Zusammenspiel des ganzen Systems, anwendet. Vor lauter Gier nach schnellen »Resultaten« greifen die Psychiater zu Schockbehandlung und Drogen und nennen das »Therapie«, greifen die

Bauern zu Pestiziden und Kunstdünger und rechtfertigen ihr Tun mit ökonomischen Notwendigkeiten oder als redliche Bemühungen, die Menschheit vor dem Hunger zu bewahren. Die Astrologie kann dem modernen Menschen zu einem Verständnis der universellen Prinzipien, der Harmonie des Ganzen und der Grundstrukturen des Lebens verhelfen. Und das ist auch der Grund, warum sich in den Vereinigten Staaten immer mehr Menschen für Astrologie interessieren: Sie finden in der Astrologie eine Möglichkeit, die Ordnung und Bedeutung in ihrem scheinbar chaotischen Leben zu entdecken. Joseph Goodavage (1967), der Autor von *Astrology: The Space Age Science*, bringt die heutige Enttäuschung über die materialistische Wissenschaft klar zum Ausdruck:

> Es scheint, daß wir an dem Punkt angekommen sind, wo wir genug haben vom Materialismus. Er hat nichts als Frustration, Haß, Kriege und Klassenkampf hervorgebracht. Seine Ziele sind leer und bedeutungslos, eine Sackgasse für die Menschheit. Wir müssen die Existenz neuer Erkenntnisse zugeben, die alle auf die sublime Einheit und gegenseitige Abhängigkeit aller Dinge in der Natur hinweisen. (S. 139)

Tatsächlich erkennen erstaunlich viele moderne Wissenschaftler und Philosophen den geistigen und spirituellen Aspekt des Kosmos an. In seinem Buch *The Mysterious Universe* schreibt Jeans (1932):

> Es gibt heute ein großes Maß an Übereinstimmung, in der Physik sogar fast Einstimmigkeit darüber, daß der Strom des Wissens uns zu einer nicht-mechanischen Sicht der Wirklichkeit hinführt; das Universum bekommt immer mehr den Charakter eines großen Gedankens als den einer großen Maschine. Der Geist scheint nicht mehr ein zufälliger Eindringling im Bereich der Materie zu sein; wir ahnen langsam, daß wir ihn eher als Schöpfer und Lenker der Materie begrüßen sollten ... Der alte Dualismus von Geist und Materie ... wird wahrscheinlich verschwinden; nicht indem die Materie irgendwie schattenhafter oder weniger substantiell wird als vorher, oder indem der Geist zu einem Produkt materieller Funktionen erklärt wird, sondern indem die substantielle Materie als Schöpfung und Manifestation des Geistes erkennbar wird. Wir entdecken im Universum Hinweise auf eine planende und kontrollierende Kraft, die etwas mit unserem individuellen Geist gemein hat – nach unseren bisherigen Entdeckungen nicht so sehr Emotion, Moral oder ästhetisches Empfinden, sondern die Tendenz, auf eine Art zu

> denken, die wir, in Ermanglung eines besseren Wortes, als mathematisch beschreiben . . .

Viele Menschen fühlen sich heute von der Astrologie angezogen, weil sie diese »planende Kraft« des Universums in einem mathematischen System aufzeigt.

Irving F. Laucks (1971) meint, daß hinter der »Gott ist tot«-Philosophie unserer Zeit vielleicht die Einsicht steht, daß der *materielle* Gott tot ist. Das wäre ein Ereignis, das wir begrüßen sollten, da es der Geburt einer neuen, vollständigeren Sicht vom Leben und vom Universum Platz machen würde:

> Die orientalischen Religionen waren weniger materialistisch in ihren Vorstellungen. Für die Schöpfung der Welt gebrauchten sie Konzepte, die sich heute leicht in das, was wir über »Energie« wissen, einfügen ließen. Da die westliche Wissenschaft endlich herausgefunden hat, daß Energie der elementarere Begriff zur Erklärung des Universums ist als Materie, könnten westliche Wissenschaft und orientalische Religionen in dieser Beziehung gut zusammenarbeiten.
>
> Auch in der Erklärung des Lebens nach dem Tode sind die orientalischen Religionen unmaterialistisch. Sowohl für die Idee von Reinkarnation als auch für die von einem Nirvana nach dem Tode ist als Medium der zukünftigen Existenz eher »Energie« angemessen, als Raum, Zeit und Materie, wie es die westlichen Kulturen gelehrt haben. Die Idee, daß die »Materie«, aus der sich das unendliche Universum zusammensetzt, . . . nichts als ein unfaßbares Etwas ist, das wir Kraft oder »Energie« nennen, ist vielleicht das wichtigste Konzept, das sich je in dem jungen Gehirn des Menschen gebildet hat. Für die Wissenschaft ist diese Idee weniger als ein Jahrhundert alt, und weder die Wissenschaft noch die Öffentlichkeit hat bis jetzt angefangen, ihre volle Bedeutung zu begreifen. (S. 4)

Welche Konsequenzen diese Anerkennung von »Energie« als der fundamentaleren Wirklichkeit hat, wird uns in Teil II dieses Buches und im Anhang B noch im einzelnen beschäftigen, insbesondere die Beziehung von energetischen Konzepten zur Astrologie.

Im täglichen Leben ist die spirituelle Seite des Menschen untrennbar mit seinem psychologischen Leben verbunden. Schon allein die Herkunft des Wortes »Psychologie« zeigt, wie eng der Geist des Menschen und sein spirituelles Wesen miteinander verwoben sind. Das griechische Wort *Psyche* hatte ursprünglich zwei

Bedeutungen. Die erste Bedeutung übersetzt man am besten mit *Seele,* d. h. die tiefste Quelle des Lebens im Menschen. Die zweite Bedeutung war *Schmetterling* und meinte im übertragenen Sinn den unsterblichen Geist, der die gesamte Natur und jeden individuellen Menschen erfüllt. Von daher wurde *Psyche* im weitesten Sinn als »Geist« definiert, obwohl viele experimentell und physiologisch ausgerichtete Psychologen heute auf einen so immateriellen Begriff gern verzichten würden. (Die psychologischen und spirituellen Schulen Indiens vertreten demgegenüber den Standpunkt, daß Geist und Seele, obwohl im täglichen Leben der meisten Leute eng verknüpft, in Wirklichkeit völlig getrennte Realitäten sind. Einer der wichtigsten Lehrsätze der höheren Yoga-Formen ist die Idee, daß die Seele erst dann frei sein kann, wenn sie die Versklavung durch den Geist abgeworfen hat.)

Es ist ein großer Gewinn für die Psychologie, daß einige humanistische Psychologen sich nicht so sehr scheuen, auch die tiefsten Aspekte des menschlichen Lebens zu berücksichtigen, Dimensionen des Menschen, die über intellektuell-mentale Aktivitäten hinausgehen. Eine Psychologie, die sich nur auf beobachtbares Verhalten gründet in der Annahme, daß nur »objektive« Daten wissenschaftlichen Wert haben, ist eigentlich gar nicht Psychologie zu nennen. Wenn man den Bereich der Psychologie auf Laborexperimente mit Tieren und auf offenes Verhalten von Menschen beschränkt, ist das unvereinbar mit der Definition des gewählten Forschungsgegenstandes, der *Psyche,* jener mental-seelisch-spirituellen Qualität, die alle menschlichen Unternehmungen und vielleicht sogar die gesamte Schöpfung durchzieht. Jung weist in seinen Schriften wiederholt darauf hin, daß es unmöglich ist, bei der Untersuchung der menschlichen Psyche »objektiv« zu sein; denn die Psyche kann immer nur durch die Psyche des Beobachters erforscht werden. Diese Tatsache könnte man auch als eine Kritik an jeder sogenannten objektiven Forschung ansehen; aber die größte Bedeutung hat sie sicher für die Erforschung des Menschen und der Vorgänge in seiner Seele.

Durch die Vorliebe der Psychologie für »objektive« Untersuchungen, besonders in der behavioristischen Schule, wird die Grundtatsache der menschlichen Besonderheit übersehen: die Kreativität. Die Forschungen sowohl Jungs als auch des Kinderpsychologen Jean Piaget haben gezeigt, daß der Geist nicht wie ein passiver Spiegel arbeitet, sondern eher wie ein aktiver und zielbewußter Künstler. Dazu noch einmal ein Zitat von Rudin (1968) aus *Psychotherapy and Religion:*

> Die heutige Psychologie kann es sich nicht leisten, die dringend anstehenden Fragen nach der Seele links liegenzulassen, wie es die Psychologie des neunzehnten Jahrhunderts tat, und sich selbst in einem Laboratorium voller Apparate einzusperren, um Experimente durchzuführen, die denen der Chemie und der Physik nacheifern. Die Psychologie nähert sich vorsichtig dem Leben, dem ununterbrochenen Prozeß der individuellen Seele mit seinen Höhen und Tiefen, wirft ein Licht auf die geheimen Wünsche und Sehnsüchte ... (S. 21)

In ähnlichem Sinne schrieb der Psychologe O. Hobart Mowrer (1969): ».. . der Problembereich der Vervollkommnung und des psycho-sozialen Überlebens des Menschen läßt sich von konventionellen Arten wissenschaftlicher Forschung seine innersten Geheimnisse nicht so leicht entlocken ...« (S. 14) Das ist auch der Grund, warum die Psychologie des zwanzigsten Jahrhunderts in den meisten Bereichen auf der Stelle tritt und für das tägliche Leben und die Sehnsüchte jedes einzelnen völlig irrelevant geblieben ist. Die einzigen Psychologen, die in den letzten Jahren Fortschritte im Verständnis der Seele und der unmittelbaren Erfahrung des Menschen gemacht haben, sind diejenigen, welche sich aus dem restriktiven Bereich konventioneller wissenschaftlicher Forschung herausgewagt haben. Ich meine damit vor allem jene, die mit der Erforschung lang vernachlässigter Gebiete begonnen haben, wie Meditation, ASW, orientalische Psychologie und Philosophie, Mythologie, vergleichende Religionswissenschaften und die Anwendung von Astrologie und anderen alten Techniken als psychologische Instrumente. Alle diese Studiengebiete, die man als Teilaspekte einer wirklich humanistischen Psychologie zusammenfassen könnte, haben sich als hilfreich erwiesen in unserem Bemühen, die typisch menschlichen Qualitäten und Fähigkeiten zu befreien und kreativ anzuwenden. Wenn es unser Ziel wäre mit Hilfe der Psychologie effektivere Techniken zur Konditionierung, Gehirnwäsche und Manipulation unserer Mitmenschen zu entwickeln, dann sollten wir uns auf den Verhaltensaspekt des menschlichen Lebens konzentrieren. Aber wenn wir das machtvolle Instrument der Wissenschaft anwenden wollen, um uns selbst und andere besser verstehen zu können, um auf gesunde und harmonische Art leben zu lernen und um die inspirierensten und kreativsten Seiten des Menschen zu befreien, dann müssen wir die Begrenzungen der materialistischen Sichtweise erkennen und uns ins Unbekannte wagen, gestützt nur durch unser Vertrauen auf die Weisheit der Natur und auf die hohe Bestimmung des Menschen.

# Verschiedene Auffassungen von Wissen und das Problem der Beweisbarkeit

> Ich kenne die Wahrheit nur dann, wenn sie in mir zum Leben erwacht
>
> *Søren Kierkegaard*

Der Physiker und Philosoph L. L. Whyte (1948) meint in seinem Buch *The Next Development in Man*, daß die westliche intellektuelle Tradition durch eine Eigenart gekennzeichnet sei, welche er »Dissoziation« nennt. Er meint mit diesem Begriff folgendes: Von der Zeit Platos und des Apostels Paulus bis ins 20. Jahrhundert wurde das absichtliche, vom Bewußtsein gesteuerte Verhalten des westlichen Menschen immer mehr durch statische Konzepte von der Natur bestimmt. Sein spontanes, direkt auf unmittelbare Erfahrung reagierendes Verhalten dagegen, bringt unvermeidlich die gestaltenden Prozesse zum Ausdruck, die charakteristisch für alle Vorgänge der Natur sind. Diese Dissoziation von Kopf und Körper, Selbst und Natur, Intellekt und den intuitiv-gefühlsmäßigen Fähigkeiten prägt die Haltung des westlichen Menschen in allen Lebensbereichen: den intellektuellen, religiösen, ökonomischen und politischen. Die seltenen Ausnahmen von dieser Grundrichtung waren meist Dichter, Mystiker oder andere Randgruppen des sozio-kulturellen Lebens. Diese dissoziative Grundrichtung hat zum Zusammenbruch der westlichen Kultur geführt, der uns in den großen Kriegen, der gegenwärtigen ökologischen Krise und den rapide anwachsenden physischen und geistigen Problemen deutlich vor Augen tritt. Whyte (1954) sagt weiterhin:

> Wenn die Gesamtheit der Natur ein großes System ist, das sich in ständiger Umwandlung und Entwicklung befindet, ist jeder Versuch, irgendeinen Teil daraus zu isolieren, zum Scheitern verurteilt. Insbesondere die Abtrennung des Menschen als Subjekt von der objektiven Natur macht uns blind für die uns angemessene Lebensform. Der Mensch kann sich erst dann wirklich verstehen, wenn er das objektive Wissen, das durch die Beobachtung der gesamten organischen Natur gewonnen wird,

mit dem subjektiven Wissen der individuellen Erfahrung vereinigt. Dies kann uns zu einer neuen Unbeschwertheit und Selbstannahme verhelfen, zu einer Unschuld, die sich auf Wissen stützt. Die negativen Vorurteile der konventionellen Moral werden durch positive Begeisterung für die Entwicklung des Lebens ersetzt . . . (S.121)

Whyte führt aus, daß man seit den Griechen die Denker in zwei Gruppen einteilen kann: die atomistische und die holistische Schule; die Anhänger der einen Auffassung lehnen die jeweilig entgegengesetzte Sichtweise ab. In unserem täglichen Leben gebrauchen wir beide Ansätze mit verschieden starker Betonung; doch der holistische Ansatz ist für das Verständnis komplexer Systeme und organischer Zusammenhänge bei weitem der umfassendste und brauchbarste; der holistische Ansatz (d. h. ein Bewußtsein von Formen und Grundmustern) darf nach den Worten von Whyte nicht ignoriert werden, *da es eine unabweisbare Tatsache ist, daß die Natur und alles, was wir sehen und erfahren, von regelhaften Formen beherrscht wird.*

Auch existentialistische Philosophen und Psychologen sehen dieses Problem der widerstreitenden Sichtweisen vom Leben. Der Psychologe Rollo May (1958) sagt, daß der Existentialismus »versucht, den Mensch zu verstehen, indem er unterhalb der Spaltung von Subjekt und Objekt, die den westlichen Geist seit der ausgehenden Renaissance fehlgeleitet hat, ansetzt«. Viele Existentialisten sehen mindestens zwei verschiedene Wege zur Erkenntnis: den der »Mysterien« (damit meint Gabriel Marcel alles, was man als persönlich bezeichnen könnte, im Menschlichen wie im Göttlichen) und den der »Probleme« (der durch die *Analyse* von Teilen einer Ganzheit gekennzeichnet ist). Marcel sagt weiterhin, daß die Existenz an sich nicht »erklärt« werden kann, sondern »erhellt« werden muß, wenn wir wirklich etwas verstehen wollen. Der französische Philosoph Pascal glaubte, daß die Welt und besonders der Mensch durch rationale Analyse nicht wirklich verstanden werden könne. Er behauptete, daß einzig die Intuition, welche durch die Oberfläche der Dinge hindurch ihr geheimes Wesen erschaut, ein Schlüssel zum Verständnis des Menschen und der Welt sei. Das, worauf Marcel und Pascal sich hier beziehen, wird heute der »holistische« Ansatz genannt. Es sollen nun die grundlegenden Unterschiede der Ansätze erhellt werden, die zu der Dissoziation und der falschen Betonung des rein intellektuellen Funktionierens im Abendland geführt haben.

Die großen Mysterienkulte der Antike (die Vorläufer der modernen psychotherapeutischen Techniken) lehrten, daß das menschliche Bewußtsein nur von den intellektuellen Grenzen, die es sich selbst setzt, beschränkt wird. Wenn man die Geschichte der westlichen Zivilisation studiert, trifft man immer wieder auf die Meinung, daß die Betonung von Wissenschaft und Vernunft bei den Griechen einen Wendepunkt in der intellektuellen und kulturellen Entwicklung des abendländischen Menschen darstellt. Diese Ära brachte dem Menschen sicherlich einen starken Fortschritt in der Selbsterkenntnis und im Verständnis der Welt. Der kulturelle Beitrag der Griechen war jedoch nicht nur auf die Entdeckung bestimmter Naturgesetze in der materiellen Welt beschränkt; er erstreckte sich auch auf den Bereich des seelischen Lebens und Wachstums. »Erkenne dich selbst« war das Schlüsselwort, das der Entwicklung der griechischen Philosophie zugrunde lag; und das Wort »Philosophie« (philosophia) bedeutet wörtlich »Liebe zur Weisheit«. Für die Griechen bedeutete Wissenschaft nicht, Fakten zu sammeln in der Hoffnung, bestimmte Zusammenhänge zu entdecken. Es war vielmehr eine systematische Suche nach den *essentiellen* Wahrheiten, die dem Leben und der Natur zugrunde liegen, ein Versuch, nicht nur die Naturgesetze, sondern auch die *universellen* metaphysischen Gesetze des Lebens zu entdecken. Für die Griechen bezog sich der Begriff »Vernunft« nicht hauptsächlich auf die computerähnlichen Kalkulationen des logischen Denkens, sondern eher auf eine inspirierte (oder beseelte) Verbindung von Analyse und Intuition, gegründet auf die Ideale von Eleganz und Symmetrie. Auch heute noch glauben viele Wissenschaftler, daß die brauchbarsten Theorien auch die elegantesten, ästhetischsten und einfachsten sein sollten. Aber viele Wissenschaftler haben dieses Ideal vergessen oder verspottet; und die Suche nach umfassenden Wahrheiten wurde durch die Überbetonung der kritischen Analyse vernachlässigt. Um dem menschlichen Geist zu freiem Wachstum und zur Blüte zu verhelfen, und um wirklich wissenschaftlich zu arbeiten, muß man es, soweit es irgend geht, vermeiden, seine eigenen Erwartungen, Wünsche und vorgefaßten intellektuellen Grenzen zur geistigen Richtschnur zu nehmen. Die meisten Wissenschaftler, die Psychologen eingeschlossen, haben ihre Sicht vom Menschen und seinen Fähigkeiten jedoch unnötig stark eingeschränkt. Wenn ein Mensch intellektuell Mauern um sich baut, wird das, was außerhalb der Mauer ist, davon nicht berührt; es hindert ihn nur daran zu sehen, was draußen ist, und verzerrt die Struktur des Ganzen. Wir versuchen das Leben zu verstehen, indem wir es begrenzen und kategorisieren, hauptsächlich auf der Grundlage unserer intellektuellen Vorurteile und unserer emotionalen Neigungen. Aber allzuoft kommt dabei nur eine Einschränkung unserer selbst heraus; denn was ist, das *ist*, unabhängig davon, was wir darüber sagen mögen. Unsere Bildungsinstitutionen könnten eine wichtige Lektion von dem Zen-Meister Shunryu Suzuki-roshi (1970) lernen:

> »Anfänger-Geist« ist unser ursprünglicher Geist, ein wirklich leerer und vollkommener Geist. Wenn unser Geist leer ist, ist er für alles bereit, ist er für alles offen. Im Anfänger-Geist liegen viele Möglichkeiten, in dem des Experten wenige . . . Im Anfänger-Geist gibt es den Gedanken: »Ich habe etwas erreicht«, nicht. Alle selbstzentrierten Gedanken beschränken unseren grenzenlosen Geist. Wenn wir keine Vorstellung von Leistung, keinen Gedanken eines Selbst haben, sind wir wahre Anfänger. Dann können wir wirklich etwas lernen.

Der Intellekt ist hauptsächlich für die Nutzung der äußeren materiellen Welt brauchbar. Ein deutliches Beispiel dafür haben wir vor Augen, wenn wir uns den Aufschwung ansehen, den die westliche Wissenschaft und Technologie kurz nach der Inthronisierung der Gottheit Vernunft in Europa genommen hat. Aber ebenso wahr ist, daß uns die Anstrengungen der materialistischen Psychologie keinen solchen Aufschwung im Verständnis des Menschen selbst beschert haben. Erst jetzt, wo Vernunft und Intellekt ein Gegengewicht durch die Betonung von Erfahrung, Gefühl und Intuition bekommen haben, haben einige Zweige der Psychologie angefangen, Fortschritte im Verständnis des inneren Wesens des Menschen zu machen. Bis jetzt konnte durch die Anwendung rein intellektueller Analyse bei der Erforschung der inneren Erfahrungswelt keine Aussage bewiesen oder widerlegt werden, die mit den letzten philosophischen oder religiösen Fragen des Lebens zu tun hat; und diese Fragen sind die Grundlage der psychologischen Struktur jedes Menschen. Der Positivismus ist die extreme Manifestation (und logische Folge) des analysierenden Ansatzes, von dem man sagen kann, er suche nach einem Maximum an Abstraktion bei einem Minimum an Bedeutung. Aber *Bedeutung* braucht der Mensch; und eine Psychologie, die der Gesundheit und Ganzheit dienen will, muß dieses Bedürfnis des Menschen nach Bedeutung verstehen. Bedeutung finden wir im Innen, nicht im Außen; daher kann der analysierende Ansatz allein dem Menschen niemals zur Erfüllung seiner tiefsten Bedürfnisse verhelfen.

Der Psychologe Wilson Van Dusen (1967) bringt im Grunde den gleichen Gedanken zum Ausdruck, wenn er sagt:

> All dies wird verständlicher, wenn wir die Welt nicht länger als die abstrakte, objektive Welt des Physikers betrachten, als das völlig Unpersönliche, ganz Andere, von uns selbst Getrennte. Diese Welt ist eine begriffliche Konstruktion, die in der Physik angebracht ist; sie ist aber völlig unangemessen für die Psychologie von Personen. Die persönliche Welt, die einzige, die jeder von uns wirklich kennt, ist gefärbt von den Tönungen all unserer persönlichen Bedeutungen. Die Welt ist abgeschaltet, wenn ich schlafe. Die Zeit verlangsamt sich, wenn ich mich langweile, und beschleunigt sich, wenn ich beschäftigt bin ... Die Welt von Personen ist eine persönliche Welt.
> Donner und Blitz finde ich schön. Was bedeuten sie für dich? Wo gibt es den objektiven, unpersönlichen Donner und Blitz? Sie gehören zu einer Art von »protokollierten Ereignissen«, die für eine Person wenig bedeuten. Die unpersönliche, objektive Welt ist eine, die niemanden etwas angeht! (S. 233)

Der französische Biologe und Anthropologe Teilhard de Chardin (1936) stellt den Wert des sogenannten »objektiven« Wissens ebenfalls in Frage:

> Wahrheit ist einfach der vollkommene Zusammenhang des Universums in bezug auf jeden Punkt, der in ihm enthalten ist. Warum sollten wir diesen Zusammenhang in Frage stellen oder unterbewerten, nur weil wir selbst die Beobachter sind? Wir hören dauernd von einer angeblichen anthropozentrischen Illlusion im Gegensatz zu einer angeblich objektiven Realität. In Wirklichkeit gibt es eine solche Unterscheidung nicht. Des Menschen Wahrheit ist die Wahrheit des Universums für den Menschen; mit anderen Worten, sie ist einfach Wahrheit.

Von diesem Zusammenhang allen Lebens und von der Einheit von Mensch und Universum, die in dem Zitat von de Chardin gemeint ist, läßt sich eine genaue und elegante Theorie ableiten, die den traditionellen geozentrischen Ansatz der Astrologie unterstützt und uns im Prinzip zu der Art Beziehung von Mikrokosmos und Makrokosmos führt, welche von frühen Autoren beschrieben wird.

Um zu erklären, wie es zu dieser Überbetonung der »Objektivität« gekommen ist, sollten wir an dieser Stelle Jungs Theorie der Persönlichkeit vorstellen. Nach Jung gibt es vier Grundarten von Erkennen, die Jung als die vier grundlegenden Psychischen Funktionen bezeichnet: Denken, Fühlen, Empfinden und Intuition. Denken und Empfinden kann man als zusammengehörig betrachten, da analysierendes Denken in erster Linie auf Daten beruht, die von den Sinnen in der äußeren Welt wahrgenommen werden. Auch Intuition und Fühlen haben eine Verbindung, da diese Funktionen aus dem Innern des Individuums entspringen und sich der völligen Konditionierung durch das sozio-kulturelle Milieu der Zeit entziehen. Außerdem ist das Wissen, das durch Intuition und Fühlen erworben wird, in dem Sinne subjektiv und persönlich, daß es nicht beweisbar oder objektiv verifizierbar ist. (Da man die vier Funktionen in zwei unterschiedliche Auffassungen vom Wissen einteilen kann, werde ich im weiteren von »Denken« und »Intuition« sprechen, um diese beiden Gruppen zu kennzeichnen.) Das Denkvermögen funktioniert durch die systematische Klassifikation und Unterscheidung von Fakten, die nach bestimmten Regeln, entsprechend der jeweiligen Auffassung von Logik, einander zugeordnet werden. (Selbstverständlich kann »Logik« für unterschiedliche Leute etwas durchaus anderes bedeuten.) Dagegen enthüllt die Fähigkeit der Intuition dem Individuum eine unmittelbare Einsicht und Erkenntnis der Zusammenhänge des Gesamtsystems, um das es geht. Intuition ist im Prinzip die Fähigkeit des Menschen zu direkter Wahrnehmung und unmittelbarem Wissen, welche die langsamere Arbeitsweise des logisch gebundenen Intellekts umgeht, überschreitet oder durchdringt. Die moderne Wissenschaft hat beim Menschen die Intuitions-Funktion vollständig übersehen, vielleicht weil sie annimmt, daß »Intuition« nur ein von persönlichen Vorurteilen und Gefühlen gefärbtes Denken ist. Aber in Wirklichkeit ist Intuition eine Art der voll bewußten Wahrnehmung, während das »Fühlen« aus vagen, unbewußten Wurzeln entspringt. Die Intuitions-Funktion hat einen engen Bezug zur ästhetischen Funktion im Menschen; denn die Ganzheit der Wahrnehmung, die man bei großer Kunst beobachten kann, entsteht aus der intuitiven Wahrnehmung von Ordnung und Harmonie und aus einem inneren Wissen, zu dem man nur auf Wegen gelangt, welche das rationale Denken überschreiten. Vom Wesen der Intuition her ist die Sprache der Kunst für ihre Artikulation besser geeignet als abstrakte Theorien oder Mathematik. L. L. Whyte (1954) schreibt in *Accent on Form:*

> Intuitive Bewußtheit, die sich auf nonverbale Art und Weise mitteilt, deckt einen größeren Erfahrungsbereich ab, als die verbalen und algebraischen Zeichen von Sprache und Mathematik bis jetzt ausdrücken können. (S. 122)

Der große deutsche Dichter Goethe (1954) bringt seine Vorliebe für die Vollständigkeit der intuitiven Wahrnehmung folgendermaßen zum Ausdruck: »Ich möchte, wie die Natur, immer nur in Bildern sprechen.« Wenn man eine Psychologie aufbauen will, die sich hauptsächlich mit Personen und persönlicher Erfahrung beschäftigt, dann ist die Fähigkeit der Intuition von größter Wichtigkeit; der Psychologe Wilson van Dusen (1967) schreibt dazu: »Ich würde mich mit niemandem streiten, der behauptet, daß die Sprache eines Romanschriftstellers, eines Dichters oder Musikers die Eigenart der menschlichen Erfahrung besser wiedergibt als die Sprache der Psychologen.« Wir sollten diesem Zitat hinzufügen, daß die symbolische Sprache der Astrologie der menschlichen Erfahrung ebenfalls näher ist, als die übliche Psychologensprache.

Wenn wir die Fähigkeit der Intuition verstehen wollen, müssen wir erkennen, daß die imaginativen und intuitiven Aktivitäten des menschlichen Geistes nicht bloße Nebenprodukte der Analyse und der empirisch begründeten Logik sind. Wirklich kreative Menschen sind oft eine Bedrohung für die soziale Ordnung, die Werte und die Bahnen des Denkens, in denen sie groß geworden sind. Wenn also diese Menschen ihre Einsichten nicht durch ihre Ausbildung in den etablierten sozialen Institutionen und aus den sozio-kulturellen Mustern gewinnen, woher kommt dann ihre Kreativität? Die Antwort darauf ist, daß die Intuitionsfunktion im Menschen die primäre Quelle von allen neuen Einsichten und Bildern darstellt. Der Intellekt ist durch viele Faktoren konditioniert, während die Intuition (die Pforte der Inspiration) relative Freiheit zu haben scheint.

Die Tabelle auf Seite 33 soll den Unterschied zwischen den verschiedenen Auffassungen des Wissens verdeutlichen.

Diese Aufstellung macht deutlich, daß der Intellekt die Geheimnisse des äußeren Lebens und das Funktionieren der Materie aufdecken kann, während die Intuition die Geheimnisse des inneren Lebens und den Bereich der persönlichen Erfahrung ans Licht bringt. Die Idealvorstellung für eine umfassende Wissenschaft von der Psyche wäre eine Vereinigung der beiden Fähigkeiten. Eine Psychologie, die als Hauptstudiengebiet das innere Leben des Menschen und die Bedeutung seiner Erfahrungen wählt, muß der Intuitionsfunktion nicht nur einen Platz zugestehen, sondern sie sogar als Hauptweg zu einem tiefen und befriedigenden Verstehen des Individuums annehmen, und zwar deswegen, weil die subjektive Erfahrung von Personen wesensmäßig *qualitativ* ist. Der Methode des analytischen Denkens steht bereits die quantitative Sprache der Mathematik zur Verfügung, um ihre Ergebnisse zu beschreiben;

| | Denken | Intuition |
|---|---|---|
| a) Grundannahme: | Kausalität | nicht notwendigerweise kausal, (Entsprechungen innerhalb des Ganzen) |
| b) Ziel: | Unterscheidung und Klassifizierung | Synthese und Ordnung |
| c) Art der sich daraus ergebenden Begriffe: | statisch | Prozeß und gesetzmäßiger Wandel |
| d) Vorgehensweise: | systematisch | blitzartiges Erkennen der Gesamtzusammenhänge (synchronistisch) |
| e) Sprache: | quantitativ (Mathematik oder exakte Begriffe) | qualitativ (einfühlend, visuell, künstlerisch) |
| f) Ausrichtung: | Problem | Mysterium |
| g) Studiengebiet: | Inhalte und Details des Gesamtsystems | das Gesamtsystem. Form und Plan des Ganzen |
| h) Bausteine der Sprache: | Zeichen | Symbole |
| i) Anwendungsbereich: | äußere Welt | innere Welt (psychisch, spirituell) |

der intuitiven Methode fehlt jedoch bis jetzt noch eine allgemein anerkannte und umfassende Sprache, welche die qualitativen Ergebnisse ihres Forschungsbereichs angemessen darstellt.

Die Astrologie ist genau diese Sprache, die so dringend benötigt wird, um die menschliche Erfahrung und Einzigartigkeit anwendbar und umfassend beschreiben zu können. Obwohl nur ein kleiner Prozentsatz des akademischen und wissenschaftlichen Establishments die Astrologie als Antwort auf diesen Bedarf akzeptiert (wenn der Bedarf selbst überhaupt anerkannt wird), tendiert doch ein großer Teil der allgemeinen Öffentlichkeit ganz natürlich zu einer astrologischen Sichtweise und einem astrologischen Verständnis ihrer Erfahrungen. Mit anderen Worten, die Astrologie könnte für die heilenden Künste (Medizin, Psychologie, Psychiatrie) das sein, was das periodische System für die Chemie ist. Zipporah Dobyns (1971), eine Psychologin, die auf die Integration von Astrologie und Psychologie hinarbeitet, und die Astrologie als wichtigste Methode in ihrer Praxis anwendet, nennt die Astrologie »den größten Einblick des Menschen in die einheitsstiftende Ordnung des Kosmos, der je erfolgreich in kognitive begriffliche Form übersetzt wurde«. Sie fährt fort:

> Anscheinend gibt es zwei bedeutende Sprachen, die man weltweit zur Klassifizierung und symbolischen Beschreibung der Realität benutzt hat. Die Sprache der Quantität, die wir Mathematik nennen, kann für alles, was man messen oder zählen kann, gebraucht werden. Als die universell brauchbarste Sprache der Qualität würde ich die Astrologie bezeichnen . . . Ich bin ziemlich sicher, daß in einigen Jahren die unzähligen Persönlichkeitsmodelle, die in der modernen Psychologie miteinander wetteifern, sang- und klanglos verschwinden werden und von einer gereinigten und vereinheitlichten Astrologie ersetzt werden, nicht zuletzt deswegen, weil die Astrologie das einzige Modell darstellt, in dem es für die einzelnen Kategorien äußere Bezugspunkte gibt, die sichtbar und vorhersagbar sind, und die eine Komplexität darstellen können, die weit über die jeder von der Psychologie entworfenen Persönlichkeitsbeschreibung hinausgeht. (S. 8)

Die zwei verschiedenen Auffassungen von Wissen erfordern natürlich auch zwei verschiedene Arten der Beweisführung: die statische (oder »objektive«) und die durch Erfahrung begründete (auch »existentiell« genannte). An dieser Stelle möchte ich das ganze Problem der »Beweisbarkeit« der Astrologie untersuchen.

Obwohl viele moderne Astrologen (aber auch Nicht-Astrologen) statistische Untersuchungen über astrologische Annahmen durchführen, müssen wir begreifen, daß wir nicht alles mit einem statistischen Ansatz erklären können, denn viele Bereiche der Erfahrung und viele *Qualitäten* des Lebens sind einer solchen Untersuchung nicht zugänglich. Selbst wenn eine statistische Untersuchung hochsignifikante Korrelationen entdeckt, »erklärt« sie oft nicht die Wirkungsweise des Phänomens selbst. Es gibt z. B. gewisse »empirische Gesetze« in der Wissenschaft, die durch Experimente bewiesen worden sind, für die aber bis jetzt keine rationale Erklärung gefunden wurde.

Das beste Beispiel dafür in der Astronomie ist unter dem Namen »Bode's Gesetz« bekannt. Es setzt die Entfernung der Planeten von der Sonne zueinander in Beziehung. Wenn wir die Zahlenreihe 0, 3, 6, 12, 24, 48, 96 aufschreiben und zu jeder Zahl 4 addieren, erhalten wir 4, 7, 10, 16, 28, 52, 100.

Bode's Gesetz stellt fest, daß die Entfernungen der Planeten im Verhältnis dieser Zahlen zueinander stehen; d. h. wenn man die Entfernung des Merkur von der Sonne als vier Einheiten annimmt, dann ist die der Venus sieben, der Erde zehn, des Mars sechszehn, des Jupiter zweiundfünfzig und des Saturn einhundert Einheiten. Für die Achtundvierzig kannte man ursprünglich keine Entsprechung, bis der Asteroidengürtel entdeckt wurde. Indem die Astronomen das Gesetz auf jenseits von einhundert ausdehnten, waren sie in der Lage, die Existenz von Uranus, Neptun und Pluto vorauszusagen. Die Auffindung dieser transsaturnischen Planeten am mathematisch bestimmten Ort stellt eines der aufregendsten Kapitel in der Geschichte der wissenschaftlichen Entdeckungen dar. Und dieser Erfolg ist zum größten Teil auf die intuitive Wahrnehmung Bodes zurückzuführen, die bis zum heutigen Tag noch keine kausale Begründung gefunden hat. Daher müssen wir mit dem Gebrauch statistischer Methoden vorsichtig sein, damit unsere Erwartungen an einen solchen Ansatz nicht seinen Anwendungsbereich überschreiten.

Während die statistische Methode im Umgang mit Verallgemeinerungen, Gruppen und Quantitäten nützlich ist, liegt ihre Hauptbegrenzung darin, daß ihre Aussagen für Individuen und Qualitäten ziemlich irrelevant sind, Dinge, die für eine personenzentrierte Psychologie oder Astrologie im Mittelpunkt des Interesses stehen. Der Psychologe Rollo May (1969) schreibt dazu:

> ... Wenn man Individuen zum Zwecke der statistischen Vorhersage als Nummern in einer Gruppe ansieht – eine sicherlich legitime Anwendung psychologischer Wissenschaft – hat man genau die Charakteristiken *aus dem Bild wegdefiniert,* die ein Individuum zu einer existierenden Persönlichkeit machen. Oder wenn man sich den Menschen als Produkt von Trieben und deterministischen Kräften vorstellt, hat man alles Mögliche zum Untersuchungsgegenstand erklärt, bloß nicht *denjenigen, der diese Erfahrung macht,* die existierende Persönlichkeit selbst. (S. 372)

Die Astrologie beinhaltet auf einmalige Weise beide Aspekte, den der Ganzheitlichkeit und Kunst und den der Details, der Präzision und der Wissenschaft. Aber nach Dane Rudhyar (1964) ist der wichtigere Teil »die Kunst, mit der wir den zyklischen Wechsel von Ebbe und Flut bei den grundlegenden Energien und Aktivitäten des Lebens interpretieren, damit die Existenz einer individuellen Person ... als geordneter Prozeß des Wandels sichtbar wird, dem Ziel und Bedeutung zu eigen sind«. Rudhyar (1968) betont weiter, daß die Messungen in der Astrologie symbolisch zu verstehen sind und in menschliche *Qualitäten* übersetzt werden müssen:

> Man kann die Liebe, die Reaktion auf Schönheit oder den Charakter eines Menschen nicht quantitativ messen – es sei denn man macht aus diesem Menschen eine computerähnliche Maschine; und genau das versucht unsere gegenwärtige Wissenschaft.

Astrologie beschäftigt sich nach den Worten Rudhyars im wesentlichen mit »der Qualität des Seins«, und eine qualitative Sprache überschreitet den Anwendungsbereich statistischer Untersuchungen.

Auch der Psychologe C. G. Jung hat über die Begrenzung der statistischen Sichtweite geschrieben. In seinem Buch *The Undiscovered Self* sagt Jung (1958):

> Die statistische Methode vermittelt zwar die ideale Durchschnittswirklichkeit eines Sachverhaltes, nicht aber ein Bild von dessen empirischer Wirklichkeit. Sie gibt zwar einen unanfechtbaren Aspekt der Wirklichkeit, kann aber die tatsächliche Wahrheit bis zur Irreführung verfälschen. Letzteres gilt in besonderem Maße von der auf Statistik gegründeten Theorie. Die wirklichen Tatsachen zeichnen sich durch ihre Qualität aus; überspitzt ausgedrückt, könnte man sagen, daß das wirkliche

Bild sozusagen auf lauter Ausnahmen von der Regel beruhe und mithin die absolute Wirklichkeit den vorherschauenden Charakter der Irregularität habe.
Eine im Prinzip naturwissenschaftliche Bildung gründet sich in der Hauptsache auf statistische Wahrheiten und auf abstrakte Erkenntnisse, vermittelt also eine unrealistische, rationale Weltanschauung, in welcher der individuelle Fall als bloßes Randphänomen keine Rolle spielt. Das Individuum aber ist als eine irrationale Gegebenheit der eigentliche Wirklichkeitsträger, das heißt der konkrete Mensch, im Gegensatz zu dem nicht wirklichen Ideal- bzw. Normalmenschen, auf den sich die wissenschaftlichen Aussagen beziehen.
Man darf die psychologische Wirksamkeit des statistischen Weltbildes nicht unterschätzen: es verdrängt das Individuelle zugunsten anonymer Einheiten, die sich in Massengruppierungen aufhäufen.

Die Tatsache, daß uns die Astrologie *einzigartige Formulierungen und Kombinationen von allgemeinen archetypischen Qualitäten* an die Hand gibt, begründet ihre herausragende Stellung als ideales psychologisches Instrument. Obwohl sich die Astrologie mit archetypischen Prinzipien beschäftigt (siehe Kapitel 4), bietet sie uns im Geburtshoroskop auch ein umfassendes Symbol für die menschliche Einzigartigkeit und Individualität. Die Astrologie stützt sich immer noch auf ein geozentrisches Weltbild, weil die auf die Erde bezogenen, personenzentrierten Aspekte für die astrologische Arbeit weit mehr Bedeutung haben als das Postulat irgendeines »objektiven« Systems. Obwohl die Astrologie für diese scheinbare Fehlinterpretation kritisiert worden ist, kommt man an der Tatsache nicht vorbei, daß für Menschen, die auf dem Planet Erde leben, die Erde das Zentrum ihrer Welt ist, genauso wie das Individuum das Zentrum für seine persönliche Welt ist.

Der Wert der Astrologie kann am deutlichsten durch eine Beweisführung demonstriert werden, die ihrem eigentlichen Charakter angemessen ist. Die wichtigste Frage, die bei jeder Erforschung der Astrologie beantwortet werden muß, ist, ob und in welchem Maße die Astrologie für die Menschen bedeutsam ist, und im Bereich der Psychologie, ob die Astrologie für den Psychologen und den Klienten hilfreich ist. Jede andere Frage nach der »Beweisbarkeit« der Astrologie ist rein akademisch. Wenn wir sehen, wie eine immer mehr zunehmende Anzahl von Psychologen und Psychiatern und auch ein großer Teil der breiten Öffentlichkeit die

Astrologie anwendet und in ihr etwas von großem Wert für sich entdeckt, dann müssen wir annehmen, daß sie tatsächlich »nützlich« ist. Für diejenigen, die den Wert einer solchen Technik *kennen*, kommt die Frage nach Beweis oder Widerlegung der Astrologie überhaupt nicht auf. Gerade auch in der Psychologie waren in den letzten vierzig Jahren die wirklichen Praktiker in den verschiedenen Richtungen der Psychotherapie den Theoretikern immer um Jahre voraus; wir sollten also vom wissenschaftlichen und akademischen Establishment keine »Beweise« für die astrologischen Annahmen erwarten. Der Vollständigkeit halber sind im Anhang A statistische und wissenschaftliche Untersuchungen aufgeführt, die einen Bezug zur Astrologie haben. Es gibt aber auch noch eine andere Art des Beweises, die der Astrologe und Philosoph Dane Rudhyar den »existentiellen Beweis« nennt.

Nach Rudhyar (1970) kann für wirklich individuelle Situationen nur ein »existentieller Beweis« einen Sinn haben:

> Ein existentieller Beweis kann sich nicht auf allgemeine Kategorien stützen. Er kann nur von der persönlichen Erfahrung eines Individuums in einer ganz bestimmten Situation, in der ein komplexes, nie genauso wiederkehrendes Muster von Beziehungen eine Rolle spielt, abgeleitet werden. Wenn die Situation Ergebnisse hervorbringt, die für das Individuum bedeutsam sind, dann muß sie als für dieses Individuum gültig angesehen werden. Wenn jemand, nachdem er die Astrologie studiert hat, anhand seines genau berechneten Geburtshoroskops zum ersten Mal erkennt, daß die Abfolge seiner Lebensereignisse, die ihm bis jetzt völlig chaotisch und sinnlos zu sein schienen, einen Sinn hat – wenn er als Ergebnis seines Studiums fähig wird, Richtung und Sinn seines Lebens als Individuum zu fühlen, und begreift, wie er die Erkenntnis von Bedeutung, Gerichtetheit und Sinn blockiert hatte – dann ist »existentiell bewiesen«, daß die Astrologie in diesem besonderen Fall effektiv war. (S. 7)

Für viele moderne Astrologen würde der Versuch, aus der Astrologie einfach eine neue Wissenschaft des traditionellen Typs zu machen, d. h. statistische Beziehungen in einem rein kausalen System zu begründen, ein Opfer von vielem, was an der Astrologie einzigartig und von tiefer Bedeutung ist, darstellen. Aus ihrer Sicht würde das bedeuten, daß man den holistischen, kosmischen Rahmen vernachlässigt, aus dem die Astrologie eigentlich ihre Anwendbarkeit und Weite bezieht. Diejenigen, die aus der Astrologie eine moderne Wissenschaft machen wollen (d. h. sie so formulieren wollen, daß sie für den kritischen, materialistischen Geist annehmbar wird), übersehen die Tatsache, daß die größte Stärke der Astrologie darin liegt, dem Menschen als umfassende und universell anwendbare kosmische Sprache zu dienen. Den »wissenschaftlichen« Aspekt der Astrologie gibt es sicher auch, was die Genauigkeit der Messung angeht. Aber diese ist nur das Rohmaterial für die *Kunst* der Astrologie; und die Kunst, die Technik der kreativen Umsetzung der wissenschaftlichen Faktoren kann in einer statistisch begründeten, objektiv verifizierbaren Astrologie niemals verstanden werden. Es würde nicht nur viel von der Feinheit der Astrologie verlorengehen, sondern auch die tiefere Bedeutung, welche die Seele des Menschen anspricht. Wie Anna Crebo (1970) es ausdrückt, wäre das der »Versuch, eine kosmische Sprache dazu zu zwingen, sich im Rahmen unserer begrenzten gegenwärtigen Begriffe auszudrücken. Wahrscheinlich ist diese Sprache für uns nur durch ›Bilder, visuelle Beziehungen, Gesten und Qualitäten‹ übersetzbar«. (S. 81)

Der schweizer Arzt Alexander Ruperti (1971) bringt eine ähnliche Meinung zum Ausdruck:

> Unglücklicherweise hat die wissenschaftliche Einstellung die Tendenz, das Chaos auf der psychologischen Ebene zu vergrößern, denn sie zerstört die Werte des Individuums und hat durch die Art von Städten und die von Maschinen geprägten Formen des Daseins, die sie hervorgebracht hat, das Gefühl der Teilhabe an den Rhythmen des Lebens und der Natur im Menschen ausgelöscht. Der moderne Mensch vergißt leicht, daß es das Hauptanliegen der Wissenschaft ist, allgemeingültige Gesetze aufzustellen, die auch nur allgemein anwendbar sind. Die Angebote der Umweltwissenschaften an den Menschen beinhalten in keiner Weise menschliche Ziele und Bedeutungen; nichts als kalte, intellektuelle Fakten, die als unveränderbar dargestellt werden, die sich jedoch in einer übergreifenden Perspektive, in Übereinstimmung mit den Rhythmen der großen kosmischen Zyklen leicht wandeln können. Warum sollten wir die Astrologie in das Korsett des wissenschaftlichen Wissens zwängen, wenn ihre Technik und Philosophie es uns ermöglicht, aus dem Gefängnis, in welches die Wissenschaft den menschlichen Geist gesteckt hat, zu entkommen? Wäre es nicht lohnender, die Astrologie auf *ihren eigenen Voraussetzungen* aufzubauen und sie als einen Weg zur *Ergänzung* des wissenschaftlichen Übergewichts anzubieten, um das Bewußtsein und Denken der moder-

> nen Zivilisation, welche den Kontakt zu ihren lebenswichtigen Wurzeln in den schöpferischen Rhythmen des Lebens verloren hat, zu reorientieren? . . . Die Wissenschaft gibt uns Wissen, sonst nichts. Sie hat auf die Fragen nach dem Warum des Universums keine Antwort, und alles, was mit dem Verstehen und der Bedeutung der individuellen menschlichen Werte und Ziele zu tun hat, ist außerhalb ihres Bereichs . . . Die Astrologie gibt der Menschheit das, was die Wissenschaft nicht kann und auch nicht versucht zu können. Wir brauchen mehr inspirierte Schau, mehr konstruktive Imagination, wenn wir uns aus unserer gegenwärtigen Bindung an analytische und mathematische Details, an statistische Methoden befreien wollen. Das Ganze ist immer mehr als die Summe seiner Teile, und keine Sammlung isolierter Daten über die äußeren Verhaltensweisen und Charakteristiken einer Person, wie vollständig sie auch sein mag, wird diese Person jemals als lebendigen Menschen mit einer eigenen Lebensaufgabe enthüllen. (S. 7)

Bevor wir ein tieferes Verständnis für die Rolle der Astrologie in einer neuformulierten Psychologie gewinnen können, müssen wir die universellen und archetypischen Faktoren untersuchen, die allem Leben zugrunde liegen und die jeden Versuch, Erfahrung zu verstehen, beeinflussen.

# Archetypen und universelle Prinzipien

> Weltliche Dinge muß man kennen, damit man sie lieben kann: göttliche Dinge muß man lieben, damit man sie erkennen kann.
>
> *Pascal*

Die Suche nach der Essenz und dem innersten Wesen der manifesten Dinge, die durch Liebe zur Weisheit motiviert war, wurde einst für das wahre Anliegen der Philosophie gehalten (bevor aus der »Philosophie« eine sterile Wortspielerei zur Perpetuierung der intellektuellen Arroganz wurde). In der heutigen Sprache könnte man das die Suche nach der archetypischen Ebene der Realität nennen. Heutzutage würde man allerdings bei der geringsten Äußerung über die »Essenz« zum »Okkultisten« abgestempelt werden. Aber wenn wir uns in der Welt umsehen und versuchen, unser eigenes Leben zu verstehen, müssen wir zugeben, daß im Vergleich zu der Art von Realität, die in den Massenmedien verbreitet wird, alles wirklich Bedeutsame okkult, im Sinne von verborgen ist. Trotz all des angeblichen Wissens, das wir angesammelt haben, ist nirgendwo Bedeutung zu finden außer in den Erkenntnisbereichen, die auf eine Einheit zwischen Mensch und Universum hinweisen. Und diese Einheit von Mensch und Umwelt und ihre Beziehung zueinander ist tatsächlich die wichtigste Grundannahme der Astrologie.

Die vergleichende Religions- und Mythologieforschung ist eine Disziplin, die klare Hinweise auf eine durchgehende Einheit allen Lebens erbracht hat. Es ist hier nicht der Ort, um den Beitrag C. G. Jungs in diesem Bereich detailliert zu untersuchen, da seine gesammelten Werke ein Leben voll von Gelehrsamkeit und anspruchsvollen Forschungen darstellen. Es genügt zu sagen, daß C. G. Jung mehr als irgend jemand sonst über allen Zweifel erhaben aufgezeigt hat, daß die primären lebensmotivierenden Kräfte der individuellen Psyche und die allgemeinen psychologischen Muster ganzer Kulturen Manifestationen »archetypischer« Faktoren in der menschlichen Psyche sind. Diese Archetypen sind eine Eigentümlichkeit der psychologischen Schicht des Lebens. Jung nennt diesen psychischen Wurzelboden das »kollektive Unbewußte« und beschreibt die Archetypen als universelle Prinzipien, die das gesamte psychologische Leben begründen und motivieren, individuell wie kollektiv.

Sowohl in der Astrologie als auch in der Mythologie sind diese universellen Prinzipien der Hauptgegenstandsbereich; doch während die Mythologie die Betonung auf die kulturellen *Erscheinungsformen* der Archetypen legt, verwendet die Astrologie die *wesentlichen archetypischen Prinzipien selbst* als ihre Sprache, um die grundlegenden Kräfte und Muster im individuellen wie im kulturellen Leben zu verstehen. Historisch gesehen, besteht ein enger Zusammenhang zwischen den Mythen einer bestimmten Kultur und der Art von Astrologie, die sich in ihr entwickelt hat. Man könnte die Astrologie sogar als das umfassendste mythologische System bezeichnen, das jemals in der menschlichen Kultur entstanden ist. Wie ich schon im Vorwort zu diesem Buch erwähnt habe, dient der Mythos im Idealfall als eine belebende Kraft für eine Kultur, indem er die Verbindung des Menschen zu einer größeren universelleren Realität zeigt. Die Tatsache, daß die westliche Kultur keine lebensfähige, energiespendende Mythologie mehr hat, erklärt zum Teil, warum die Astrologie in den letzten Jahren eine Wiedergeburt erfahren hat.

Denn die Menschen haben schon immer ein Muster des Wachstums und der Ordnung gebraucht, um ihr kollektives Leben zu lenken und ihre individuellen Erfahrungen mit Bedeutung zu füllen. Dazu schreibt Joseph Campbell (1960):

> Woher stammt die Kraft dieser nichtstofflichen Leitbilder, die ihnen die Macht gibt, Völker zu bewegen und Zivilisationen zu errichten, von denen jede ihre eigene Schönheit und zwingende Notwendigkeit hat? Und warum haben die Menschen, auf der Suche nach einer soliden Grundlage für ihr Leben, nicht die Tatsachen gewählt, die in der Welt reichlich vorhanden sind, sondern die Mythen einer uralten Imagination . . . ? (S. 20)

Die einleuchtendste Antwort auf Campbells Frage ist, daß die Götter der Mythologie (genau wie die Planeten in der Astrologie) *lebendige* Kräfte und Prinzipien im Universum und im Leben jedes einzelnen darstellen. Die Schlüsse, die sich aus Jungs Forschungen über die archetypischen Grundlagen des menschlichen Geistes ergeben, unterstützen diese Antwort ebenso, wie neuere Studien in der vergleichenden Religionswissenschaft und in einigen Bereichen der humanistischen Psychologie. Es ist meine Überzeugung, daß uns die Astrologie den Schlüssel zum Verständnis dieser grundlegenden Kräfte und Funktionen im Menschen liefert; denn sie ist die umfassendste – und doch gleichzeitig präzise – energetische Sprache, die dem Menschen zugänglich ist. Campbell (1960) schreibt:

> Denn es ist eine Tatsache, daß die Mythen unserer Kulturen bewußt oder unbewußt auf uns einwirken als energiefreisetzende, lebensmotivierende und lenkende Wirkkräfte . . . (S. 20)

Da die Bedürfnisse des Menschen periodischen Wandlungen unterliegen, müssen sich auch seine Mythen wandeln, um den neuen Dimensionen seines Daseins zu entsprechen. So wie das Bewußtsein des Menschen müssen sich auch seine Mythen entwickeln:

> Denn genau wie in der sichtbaren Welt des Pflanzen- und Tierreichs hat auch in der visionären Welt der Gottheiten eine Geschichte, eine Evolution, eine Serie von Mutationen stattgefunden, die ganz bestimmten Gesetzmäßigkeiten unterliegt. (Campbell, 1960, S. 21)

So wie sich des Menschen Verständnis von seinen Göttern und Religionen verändert hat, obwohl sie in der einen oder anderen Form immer noch weiter existieren, genauso existiert die Astrologie, wie auch des Menschen Bedürfnis nach ihr, immer noch, trotz aller Versuche, sie wegzuerklären. Aber wir müssen unsere Auffassung von ihr neu bewerten, indem wir sie nicht mehr nach der traditionellen Anschauung einfach als ein Muster vom Himmelszeichen für ein unveränderliches Schicksal ansehen, sondern sie als einen Erkenntnisweg nutzen, der uns zu unserem grundlegenden Wesen führt, uns unseren Platz im Universum zeigt und uns hilft, ein kreatives und erfülltes Leben zu führen. Mit anderen Worten, man kann die Astrologie als eine *bewußt anwendbare Mythologie* ansehen. Der zeitgenössische abendländische Mensch ist in seiner Entwicklung an einem Punkt angekommen, an dem es ihm nicht mehr genügt, unbewußt nach veralteten Mythen, strengen Dogmen oder archaischen Traditionen zu leben. Aber er ist in seinem Versuch, sich von Grenzen und Traditionen zu befreien, zu weit gegangen. Er hat den Kontakt mit den archetypischen Grundlagen seines Seins und der daraus entspringenden Quelle von Halt und spirituell-psychologischer Nahrung verloren. Astrologie kann ein Weg sein, den Menschen wieder mit seinem innersten Selbst, mit der Natur und mit dem evolutionären Prozeß des Universums zu vereinen.

## Universelle Prinzipien

Multa renascentur, quae jam cecidere cadentque,
Quae nunc sunt in honore . . .
(Vieles wird wiederauferstehen, was lange
begraben war, und vieles wird verschwinden, was
heute in Ehren gehalten wird.)

*Horaz*

Was sind diese »universellen Prinzipien«, von denen wir gesprochen haben? Per definitionem grenzen sie ans Transzendente, da sie alle Erscheinungen und beobachtbaren Formen im materiellen Universum hervorrufen. Viele Wissenschaftler sind zu der Auffassung gelangt, daß es ein unsichtbares Organisationsschema gibt, das aus dem *Inneren* der Lebewesen wirkt, eine Art psychologisches Muster, welches die Ausdrucksform der Energie lenkt und bestimmt. Diese Tendenz zu Ordnungsschemen in der Natur kann überall beobachtet werden, von der Evolutionstheorie bis zu den deutlich vorhersagbaren Mustern in der physischen und psychologischen Entwicklung des Menschen. Ein anderes allgemein gebräuchliches Wort zur Beschreibung dieses Strukturphänomens ist »Form«. Der Physiker und Philosoph L. L. Whyte hat ein wichtiges Buch geschrieben mit dem Titel *Accent on Form* (1954), welches sich mit den von ihm so genannten »gestaltenden Prinzipien«, die in allem Leben wirken, beschäftigt. Darin sagt er, daß »das umfassendste Naturgesetz eine gestaltende Tendenz zum Ausdruck bringt«. (S. 137)

»Form« ist eine der ältesten Ideen der Menschheit. Die Griechen hatten zahlreiche Theorien der vollkommenen Formen, von Platos ewigen Formen über Euklids quantitative Beziehungen im Raum bis zu den Forschungen des Pythagoras über Zahl und Geometrie. Im Mittelalter wurde angenommen, daß jede Klasse von Dingen eine Essenz besäße (essentia oder quidditas); und diese Essenz wurde nicht als eine statische Eigenschaft angesehen, sondern als eine Quelle von Aktivität. Man dachte sich das Fundament aller Realität als zusammengesetzt aus unzähligen Essenzen, und die Aufgabe der Philosophie war es, diese Essenzen zu erkennen. Die Essenz eines jeden Dinges war die Grundlage seines Daseins, das, was es zu dem macht, was es ist. Und für den mittelalterlichen Philosophen waren die in der Natur beobachtbaren Formen keine statischen Dinge, sondern inkarnierte Ideen, im Sinne der platonischen Ideen (Carrée, 1949). Als Quelle dieser ewigen Ideen wurde der »Weltgeist« angesehen, das Reich und der Speicher der Essenzen (oder »Archetypen«) aller Formen, die jemals existieren können, und aller Ideen, die jemals gedacht werden können. (Der Weltgeist ist, nebenbei bemerkt, in vieler Hinsicht Jungs Konzeption vom »kollektiven Unbewußten« ähnlich.) Die moderne Physik kehrt, seltsam genug, zu solchen lange verspotteten Ideen zurück; denn was wir sehen, wird uns jetzt gelehrt, ist nur die äußere Form (oder »Wellenform«) der zugrundeliegenden Realität von Schwingung und Energie. Das materielle »Teilchen« ist zu einem ausgedehnten Muster geworden; das materielle Atom wird als Energiefeld angesehen. Vielleicht besteht jetzt auch wieder das Bedürfnis nach einem Konzept wie der Weltgeist, nach einem Etwas, das alle Formen aktiv gestaltet.

Eine Beschäftigung mit der Form kann uns vielleicht zeigen, wie sich formlose Energie in funktionalen Ganzheiten organisiert; und vielleicht wirft sie auch ein Licht auf die schwer faßbaren Essenzen in allen Dingen. L. L. Whyte (1954) sagt dazu, daß »man genügend tief zu diesem letzten Muster durchdringen muß, um irgend etwas zu verstehen« (S. 28). Denn es scheint, daß eher das formale Muster die Eigenschaften seiner Bestandteile bestimmt als umgekehrt, eine Tatsache, die eine holistische Auffassung vom Leben unterstützt. Whyte (1954) schreibt: »Wie können in einem atomistischen Universum geordnete Formen entstehen? Wären sie nicht zumindest höchst unwahrscheinlich?« (S. 50) Nach Whyte würde uns eine neue Erkenntnis der gestaltenden Kräfte des Universums nicht nur zu einem besseren Verständnis der physikalischen Theorien, der biologischen Organisation und dem Funktionieren des Geistes verhelfen, sondern sie würde dem Menschen auch eine gelassene Heiterkeit geben, die auf keine andere Weise erreichbar ist.

> Denn an diesem Punkt erkennt die westliche Tradition den Wert eines uralten Lehrsatzes des Ostens: Wenn Heiterkeit erlangt werden soll, muß das universelle Prinzip höher bewertet werden als irgendeine besondere Erscheinungsform. Die Zeit ist da für eine neue Anmut: eine Einheitlichkeit des Prozesses, die man in allen speziellen Formen sehen kann, und die ihre Unterschiede versöhnt. Die universellen Prinzipien müssen wieder stärker betont werden, wenn ein gesundes Gleichgewicht wiederhergestellt werden soll. (S. 191)

Genau diese Einheitlichkeit des Prozesses, die man in allen speziellen Formen sehen kann, findet der Mensch in der Astrologie. Die Astrologie betrachtet jedes Individuum als *einen ganzheitlichen und einzigartigen Ausdruck von universellen Prinzipien, Grundmustern und Energien.* Der Tierkreis wurde von den alten Astrologen und Philosophen als die »Seele der Natur« angesehen, als das, was dem Leben Form und Ordnung gibt. Astrologie ist eine Sprache von universellen Prinzipien, ein Weg, Form und Ordnung im Leben eines Individuums zu entdecken, eine Methode, das Einssein eines jeden mit universellen Faktoren symbolisch darzustellen. Eine moderne Auffassung von Astrologie kann nicht auf der Annahme beruhen, daß der individuelle Mensch »nur« die Gesamtsumme der universellen Kräfte ist, die seine psycho-physische Ausstattung ausmachen; das Individuum ist vielmehr eine einzigartige Form, die Ausdruck eines einzigartigen Beziehungsmusters der universellen Faktoren ist.

Wie L. L. Whyte (1954) feststellt, »steht alles in diesem Universum in irgendeiner Weise in Beziehung zu unserem eigenen Wesen, seinen Bedürfnissen und Möglichkeiten. Jeder Vorgang spiegelt einen Vorgang in uns selbst und ruft ein Gefühl hervor, auch wenn wir uns dessen nicht bewußt sind.« (S. 31) In Whytes Idee kommt das zum Ausdruck, was die alten Astrologen die Entsprechung von Mikrokosmos und Makrokosmos nannten, d. h. die Vorstellung, daß die Funktionen und Faktoren innerhalb des Individuums die universellen Prozesse und Prinzipien widerspiegeln, oder zumindest mit ihnen korrespondieren. Wir würden in modernen Begriffen sagen: Da das Universum ein ganzheitlicher Prozeß ist (»Universum« bedeutet *das Sich-Drehen des Einen)* und aus unzähligen sich gegenseitig durchdringenden Energiefeldern besteht, steht das Energiefeld eines jeden individuellen Menschen in enger Beziehung zu dem größeren Energiefeld seiner kosmischen Umwelt. Einer der entscheidenden Werte der Astrologie liegt darin, daß wir durch die Erkenntnis der universellen Faktoren, die in jedem von uns wirksam sind, ein besseres Verständnis der universellen Prinzipien des Lebens selbst erreichen können. Die Wissenschaft akzeptiert heute Fingerabdrücke, Kardiogramme und Enzephalogramme als nützliche Hilfsmittel, alles relativ einzigartige Manifestationen der menschlichen Energien und Rhythmen. Das astrologische Geburtshoroskop ist die graphische Darstellung, durch die der Kosmos (oder das größere Ganze) uns in die Lage versetzt, seine Energien und Rhythmen, insbesondere wie sie in jedem Individuum wirksam sind, zu verstehen.

In der Psychologie hat sich vor allem Dr. Carl Jung mit universellen, gestaltenden Prinzipien auseinandergesetzt. Jungs »Archetypen« sind keine physischen Strukturen, sondern könnten wie Jung (1959) sagt

> ... vielleicht mit dem Achsensystem eines Kristalls verglichen werden, welches sozusagen die kristalline Struktur in der Mutterlauge präformiert, obwohl es selbst keine materielle Existenz hat ... Der Archetyp an sich ist leer und rein formal, nichts als eine *facultas praeformandi*, eine Möglichkeit der Repräsentation, die *a priori* gegeben ist. (S. 79–80)

Jung weiter: »... ich halte es für wahrscheinlich, daß es nicht möglich ist, das eigentliche Wesen des Archetypus bewußt zu machen, daß es transzendent ist.« (S. 81) Edward Whitmont (1970), ein jungianischer Psychiater, hat von Jungs Archetypen als »dynamischen transpsychologischen und daher transzendentalen Energie-Konfigurationen« geschrieben. Von daher ist es klar, daß die Archetypen mit den von Whyte erwähnten gestaltenden Prinzipien identisch sind, und daß astrologische Faktoren genau diese Realitäten darstellen.

Wenn die Archetypen die Grundlage allen psychischen Lebens sind, und wenn sie für sich selbst genommen tatsächlich transzendent (d. h. zu subtil und immateriell für eine direkte, bewußte Wahrnehmung) sind, dann ist es besonders wichtig, daß wir eine Sprache haben, um ihre Realität zu beschreiben, oder doch wenigstens auf sie hinzuweisen. Und auch wenn wir diese Realitäten an sich nicht erkennen können, können wir doch wenigstens verstehen, *wie* sie funktionieren, und was sie für uns bedeuten, indem wir die einzige Wissenschaft studieren, die sich mit solchen Kräften beschäftigt: die Astrologie. Gleichgültig welche Begriffe man für diese universellen Prinzipien benutzt, ob Archetypen, Essenzen oder gestaltende Prinzipien, die Tatsache bleibt bestehen, daß solche Kräfte im Universum existieren und jeden von uns beeinflussen, sowohl von innen wie von außen. Aus diesem Grund benutzen einige Psychologen, Psychiater und Lebensberater neuerdings die Astrologie als ihr wichtigstes Instrument, um die innere Dynamik ihrer Klienten zu verstehen. Jung hat gesagt, daß er sich bei vielen seiner Fälle der Astrologie bedient hat, besonders bei Menschen, zu denen er nur schwer einen Zugang finden konnte:

> Da ich Psychologe bin, interessiere ich mich hauptsächlich dafür, wie das Horoskop Licht auf gewisse Komplikationen des Charakters wirft. In Fällen schwieriger psychologischer Diagnose besorge ich mir gewöhnlich ein Horoskop, um eine Sichtweise mehr aus einem völlig anderen Blickwinkel zu gewinnen. Ich muß sagen, daß ich sehr oft festgestellt habe, daß die astrologischen Daten gewisse Punkte erhellt haben, die ich andernfalls

nicht in der Lage gewesen wäre zu verstehen (aus einem Brief an Prof. B. V. Raman; 6. 9. 1947).

In einem Interview mit dem Herausgeber eines französischen astrologischen Magazins stellt Jung (1954) fest:

> Man kann mit beachtlicher Sicherheit erwarten, daß eine gegebene, gut definierte psychologische Situation von einer analogen astrologischen Konfiguration begleitet wird. Die Astrologie besteht aus Konfigurationen, die das kollektive Unbewußte symbolisieren, und das ist Gegenstand der Psychologie: Die »Planeten« sind Gottheiten, Symbole für die Kräfte des Unbewußten.

Im selben Interview sagte Jung, daß die angeborene psychische Präposition eines Individuums »auf erkennbare Weise ihren Ausdruck im Horoskop zu finden scheint«. In vielen seiner Schriften betont Jung, daß die Astrologie die Summe allen überlieferten psychologischen Wissens beinhalte, sowohl bezüglich der angeborenen Prädispositionen von Individuen als auch einer genauen Methode zur zeitlichen Vorherbestimmung von Lebenskrisen:

> Ich habe viele Fälle beobachtet, bei denen eine gut abgrenzbare psychologische Phase oder ein analoges Ereignis von einem Transit begleitet wurde (besonders bei Saturn- und Uranusverletzungen). (Jung, 1954)

Der jungianische Psychiater Edward Whitmont (1970) schreibt dazu ähnlich:

> In einem weiteren Sinne angewandt, können astrologische Techniken für den Tiefenpsychologen genauso wertvoll werden wie die Traumdeutung. Sie können ihn zwar nicht über zukünftige Ereignisse oder über festgelegte Charakterzüge informieren, aber unbewußte, grundlegende, psychodynamische Faktoren und Muster aufdecken, mit denen eine bestimmte Person »es zu tun hat«, auf die sie in ihrem eigenen, individuellen Stil während ihres ganzen Lebens reagiert, und die die charakteristische Art und Weise, in der ihr besonderes Leben in das kosmische Ganze eingebettet ist, bestimmen.

Zipporah Dobyns (1970), eine Psychologin, die ich bereits vorgestellt habe, hat über den Gebrauch der Astrologie als psychologisches Instrument folgendes zu sagen:

> Vor allem bietet sie (die Astrologie) uns ein Persönlichkeitssystem, das auf einem externen Rahmen von Bezugspunkten

beruht. Sie ist damit all den willkürlichen Systemen überlegen, die in solchem Überfluß im Bereich der Persönlichkeitsforschung aufgestellt werden und wird mit großer Sicherheit das Universalsystem der Psychologie der Zukunft sein. Sie bietet einen symbolischen Entwurf des menschlichen Geistes und Schicksals, der nicht von dem Probanden, in der Absicht »gut« oder »schlecht« dazustehen, manipuliert werden kann, wie das bei vielen psychologischen Fragebögen relativ leicht möglich ist. Sie bietet Einsicht in Bereiche, von denen der Proband oft wenig oder nichts weiß ... Verdrängungen, Werte, die niemals bewußt verbalisiert wurden, Ambivalenzen und Konflikte, die auf Ereignisse und Beziehungen projiziert und niemals bewußt angegangen wurden. Sie bietet Schlüssel zu unentdeckten Möglichkeiten, Talenten und natürlichen Wegen der Integration und Sublimation etc. Mit ihrer Registrierung vergangener und zukünftiger Muster bietet sie auch Schlüssel zu frühen traumatischen Ereignissen, welche der tiefenpsychologische Therapeut aufdecken möchte, und für zukünftige Perioden des Stresses, in denen das Individuum vielleicht besondere Unterstützung brauchen wird ... Sie erlaubt, »zueinander passende« Individuen auszuwählen bei der Therapeut-Klient-Beziehung, bei Ehepartnern, im Arbeitgeber-Arbeitnehmer-Verhältnis etc. Es ist meine feste Überzeugung, daß die Psychotherapie oder Lebensberatung der Zukunft routinemäßig das Horoskop gebrauchen wird, so wie wir heute Interview und Hintergrundinformationen über den Probanden benutzen.

Ein anderer Psychologe, Ralph Metzner, Autor des Buches *Maps of Consciousness*, das sich mit der Astrologie und verwandten Themen befaßt, benutzt ebenfalls die Astrologie in seiner Praxis:

> Als Psychologe und Psychotherapeut interessiere ich mich für einen anderen Aspekt dieses verwirrenden und faszinierenden Themas. Wir haben hier eine psychologische Typologie und diagnostische Einschätzungsmethode, die an Komplexität und Erfahrenheit in der Analyse jedes bestehende System weit übertrifft ... das System der Analyse – die drei ineinandergreifenden symbolischen Alphabete der »Tierkreiszeichen«, »Häuser« und »planetarischen Aspekte« – ist der komplexen Vielgestaltigkeit des menschlichen Wesens wahrscheinlich besser angepaßt als die bestehenden Systeme von Typen, Charaktereigenschaften, Motiven, Bedürfnissen, Faktoren oder Skalen.
> Das System hat zusätzlich den Vorteil, daß es völlig unabhängig

> von jeglichem Verhalten des Probanden ist und von daher frei von jedem Reaktionsvorurteil ... Anders als irgendeine andere Persönlichkeitseinschätzungsmethode hat das astrologische System eine ihm innewohnende Dynamik: das Horoskop, wenn es von einem geschickten und erfahrenen Astrologen interpretiert wird, liefert nicht nur ein geschlossenes Bild der vererbten Neigungen und Tendenzen einer Person, sondern gibt auch Hinweise auf latente Möglichkeiten, zeigt Richtungen für notwendige Entwicklungen – kurz, es gibt uns eine symbolische Landkarte vom Prozeß der Selbstverwirklichung. (Metzner, 1970, S. 164–165)

Metzner schreibt im selben Artikel, daß die Astrologie als »Bindeglied zwischen Psychologie und Psychiatrie« benutzt werden sollte und definiert Astrologie als »für psychologische Zwecke angewandte Astronomie«.

Nur eine symbolische Sprache (und besonders eine mit externen Bezugspunkten wie die Astrologie) ist umfassend und kulturfrei genug, um für alle Menschen brauchbar zu sein, für junge und alte, arme und reiche, gleichgültig welchen bildungsmäßigen, kulturellen und nationalen Hintergrund sie haben. Das große Problem der »Persönlichkeits«-Theorien in der allgemeinen Psychologie ist, daß sie nur für einen kleinen Ausschnitt einer gegebenen Population brauchbar sind. Astrologie jedoch als eine umfassende Persönlichkeitstheorie bildet die Grundlage für all die spezialisierten Theorien und faßt sie zusammen. Andere symbolische Techniken als die Astrologie mögen für gewisse Zwecke brauchbar sein, haben aber den Nachteil, daß ihnen die äußeren Bezugspunkte und das genaue, meßbare System fehlen. Die Astrologie beinhaltet sowohl die mathematische als auch die symbolische Sprache des Lebens und faßt sie in ein harmonisches System zusammen, dessen Anwendungsmöglichkeiten viel weiter gehen als die jedes anderen Systems, ob mathematisch oder symbolisch. Die Astrologie beweist ihre umfassende Einzigartigkeit nicht nur durch die genaue Beschreibung verschiedener Arten von Bewußtsein, individueller Unterschiede und verschiedener Arten von Energie, die in einer Person wirksam werden, sondern enthüllt darüber hinaus auch die Wirkungsweise von universellen Gesetzen der Harmonik, der Polarität und der psycho-physischen Energien.

# Ansätze zur Astrologie

> Ignotum per ignotius, obscurum per obscurius
> (Das Unbekannte durch das noch Unbekanntere,
> das Obskure durch das noch Obskurere.)
>
> *Altes alchemistisches Sprichwort*

## Der kausale Ansatz

Die Frage: »Wie funktioniert die Astrologie?« kann mit verschiedenen Modellen angegangen werden. Wenn man die Astrologie in einem kausalen Modell betrachtet, gibt es eine große und wachsende Zahl von Hinweisen, welche die Gültigkeit der Astrologie belegen (siehe Anhang A). Einen der am meisten verbreiteten Versuche, die Astrologie in einem kausalen Modell zu erklären, könnte man »kosmische Konditionierung« nennen. Dieses Modell bezieht sich auf sehr fein ausgewogene elektromagnetische Felder im Sonnensystem und auf elektromagnetische Felder im Menschen, die sich mit dem Wechsel der Planetenpositionen ständig verändern. Ein Wissenschaftler namens Rex Pay (1967) drückt das folgendermaßen aus:

> Sleeper hat gezeigt, daß der Raum zwischen Erde und Ionosphäre, als Resonanzsystem betrachtet, eine charakteristische Periode von ungefähr einer achtel Sekunde hat – die Zeit, die das Licht braucht, um einmal die Erde zu umrunden. Die Resonanzfrequenz ist also ungefähr 8 cps., ungefähr die des Alpha-Rhythmus des menschlichen Gehirns. Sleeper nimmt an, daß möglicherweise das geomagnetische Feld den feinen Einstellungsmechanismus für diese charakteristische Frequenz bildet. Wenn das Verhalten von Veränderungen dieser Frequenz beeinflußt würde, dann würden die Positionen der Planeten eine größere Rolle für die menschlichen Angelegenheiten spielen, als bisher angenommen wurde. (S. 36)

Eine solche Theorie nimmt an, daß das menschliche Nervensystem auf Veränderungen in der kosmischen Umwelt reagiert.

Es gibt gegenwärtig noch keine umfassende und befriedigende Theorie, welche die Astrologie in einem kausalen Modell erklärt; die bisher vollständigste Formulierung wurde von Glynn (1972) entwickelt. Glynn, der seine Dissertation über elektro-magnetische Wellentheorie geschrieben hat, behauptet, daß wir von einer wissenschaftlichen, kausalen Erklärung der Astrologie nicht sehr weit entfernt sind. Als eine Zwischenlösung hat er folgende hypothetische Kausalkette aufgestellt, die alle wissenschaftlichen Daten beinhaltet, die in Anhang A aufgezählt sind. Obwohl dies, wie Glynn betont, nur eine mögliche Ursachenkette ist, die zur Erklärung der Astrologie herangezogen werden könnte, scheint eine solche Theorie doch vielen der wissenschaftlichen Daten Rechnung zu tragen, die über die himmlisch-irdischen Übereinstimmungen bisher gesammelt worden sind.

Das Folgende stellt seine Theorie im Diagramm dar:

Planeten-Positionen
↓ verursachen
Schwankungen des Gravitationsfeldes (innerhalb der Sonne)
↓ verursachen
Flutwellen-Effekte (innerhalb der Sonne)
↓ verursachen
Sonnenflecken (Gas-Eruptionen auf der Sonne)
↓ verursachen
Sonnenwind (Teilchen von der Sonne, die auf die Erde treffen)
↙ verursachen
↙ Gravitationsfeld des Mondes verursacht
Ionosphärische Veränderungen (ionisierte Schicht um die Erde)
verursacht
Alpha-Wellen an der Oberfläche der Erde
↘ verursachen

| | |
|---|---|
| Emotionale Veränderungen bei Individuen (Transit-Effekte) | Beschleunigung der Geburt eines Kindes, das für die betreffende Planetenposition sensibel ist (Geburtshoroskop-Effekt) |

(Copyright – American Federation of Astrologers, 1972)

Die oben erwähnte »Beschleunigung der Geburt« bezieht sich auf eine Idee, die von Dr. Eugen Jonas aus der Tschechoslowakei vorgestellt wurde. Glynn berichtet:

Jonas entdeckte, daß sich ein Baby zum Zeitpunkt seiner Geburt auf dem Höhepunkt seines Stoffwechsel-Kreislaufs befindet und in Wirklichkeit seine eigene Geburt verursacht, indem es Adrenalin in den Blutstrom der Mutter freisetzt. In seinen Experimenten kam heraus, daß dieser Höhepunkt für jedes Indiviuum immer bei dem gleichen Sonne-Mond-Winkel stattfindet. Die logischste Erklärung für dieses Phänomen ist, daß jedes Embryo eine eigene Persönlichkeit hat. . . . Die Geburtszeit wird dann von den planetaren Anordnungen bestimmt, die das Baby am stärksten beeinflussen. Deswegen gibt das Geburtshoroskop tatsächlich die planetare Anordnung wieder, auf die man am stärksten anspricht. (S. 30)

## Der symbolische Ansatz

Einen anderen Ansatz zur Astrologie könnte man den symbolischen Ansatz nennen. Dieser betrachtet die Planeten und Zeichen als Symbole für kosmische Prozesse und universelle Prinzipien. Als Beispiel für diesen Ansatz der Überblick Seite 54, der teilweise Ebertins (1960) Versuch, den jährlichen Rhythmus der Jahreszeiten mit den Tierkreiszeichen in Beziehung zu setzen, entnommen ist. Die Tierkreiszeichen sind auch von ihrem konstellativen Bild (z. B. Widder, Stier, Zwillinge etc.) her symbolisch analysiert worden. Alle diese Ansätze können fruchtbar sein; aber unabhängig davon, von welchem Ansatz man ausgeht, muß man zugeben, daß die Astrologie ein starkes Bedürfnis des Menschen anspricht; wie hätte sie sonst so lange existieren können und wie hätte sie in vielen Kulturen zu einem so hohen Ansehen erhoben werden können. Viele Psychologen haben zur Kenntnis genommen, daß die Astrologie die am weitesten entwickelte symbolische Sprache ist, wie die Zitate in den vorangehenden Kapiteln zeigen. Aber die Frage danach, worauf sich diese Symbole beziehen, bleibt unbeantwortet. Symbole sind schließlich *Symbole*, weil sie sich auf lebendige Wirklichkeiten beziehen, die sich auf keine andere Art und Weise (jedenfalls zur gegenwärtigen Zeit) ausdrücken lassen. Vielleicht kann diese Frage niemals beantwortet werden. Vielleicht kann der Mensch die transzendenten Wirklichkeiten des Kosmos niemals in Worte fassen. Und dennoch können wir diese symbolische Sprache trotz der Transzendenz ihrer Faktoren anwenden, wenn wir sie als einen Spiegel für universelle Muster, Prinzipien und Kräfte ansehen. Aber der symbolische Ansatz zur Astrologie ist nur vollständig und nützlich, wenn er im Rahmen einer *holistischen* Auffassung des gesamten Lebens gesehen wird.

| Zeichen | Jahreszeit | psychische Entsprechung |
|---|---|---|
| Widder | Zeit des Keimens, der sich entfaltenden Energie | der Wille, der Drang zu handeln, Unternehmungslust, Selbstbewußtsein, der Wunsch nach Führerschaft |
| Stier | Belebung und Kräftigung. Entstehung von Form | Ausdauer, Konsolidierung, die Fähigkeit der Gestaltung, Sinn für Form |
| Zwillinge | Entfaltung, Blütezeit | Lebhaftigkeit, Vielseitigkeit, Oberflächlichkeit |
| Krebs | Befruchtung | Gefühlsreichtum, Gefühl von Vaterschaft und Mutterschaft |
| Löwe | Fruchtreife | der Wille zu schaffen, Selbstvertrauen, Gestaltungskraft |
| Jungfrau | die Ernte, die Verwendung dessen, was man angebaut hat | Fleiß und Sorgfalt, Ordnungsliebe, häusliches Wesen, Krisenfestigkeit |
| Waage | Balance und Ausgleich im Haushalt der Natur | Sinn für Gerechtigkeit, Streben nach Harmonie, Gemeinschaftssinn |
| Skorpion | Sterben in der Natur, Fortleben im Keim | Durchhaltevermögen und Ausdauer, rücksichtsloser Kampf ums Überleben |
| Schütze | Winterschlaf der Natur | Kultivierung der inneren oder spirituellen Seite des Lebens, hoffnungsvolles Planen für die Zukunft |
| Steinbock | Kristallisation der Formen im Winter | unermüdlicher Kampf um Selbsterhaltung, Geduld, Vorliebe für festgefügte soziale Formen |
| Wassermann | Wartezeit, Vorfrühling | Erwartungshaltung, gute Beobachtungsgabe, voller Pläne |
| Fische | das Aufgehen der Saat in der Erde | erste Regungen neuen Lebens in den Überresten des alten |

Die Philosophie des Holismus nimmt an, daß das Universum ein ganzes System ist, und daß es innerhalb des großen Ganzen kleinere Ganzheiten gibt, deren Strukturen, Muster und Funktionen vollständig mit denen des größeren Ganzen übereinstimmen. Die Astrologen und Philosophen des Mittelalters hatten das Mikrokosmos-Makrokosmos-Konzept, um diese Idee zum Ausdruck zu bringen: d. h., das ganze Universum ist im Mikrokosmos, also im Menschen enthalten; und umgekehrt wurden die Gestirnsmuster am Himmel als der Große Mensch oder der Kosmische Mensch gesehen. Ein Beispiel für diese Art von Beziehungen mag man in dem Vergleich eines einzelnen Atoms mit unserem Sonnensystem sehen. Das Atom ist ein Mikrokosmos des makrokosmischen Sonnensystems. Die gleiche Idee wurde von den englischen metaphysischen Dichtern das »Prinzip der Entsprechung« genannt. Der wichtige Punkt bei diesem Ansatz ist, daß wir durch das Studium der Zyklen und Muster im größeren Ganzen (den Planeten) etwas über die Zyklen und Muster in uns selbst erfahren können.

Der holistische Ansatz nimmt nicht an, daß die Kausalität das höchste Gesetz des Universums ist; denn wenn das Universum tatsächlich ein Ganzes ist, wie kann dann irgend etwas die letzte *Ursache* sein? Vielmehr ist das altehrwürdige Gesetz der Entsprechungen zwischen den Teilen eines Ganzen die angemessene Betrachtungsweise für holistische Phänomene. C. G. Jung nennt dieses Gesetz der Entsprechungen »Synchronizität«, ein akausales Verbindungsprinzip; und im Hinblick auf die Astrologie führt er aus, daß alles, was in einem bestimmten Zeitmoment geboren oder getan wird, unvermeidlich die *Qualitäten* dieses Moments trägt. Jung verdeutlicht dies am Beispiel eines Weinkenners, der nur vom Geschmack her die Herkunftsgegend und den Jahrgang eines Weines bestimmen kann. Dieses Gesetz der Synchronizität erklärt, warum das Horoskop auf den Augenblick des ersten Atemzugs eines Individuums gestellt wird, denn dies ist der Zeitpunkt, in dem das neugeborene Kind seinen *individuellen* Rhythmus in Übereinstimmung mit dem größeren Ganzen allen Lebens beginnt.

Die Psychologin Zipporah Dobyns (1971) erklärt ihre Sicht der Synchronizität folgendermaßen:

> Ich glaube, die Planeten sind in erster Linie Teil der Ordnung des Kosmos, und als solcher sind ihre Konstellationen ein außerordentlich brauchbarer Schlüssel für diese Ordnung, die

überall existiert. Ich glaube, im Vergleich zu ihrem Wert als einer Karte oder Blaupause dieser Ordnung spielen die Planeten eine sehr geringe Rolle bei der Aufrechterhaltung und Schöpfung derselben. (S. 8)

Die gleiche Idee durchzieht alte und moderne Literatur und Philosophie. Emerson z. B. schreibt: »Die Gesetze, die das Universum organisieren, tauchen an jedem Punkt wieder auf und bestimmen ihn.« Lincoln Bernett (1951) sagt: »Einsteins Anliegen im weitesten Sinne war es, zu zeigen, daß alle Formen der Natur – Sterne, Planeten, Licht, Elektrizität und vielleicht sogar die winzigen Teilchen innerhalb des Atoms – den gleichen universellen Gesetzen gehorchen.« Wert und Nutzen der Astrologie liegen hauptsächlich in der *Anwendung* dieses Wissens von universellen Gesetzen auf unser individuelles Leben.

Mehr als irgendein anderer moderner Astrologe oder Philosoph hat Dane Rudhyar auf klare und verständliche Weise einen holistischen Ansatz für die Astrologie, ebenso wie für die Psychologie, Philosophie und alles, was den Menschen als individuelle Persönlichkeit berührt, entwickelt. Während der letzten 50 Jahre hat Rudhyar Dutzende von Büchern und Hunderte von Artikeln veröffentlicht, die sich mit astrologischen, psychologischen, kulturellen und philosophischen Themen beschäftigen. Die bekanntesten sind: The Astrology of Personality (1936), The Practice of Astrology (1968), Birth-Patterns for a New Humanity (1969), The Planetarization of Consciousness (1970), und An Astrological Study of Psychological Complexes and Emotional Problems (1966). Außerdem hat er die von ihm so genannte »Humanistische Astrologie« entwickelt, ein neuer und moderner Ansatz zur Astrologie, der sich sehr gut mit den modernen psychologischen Techniken verbinden läßt. Rudhyar hat die Astrologie auf eine durchdachte und gebildete Weise vorgestellt, in welche sich die vielversprechendsten Einsichten der modernen Wissenschaft, Psychologie und Philosophie perfekt einfügen.

Die Philosophie, die Rudhyars gesamtem Werk zugrunde liegt, ist der Holismus, dessen Grundannahme es ist, daß sich das Sein auf allen Ebenen in Form von Ganzheiten manifestiert, d. h. in organisierten Feldern von wechselseitig abhängigen Aktivitäten. Rudhyar sieht in der Astrologie die vollständigste Sprache des Menschen für Form, Struktur und Rhythmen von funktionalen Ganzheiten. In einem seiner frühesten Bücher *The Astrology of Personality* (1936) bezeichnet Rudhyar die Astrologie als eine »Algebra des Lebens«,

d. h. eine Methode zum Verständnis der Ordnung, die allem individuellen und kollektiven Leben innewohnt. In einem seiner neueren Werke (1969) hat er folgendes über die Astrologie zu sagen:

> Wenn wir genau untersuchen, was die Astrologie interpretieren und mit Bedeutung füllen kann, dann erscheint sie als eine symbolische Sprache, in welcher die Raum-Zeit-Strukturen von größeren Ganzheiten (wie das Sonnensystem) mit der strukturellen Entwicklung von kleineren Ganzheiten (wie eine individuelle Person oder die Menschheit als Ganzes) in Beziehung gesetzt werden. Die Astrologie ist die praktische Anwendung einer holistischen Lebensphilosophie. Nach dieser Philosophie ist jede existentielle Ganzheit in einer größeren Ganzheit enthalten, welche wiederum eine kleinere Ganzheit in einer noch größeren Ganzheit bildet. Ein organisiertes System von existentiellen Aktivitäten ist deshalb sowohl der Zusammenhalt für kleinere Ganzheiten als auch Bestandteil eines größeren Systems.
>
> Nach meiner Sicht befaßt sich die Astrologie im wesentlichen mit Zyklen von Bewegungen und kosmischen (oder bio-kosmischen) Rhythmen. Sie beschäftigt sich mit der »Form« oder Gestalt – mit strukturierenden Prinzipien, die jedem organisierten System von Aktivitäten, also jeder Ganzheit, innewohnen. Es geht nicht um einen buchstäblichen direkten äußeren Einfluß, der von einigen Himmelskörpern auf die Lebewesen dieser Erde ausgeübt wird. Astrologie ist ein Weg zur Erkenntnis des Zusammenspiels und der Organisation von einigen wenigen wesentlichen Funktionen und Trieben, die in jeder organisierten Ganzheit von Aktivitäten wirksam sind. In früheren Zeiten wurde dieser Gedanke als die strukturelle Entsprechung zwischen Mikrokosmos und Makrokosmos dargestellt; aber ursprünglich war es die ganze Erde, die als Mikrokosmos angesehen wurde und deren Grundstruktur analog dem ganzen Universum aufgebaut war. Erst später, als der Prozeß der menschlichen Individualisierung voranschritt, und sich individuelle Persönlichkeiten aus den alles durchdringenden und kontrollierenden Urformen der Stammesgesellschaften herausentwickelten, wurden Einzelpersonen als Mikrokosmos angesehen – etwas, was Jesus mit Nachdruck bekräftigte, als er sagte: »Das Himmelreich ist in Euch.« (S. 93)

Auch ein so bedeutender Wissenschaftler wie Teilhard de Chardin bestätigt den Wert einer holistischen Auffassung vom Leben, wenn er z. B. schreibt, daß das Einfache nur vom Standpunkt des Komplexen aus verstanden werden kann. Der Psychologe Rollo May (1960) sagt in etwa das gleiche:

> . . . es ist nur eine Halbwahrheit, wenn man annimmt, daß der Organismus nur auf der Ebene der einfacheren Elemente, sozusagen eine Stufe tiefer auf der Leiter der Evolution, erklärt werden kann; genauso richtig ist es, daß jede neue Funktion eine neue Komplexität bildet, die alle einfacheren Elemente des Organismus' bedingt. (S. 686)

## Der energetische Ansatz

Gegenwärtig stellt die holistische Philosophie für viele den ästhetisch und intellektuell befriedigsten Ansatz zur Astrologie dar. Aber es gibt noch einen anderen Ansatz, der erst jetzt anfängt, klare Formen anzunehmen, und der die Möglichkeit birgt, viele der Differenzen zwischen den Vertretern anderer Sichtweisen beizulegen. Dieser Ansatz beschäftigt sich mit den wesentlichen Energien und energetischen Mustern, die in einem Individuum wirksam werden, und die von den Planeten und Zeichen im Horoskop symbolisiert werden. Teil II dieses Buches ist ein Versuch, diesen Ansatz zur Astrologie systematisch darzustellen als eine Sichtweise, die sich auf die grundlegenden Energien konzentriert, die jeden von uns beleben. Der energetische Ansatz zur Astrologie ist im Grunde ein holistischer Ansatz, denn er beinhaltet alle Lebensdimensionen des Menschen gleichzeitig. An dieser Stelle möchte ich darauf hinweisen, daß viel Arbeit im Gange ist, die ein Licht auf die subtilen Energien im Menschen und auf die spezifischen *Formen der Energie* in der gesamten Natur werfen wird. Es wird mit der Zeit immer deutlicher, daß die blinde Bewunderung eines rein kausalen Gedankengebäudes uns niemals befähigen wird, eine umfassende Theorie der Astrologie zu entwickeln und vielleicht sogar verhindert, daß wir das Grundprinzip und die richtige Anwendung der Astrologie verstehen. Der Schweizer Arzt und Astrologe Alexander Ruperti (1971) schreibt:

> Wo Paracelsus von der Identität von Makrokosmos und Mikrokosmos spricht, wo Rudhyar von der sympathischen Resonanz aller Teile des universellen Ganzen spricht, wo Jung von einem synchronistischen Prinzip spricht, das identische Manifestationen von physischen Phänomenen in der Dimension der Zeit

zueinander führt, da beharrt die moderne Astrologie, weil sie eine wissenschaftliche Einstellung anstrebt, darauf, solche Entsprechungen zu *objektivieren* als Gesetz von Ursache und Wirkung. Auf diese Weise läßt die moderne Astrologie ihr überliefertes Erbe wegen dem Fetisch wissenschaftlicher Respektabilität herunterkommen.

Die wahre Aufgabe der Astrologie war es und sollte es weiterhin bleiben, die Existenz einer universellen Ordnung aufzuzeigen, auf der jeweiligen Entwicklungsstufe, auf die sich die Aufmerksamkeit der Menschheit zu einer gegebenen Zeit konzentriert. Die Zeit, in der die Astrologie in der Lage war, auf der physischen Ebene des Daseins Ordnung zu begründen, ist vorbei. Die moderne Wissenschaft ist für diese Aufgabe wesentlich besser ausgerüstet als die Astrologie. Aber auf der *psychologischen Ebene* ist die menschliche Natur heute ins Chaos geraten, und aus diesem Grunde meinen wir, daß es im Sinne der wirklich wichtigen Bedürfnisse des modernen Menschen die höchste Aufgabe der Astrologie ist, die Existenz einer harmonischen Ordnung auf der psychologischen Ebene zu begründen. (S. 6)

# Humanistische Psychologie und humanistische Astrologie

Während der letzten zehn Jahre hat das Interesse an den Aspekten des Lebens, die ausdrücklich menschlich und subjektiv sind, stark zugenommen. Dieser Ansatz der Psychologie wird als »dritte Kraft« oder »humanistische« Psychologie bezeichnet, und er unterscheidet sich wesentlich von den eher mechanistischen Modellen vom Menschen, die frühere Generationen von Psychologen aufgestellt haben. Obwohl die humanistische Psychologie sich rapide entwickelt und in wachsendem Maße andere Fachgebiete beeinflußt, wird sie von vielen Psychologen der alten Schule als zu ungenau und »unwissenschaftlich« angesehen. Der Zugang zum emotionalen und psychischen Leben des Menschen ist ganzheitlicher und umfassender als bei den meisten der Ansätze, die in der Psychologie gewöhnlich benutzt werden. Gerade dieses Umfassende der humanistischen Psychologie und ihre Betonung von Holismus und Subjektivität erschweren natürlich die Einbeziehung von leicht meßbaren, objektiv verifizierbaren Daten. Doch es gibt eine psychologische Methode, die den Bedarf der humanistischen Psychologie nach einem präzisen System von menschlichen Typen und Unterscheidungsmerkmalen decken kann, und das ist die Astrologie.

Worin unterscheidet sich die humanistische Psychologie von anderen Versuchen, die Natur des Menschen zu verstehen? Vor allen Dingen haben alle humanistischen Psychologen ein beispielhaftes Vertrauen in die Ganzheit und in das Wachstumspotential eines jeden Individuums. So schreibt der Psychologe Carl Rogers (1967):

> ... der subjektive Mensch hat einen Wert und eine Bedeutung, die grundlegend ist: gleichgültig, wie man ihn einschätzt und bewertet, ist er zuallererst und zutiefst doch ein menschliches Wesen. Er ist keine Maschine, keine bloße Ansammlung von Reiz-Relations-Ketten, kein Objekt, keine Schachfigur. (S. 2)

Ein anderer Psychologe, Maurice Termerlin (1963), schreibt:

> Im Unterschied zu wissenschaftlichen Zielen sind die Ziele der humanistischen Psychologie weder Voraussagbarkeit noch Kontrolle. Tatsächlich ist es so, daß ein Individuum um so weniger

> vorhersagbar wird, je erfolgreicher eine Psychotherapie war; denn seine Rigidität hat sich verringert, und seine Spontaneität und Kreativität sind gewachsen. (S. 37)

Was Termerlin über die humanistische Psychologie sagt, scheint im Widerspruch zu stehen zu dem Stellenwert, den die Vorhersage in volkstümlichen Vorstellungen über Astrologie und tatsächlich auch in einigen Richtungen astrologischer Praxis hat. Im Bereich der humanistischen Astrologie liegt die Betonung jedoch auf der Person, nicht auf bestimmten »Ereignissen«. Der erste Fürsprecher einer humanistischen Astrologie, Dane Rudhyar, schrieb dazu: »Der Mensch geschieht dem Ereignis.« Das ist der entscheidende Unterschied zwischen der humanistischen Astrologie und anderen Richtungen der Astrologie. Entsprechend verlagert sich der Schwerpunkt einer humanistischen Auffassung von körperlichen und psychologischen »Krankheits«-Zuständen von der Frage: welches Problem hat ein Mensch? zu der Frage: *Welcher Mensch hat ein Problem?*

Eine andere Akzentverlagerung in der humanistischen Psychologie ist, daß das Potential für Kreativität und Selbstverwirklichung des Menschen für wesentlicher angesehen wird als seine Begrenzungen, Anomalitäten und Schwierigkeiten mit der sozialen Anpassung. Tatsächlich ist die humanistische Psychologie der einzige allgemein verbreitete Ansatz, der dem Menschen seine Einzigartigkeit und individuelle Lebenshaltung zugesteht. Das sind genau die Faktoren, mit denen sich die Astrologie ganz speziell und ausgiebig beschäftigt. Der humanistisch-existentialistische Psychologe Rollo May (1969) definiert »Dasein« als das »Muster von Möglichkeiten« eines Individuums und fährt fort: »Diese Möglichkeiten wird man mit anderen Menschen gemeinsam haben, aber in jedem Fall formen sie bei jedem Individuum ein einzigartiges Muster« (S. 371). Dieses Zitat von Rollo May könnte sich genausogut auf das individuelle Geburtshoroskop beziehen, denn das astrologische Geburtshoroskop symbolisiert auf holistische Weise das einzigartige »Muster von Möglichkeiten«, das jedem von uns seine Lebendigkeit gibt.

Einer der aktivsten Befürworter eines humanistischen Ansatzes in der Psychologie ist James F. T. Bugenthal, Herausgeber des Buches *Challenges of Humanistic Psychology*. In einem Artikel mit dem Titel »The Challenge That is Man« (1967), schreibt Bugenthal:

> Wenn ich eine Aussage über eine entfernte Galaxie mache, mache ich eine Aussage über mich selbst. Wenn ich ein »Ge-

> setz« über das Verhalten von Masse und Energie aufstelle, offeriere ich damit eine Hypothese über meine Daseinsweise in der Welt. Wenn ich eine Beschreibung von Mikroorganismen auf einem Objektträger mache, stelle ich damit eine Beschreibung menschlicher Erfahrung dar ... Der humanistische Psychologe ... akzeptiert diese grundlegende Subjektivität aller Erfahrung als seinen Forschungsbereich. Ich meine ganz wörtlich, daß jede Aussage über die Welt (das »Außen«) unausweichlich und notwendigerweise eine Aussage über die Theorie von uns selbst (dem »Innen«) ist ... Die letztliche Subjektivität von allem, was wir objektiv nennen, wird von vielen Autoren mit verschiedenstem Hintergrund vertreten ... Das Wiederaufleben einer humanistischen Psychologie bedeutet, daß die Aufmerksamkeit der Wissenschaft wieder auf das Primat des Subjektiven gelenkt wird. (S. 5–7)

In diesem Zitat umreißt Bugenthal seine Vision von der holistischen Natur des Universums, der philosophischen Grundannahme der Astrologie. Bugenthal beschreibt weiter, was er als das Hauptanliegen einer humanistischen Psychologie ansieht:

> Das höchste Ziel humanistischer Psychologie ist, eine vollständige Beschreibung dessen aufzustellen, was es bedeutet, als Mensch lebendig zu sein. Dies ist natürlich kein Ziel, das jemals völlig erreicht werden kann; aber dennoch ist es wichtig, das Wesen der Aufgabe zu erkennen. Eine solche vollständige Beschreibung müßte notwendigerweise eine Bestandsaufnahme der angeborenen Ausstattung des Menschen beinhalten: seine Möglichkeiten des Fühlens, Denkens und Handelns; sein Wachstum, seine Entwicklung und sein Verfall; seine Interaktion mit verschiedenen Umweltbedingungen ...; das Spektrum und die Verschiedenartigkeit der ihm möglichen Erfahrung und seinen sinnvollen Platz im Universum. (S. 7)

Bugenthal ist sich zweifellos nicht bewußt, falls er nicht mit den Anwendungsmöglichkeiten und der Präzision der Astrologie vertraut ist, wie nah die Verwirklichung dieses Ziels ist. Wenn man die Astrologie als psychologisches Instrument einsetzt, können all die im obigen Zitat aufgeführten Punkte auf umfassende Weise geklärt und systematisiert werden, während gleichzeitig die Offenheit und die Möglichkeit für individuelles Wachstum beibehalten werden, die für eine humanistische Psychologie so wichtig sind. Bugenthal berührt auch die Frage der Vorhersagbarkeit:

> ... humanistische Psychologie versucht, Menschen und ihre Erfahrungen so zu beschreiben, daß sie fähig werden, ihre *eigenen* Erfahrungen besser vorherzusagen und zu kontrollieren (und damit implizit, sich der Kontrolle durch andere zu widersetzen). (S. 11)

Dies ist exakt das Ziel humanistischer Astrologie, wie sie von Dane Rudhyar in seinen umfangreichen Schriften dargestellt wurde. Und diese Vorhersagbarkeit widerspricht in keiner Weise der Forderung nach individueller Freiheit des Menschen, denn wichtig und grundlegend für die Freiheit ist es, daß man seine eigene Einstellung zu einer gegebenen Situation wählen kann. Der Psychologe Carl Rogers (1967) schreibt dazu:

> Es ist diese existentielle, subjektive, innere Freiheit, die ich beobachtet habe. Es ist die Last der Verantwortlichkeit für das Selbst, was man sich ausgesucht hat zu sein. Es ist die Erkenntnis des Menschen, daß er ein sich entwickelnder Prozeß, nicht ein statisches Endprodukt ist... Ein zweiter Punkt bei der Definition dieser Erfahrung von Freiheit ist, daß sie nicht als Widerspruch zu einer Vorstellung von der psychologischen Welt als einer Folge von Ursache und Wirkung, sondern als Ergänzung einer solchen Welt existiert. Freiheit richtig verstanden, bedeutet, daß der Mensch die geordnete Folge seines Lebens erfüllt. Martin Buber sagt:
> »Der freie Mensch ... glaubt an das Schicksal, und glaubt daran, daß es ihn braucht.«
> Er geht hinaus, freiwillig, ungebunden, verantwortlich, um seine bedeutsame Rolle zu spielen in einer Welt, deren determinierte Ereignisse durch ihn und durch seine spontane Wahl, seinen Willen, in Bewegung gebracht werden. Um noch einmal Buber zu zitieren:
> »Derjenige, der alles, was verursacht ist, vergißt und seine Entscheidungen aus den Tiefen heraus trifft ... ist ein freier Mensch, und das Schicksal tritt ihm als Gegenspieler seiner Freiheit gegenüber. Es ist nicht seine Fessel, sondern seine Erfüllung.«
> Wir sprechen also von einer Freiheit, die in der subjektiven Person liegt, einer Freiheit, in der das Individuum sich dafür entscheidet, sich selbst zu erfüllen, indem es eine verantwortliche und freiwillige Rolle dabei übernimmt, die schicksalhaften Ereignisse hervorzubringen. Diese Erfahrung von Freiheit ist für meine Klienten eine sehr bedeutungsvolle Entwicklung und

hilft ihnen dabei, menschlich zu werden, Beziehungen zu anderen aufzunehmen, ein Individuum zu sein. (S. 52)

Einer der wenigen Nachteile des humanistischen Ansatzes in der Psychologie heute ist, daß er versucht, eine offene, verstehende Einstellung gegenüber der individuellen Person aufrechtzuerhalten ohne die festlegenden Beschränkungen von relativen und sich ständig wandelnden Kategorien. Diese Kategorien sind jedoch absolut notwendig, um die von der humanistischen Psychologie als höchstes Ziel angesteuerte deskriptive Genauigkeit und theoretische Sicherheit zu erreichen. So kommt es, daß vieles in der humanistischen Psychologie bei einer Reihe von Einstellungen oder bei einem allgemeinen Ansatz stehenbleibt, statt sich zu einer genauen und brauchbaren Theorie der Persönlichkeit und des menschlichen Wachstums zu entwickeln. Viele humanistische Psychologen scheuen davor zurück, irgendein System von Richtlinien oder Vorgehensweisen zur Unterscheidung verschiedener menschlicher Typen zu übernehmen, da sie die Erfahrung gemacht haben, daß solche Theorien in der Vergangenheit dazu gedient haben, die sozialen Normen einer bestimmten historischen Epoche zu stützen und irgendwann zu einer ernsten Belastung der therapeutischen Situation werden. Außerdem engagieren sich zur Zeit viele humanistische Psychologen bei der Erforschung der Bedeutung transzendenter, mystischer oder »trans-personaler« Erfahrungen. Eine solche Forschung konfrontiert sie mit metaphysischen Fragen und Wirklichkeiten; und die Bekanntschaft mit dieser Ebene der Erfahrung macht es nur zu deutlich, wie unzureichend ältere Theorien der Persönlichkeit geworden sind. Daher ist es meine feste Überzeugung, daß der einzige Maßstab und Lebenskontext, der universell genug ist, um eine Grundlage für die moderne humanistische Psychologie abzugeben, nur das Universum selbst sein kann, mit seinen bleibenden Mustern, Zyklen und Rhythmen. Diese Art von humanistischer Astrologie hat Dane Rudhyar in den letzten vierzig Jahren entwickelt: eine Astrologie, die personenzentriert statt ereigniszentriert ist, die sich im wesentlichen als eine Sprache versteht, welche sich der zyklischen Bewegungen der Himmelskörper als Symbole bedient, um den Menschen ein direktes und praktisch anwendbares Verständnis der Grundmuster zu übermitteln, die das individuelle und kollektive Dasein strukturieren. Eine solche Astrologie, bei der Form und Struktur des Ganzen im Vordergrund stehen, liefert eine bedeutsame Grundlage für eine Psychologie, die sich hauptsächlich mit den »Inhalten« persönlicher Erfahrung beschäftigt. In einem so weiten Kontext und in einer Perspektive mit einem so universellen Hintergrund werden die Alltagserfahrungen des normalen Lebens und die gelegentlichen Krisen, die neue Phasen des Wachstums hervorbringen, verständlicher und als in sich bedeutungsvoll erlebt. Rudhyar (1971) schreibt:

> Es ist wichtig, daß man wahrnehmen kann, wie alles, was passiert, zu jeder Zeit in das Gesamtmuster oder die Struktur unserer Existenz hineinpaßt.
> Diejenigen, die von einem existentialistischen Gesichtspunkt an das Leben herangehen, die alles als Absurdität ansehen, zerstören die Gesundheit und Vitalität des Menschen, wie die Experimente von Viktor Frankl gezeigt haben. Um gesund zu sein, braucht der Mensch vor allem ein Gefühl von Sinn. Sinn ist definiert als das Durchlaufen einer Reihe von Phasen, die aufeinander bezogen sind, und die zu einem Bezugsrahmen werden für alles, was in unserem Leben geschieht. *Das Wichtigste, was die Astrologie leisten kann, ist dem Menschen den Sinn seines Lebens zu zeigen ...* (S. 4)
> Die Astrologie ist bedeutsam, weil sie zeigen kann, daß das Leben für eine sinnvolle Interpretation offen ist. (S. 5)

Ein Grund für die Verrufenheit der Astrologie in wissenschaftlichen und akademischen Kreisen während der letzten Jahrzehnte ist, daß sich große Teile der Astrologie (und so ziemlich die gesamte populäre Astrologie) immer noch mit der Vorhersage von bestimmten Ereignissen beschäftigt haben, statt mit der Psychologie des Individuums. Der wichtigste Schritt, den Rudhyars humanistische Astrologie macht, ist, daß sie die Betonung von der äußeren Welt der Ereignisse auf die innere Welt der persönlichen Erfahrung und Entwicklung verlagert. Verschiedene Techniken der »Vorhersage«, wie Progressionen und Transite, haben in einer humanistisch orientierten Astrologie immer noch ihren Platz; aber die Bedeutung solcher Techniken verändert sich von einem deterministischen, sinnlosen Akt des Schicksals zu einer sinnvollen Gelegenheit, neue Aspekte des eigenen Wesens zu erfahren und zu integrieren. Mit anderen Worten, die Zeiten, die als kritisch angezeigt sind (durch die Analyse der für das individuelle Entwicklungsmuster einer Person wichtigsten Zyklen), werden als Teil eines größeren Zusammenhangs von Wachstum und Selbstverwirklichung gesehen. Deswegen haben auch schwierige Erfahrungen eine positive, wachstumsfördernde und persönliche Bedeutung. Rudhyar (1971) erklärt diese neue Betonung der individuellen Person in der Astrologie folgendermaßen:

Wenn wir den Genius der Astrologie aufzeigen wollen, müssen wir uns auf das konzentrieren, was einzigartig an der Astrologie ist, worin sie ihre Fähigkeiten am besten beweisen kann, und das ist die individuelle Situation. Was wir zu verstehen suchen, ist die Bedeutung dieser Situation als Ganzes. Der Grund dafür, daß die Stellung der Planeten wichtig ist, ist ganz einfach der: Wenn man erkennt, daß das Universum ein Organismus im weitesten Sinne des Wortes ist, ein System von integrierten Aktivitäten, dann hat alles, was innerhalb dieses Systems geschieht, seinen Platz und seine Funktion für das System. Wenn wir einen bestimmten raum-zeitlichen Punkt innerhalb dieses Systems verstehen wollen, müssen wir ihn in Beziehung zum ganzen System sehen.

Die Ganzheit des Systems schwingt beständig in polyphoner Harmonie mit dem Leben des Individualismus, das sich von dem Ganzen getrennt hat, indem es Es-Selbst geworden ist, ein kleines Ganzes, ein kleiner Organismus. Jedesmal, wenn sich etwas aus dem Ganzen heraus individualisiert, bleibt es doch Teil des Ganzen . . . Es ist der Grundgedanke der Astrologie, alle funktionalen Aktivitäten eines Menschen mit den zehn Grundsymbolen der Planeten in Beziehung zu setzen, von denen jedes eine ganz bestimmte Art von Aktivität repräsentiert. Zusammengenommen stellen sie den Entwurf einer Persönlichkeit als Ganzes dar. (S. 4)

In seiner Broschüre *Astrology for New Minds* (1969) erläutert Rudhyar diesen Punkt:

. . . jedes Individuum ist ein relativ unabhängiges organisches Ganzes, in dem sehr viele Kräfte auf dynamische Weise zusammenwirken, nach einem ursprünglichen und schöpferischen Muster, welches seinen Lebenssinn und seine grundlegende Beziehung zu allen anderen Ganzheiten im Universum bestimmt.

Dieses organische Ganze – der individuelle Mensch – unterscheidet sich im wesentlichen nicht von dem beinahe unendlich größeren geordneten Ganzen, das wir das Universum nennen. Tatsächlich stellt ein Individuum einen ganz bestimmten Aspekt des universellen Ganzen dar, konzentriert auf einen bestimmten Punkt im Raum und erfüllt genau die Notwendigkeit, die in dem Moment seines Eintretens ins unabhängige Dasein vorhanden war.

> Dies ist der Moment des ersten Atemzugs, weil dann die grundlegenden Lebensrhythmen des Individuums in einer bestimmten Umwelt einsetzen. (S. 27)

Da, wie Rudhyar schreibt, die »*substanziellen* Elemente oder Grundtriebe in *jedem* geordneten existentiellen System gleich sind«, und die Menschen auf der Erde Teil des selben Ganzen sind wie die Planeten in unserem Sonnensystem, haben wir eine Basis, auf der wir eine kosmische Sprache entwickeln können, die der tatsächlichen Wesensart und dem Funktionsmuster des Menschen entspricht. In einer Vorlesung, die Rudhyar vor der American Federation of Astrologers Convention (1968) hielt, faßte er zusammen, was er für den größten Nutzen der Astrologie hielt:

> Einfach dies: ein bewußteres, einsichtsvolles Leben zu führen im Sinne eines objektiven Erkennens der Eigenart und der aufeinander abgestimmten Bedeutung der Grundfaktoren, die unsere Existenz und die unserer Mitmenschen strukturieren ... es ist ein Weg zur Weisheit.

Heute versuchen humanistische Psychologen, eine Psychologie zu entwickeln, die positive Faktoren wie Selbstverwirklichung, Kreativität, Bewußtseinserweiterung und direkte Selbsterfahrung betont. In der Astrologie kann der humanistisch orientierte Psychologe, Erzieher, Berater oder Laie ein hilfreiches und nützliches Werkzeug finden; denn die Astrologie schenkt uns eine Sprache, die die einzigartige Kombination der universellen Faktoren, die in jedem von uns wirksam sind, präzise beschreibt.

# Die Anwendung der Astrologie in der Kunst der Beratung

Die vorangegangenen Kapitel haben bereits einige der Bedeutungen und Anwendungsmöglichkeiten von astrologischen Einsichten im Bereich der allgemeinen Psychologie umrissen. Die Astrologie läßt sich gleichermaßen in anderen Bereichen der Beratung anwenden, sei es Eheberatung, Kinder- und Familienberatung, spezielle Arten von Psychotherapie oder einfach in der Art von Beratung, die viele von uns im alltäglichen Leben ausüben, ob wir nun den Titel »Psychologe« haben oder nicht. Da die wichtigsten theoretischen Betrachtungen schon in den vorigen Kapiteln recht gründlich angestellt worden sind, möchte ich in diesem Kapitel auf einige spezielle und praktische Anwendungsmöglichkeiten der Astrologie im gesamten Bereich der Beratung hinweisen. Wie die meisten Leser wahrscheinlich wissen, gibt es viele Arten von Astrologie, einschließlich der besonderen symbolischen Beziehungen, die für das jeweilige Thema angemessen sind, und es gibt viele Anwendungsmöglichkeiten für die grundlegenden astrologischen Gesetze. Aber da ich mich besonders für den Bereich der Beratungstätigkeit interessiere, habe ich das Gefühl, daß es für den Leser von einigem Nutzen sein könnte, wenn ich etwas von den Einsichten mitteile, die ich bei der täglichen Anwendung der Astrologie in einer ziemlich umfangreichen Beratungspraxis gewonnen habe.

Ich möchte ganz besonders betonen, daß Beratung eine Kunst ist, und daß die Symbole der Astrologie gerade in der Beratungssituation unter vier Augen am unmittelbarsten lebendig werden. Die Kunst der Beratung ist ein Austausch von Energien mit einer anderen Person, eine Methode, die Wirklichkeiten der gesamten Lebenssituation und das Wesen des Klienten zu erhellen. Obwohl man seine Fähigkeiten in der Beratungssituation durch Erfahrung, hingebungsvolle Praxis und eindringliche Überprüfung seiner selbst verbessern kann, kann die Kunst selbst doch nicht gelehrt werden. Da jedes Individuum verschieden ist, wird seine besondere Art, die Astrologie in der Beratung zu gebrauchen, sich von der Auffassung jeder anderen Person unterscheiden. Ich persönlich bin nicht besonders daran interessiert, den »Guru« zu spielen oder meine berufliche Praxis so zu strukturieren, daß die Leute in der Erwartung zu mir kommen, daß ich alle Arbeit, alles Reden übernehme und ihnen alle Antworten auf ihre persönlichen Probleme liefere. Für mich ist es klar, daß in erster Linie die Offenheit des Klienten in jeder Situation bestimmt, wie hilfreich unser Austausch für ihn sein wird, und wieweit der Zuwachs an Selbsterkenntnis gehen wird. Das trifft für jede Lebenssituation zu: wir programmieren vor, was wir empfangen werden durch das Ausmaß unserer Bereitschaft zu geben und durch die Offenheit, mit der wir der Wahrheit über uns selbst begegnen. Die Tatsache, daß einige Astrologen die Rolle des Wahrsagers oder des allwissenden Mediums für kosmische Weisheit spielen, ist lediglich ein Zeichen dafür, daß ihr Ego zu sehr in diese Rolle verwickelt ist. Astrologen sind, unabhängig davon wie sie selbst sich sehen oder was die Öffentlichkeit von ihnen hält, Menschen wie jeder andere, mit begrenztem Wissen, begrenztem Verständnis und begrenzter Erfahrung. Sie unterscheiden sich von anderen Leuten nur darin, daß sie dieses System von kosmischen Symbolen studiert haben (hoffentlich mit einiger Gründlichkeit), das ihnen ein Instrument an die Hand gibt, mit dem es möglich ist, hinter die Oberfläche von Ich, Selbsttäuschung und sozialen Rollen vorzudringen.

In der alltäglichen Ausübung der Astrologie als Beruf ist die kompromißlose intellektuelle Aufrichtigkeit des Astrologen von größter Wichtigkeit. Mit anderen Worten, wenn er die Antwort auf eine Frage nicht weiß, irgendeinen Aspekt des Geburtshoroskops nicht versteht oder auf einer bestimmten Ebene den Kontakt mit dem Klienten nicht herstellen kann, sollte er nicht zögern, dies auszusprechen und um Hilfe oder Klärung zu bitten. Mir ist klar, daß viele Klienten mit dem Wunsch zum Astrologen kommen, alle Verantwortung auf seinen Schultern abzuladen und das Bild des »Guru« auf ihn zu projizieren. Dies ist ein Spiel, das dem Ego schmeichelt, und es ist daher sehr leicht, in eine solche Rolle zu fallen, ohne die Konsequenzen davon zu sehen. Man sollte jedoch begreifen, daß es wenig Sinn hat, Ratschläge ohne die Hilfsmittel für ein tieferes Verständnis zu geben, denn jeder Mensch muß durch eigene Erfahrung das höhere Bewußtsein erreichen, das ihn befähigt, aus den Schwierigkeiten herauszuwachsen oder sie zu transzendieren. Gleichzeitig sollte der Astrologe um die Macht, die ihm zur Verfügung steht und um die erstaunliche Empfänglichkeit des Menschen für Suggestion wissen und diese Macht mit der größten Vorsicht benutzen. Es ist besser, nichts zu sagen, als eine unbegründete, auf mangelndem Verständnis beruhende Vermutung loszulassen, nur um der Unsicherheit des Ego oder der Erwartungen des Klienten willen. Zipporah Dobyns hat darauf hingewiesen, daß hinter den Aussagen des Astrologen, soweit der Klient dies wahrnimmt, die Macht und Autorität des Kosmos stehen. Das ist eine Verantwortung, die nicht zu leicht genommen werden sollte. Außerdem sollte der Berater intellektuelle Ehrlichkeit auch in der Hinsicht üben, daß er seine eigenen philosophischen und ethischen Überzeugungen frei äußert, wenn diese seine Fähigkeiten, eine bestimmte Person oder Situation objektiv zu sehen, beeinträchtigen.

Die Beziehung zwischen Astrologe und Klient ist genauso persönlich wie die zwischen Arzt und Patient. Die Qualität dieser Beziehung ist sicherlich ein bestimmender Faktor für das letztendliche Ergebnis der Konsultation. Daher sollte kein Astrologe zögern, jemanden zu einem anderen Astrologen zu überweisen, wenn er merkt, daß Spannung oder Widerstand es ihm in einer bestimmten Beziehung unmöglich macht, mit diesem Klienten offen und effektiv zu arbeiten. Dabei geht es nicht um die Frage, wer der »beste« Astrologe ist. Es gibt einfach verschiedene Typen von Astrologen für verschiedene Typen von Menschen. Was der eine Astrologe nicht versteht, oder womit er nicht umgehen kann, mag die große Stärke eines anderen sein. Es sind also nicht nur das besondere System von Astrologie oder bestimmte Arten astrologischer Technik, welche die Qualität der astrologischen Praxis bestimmen; viel wichtiger für die Klarheit im Gespräch unter vier Augen sind die Qualität der Beziehung und die Tiefe der Selbsterkenntnis. Ohne den kommunikativen Austausch von Person zu Person in der astrologischen Arbeit ist es unmöglich, die tiefsten Möglichkeiten und größten Vorzüge astrologischer Verfahren auszuschöpfen. Obwohl es für einen Menschen auch hilfreich sein kann, wenn man sein Horoskop stellt ohne ihn gesehen zu haben, würde er im persönlichen Kontakt mit dem Astrologen doch meistens zu einem sehr viel tieferen Verständnis gelangen. Denn ohne direkten persönlichen Kontakt ist es unmöglich zu wissen (es sei denn, man ist ein wirklich begabtes Medium), auf welcher Bewußtseinsebene ein Individuum auf seine inneren und äußeren Umstände regieren wird.

Im Rest dieses Kapitels werde ich einfach einige Werte der Astrologie für die Kunst der Beratung aufzählen. Diese sind meine eigenen persönlichen Werte und haben natürlich mit meiner besonderen Erfahrung und besonderen Einstellung zum Leben zu tun.

1. In der Bhagavad Gita, einem heiligen Buch der Hindus, finden wir die Aussage: »Der Geist ist der Mörder des Wirklichen.« Ein moderner Autor hat geschrieben: »Der Tod des Ego ist die

Geburt von allem anderen.« Die Anwendung der Astrologie kann uns die Natur unseres Geistes und unserer Ego-Muster bewußt machen und uns zu einer Loslösung davon verhelfen, so daß wir hin und wieder einmal wahrnehmen können, was wirklich ist; denn solange wir von diesen Mustern beherrscht werden, befinden wir uns in totaler Dunkelheit. Das Geburtshoroskop enthüllt diese Muster auf klare Weise und befähigt uns dadurch, mit uns selbst und unseren Gewohnheiten besser umgehen zu können.

2. Die Astrologie hilft uns, Geduld zu entwickeln; denn wenn wir sehen, daß die grundlegenden strukturellen Aspekte unserer Existenz einer im voraus feststehenden Periodizität und zyklischen Rhythmen unterliegen, dann ist es viel leichter, in der Gegenwart zu verweilen mit einer geduldigen Annahme des Hier und Jetzt, in dem Wissen, daß die gegenwärtige Phase zu Ende gehen wird, wenn ihr Sinn und Zweck ausgelebt sind. Diese Art Geduld, die mit Hilfe der Astrologie entwickelt werden kann, wurde von einem Autoren einmal als »eine aktive Anpassung an den Zeitplan Gottes« bezeichnet.

3. Die Astrologie ist eine Richtschnur für Wachstum und Entwicklung, die allen anderen psychologischen Methoden weit überlegen ist. Sie zeigt, woran man arbeiten sollte, was die wesentliche Bedeutung einer bestimmten Erfahrung oder Phase im Leben ist, mit welchen inneren Mustern man sich in Einklang bringen sollte, die voraussichtliche Dauer einer bestimmten Erfahrung, und wie man kritische Veränderungen im Leben zeitlich genau bestimmen kann.

4. Die Astrologie befähigt uns, in Einklang mit unseren inneren Kräften zu kommen und die Macht des Denkens, des Wollens und der kreativen Vitalität zu nutzen, um unser Leben besser zu gestalten. Wenn wir den astrologischen Zyklen Aufmerksamkeit schenken, können wir sehen, wann sich Gelegenheiten ergeben, neue Einstellungen zum Leben zu entwickeln, und wann wir auf die Probe gestellt werden, ob unsere gegenwärtigen Einstellungen wirklich erfüllend und kreativ sind.

5. Astrologisches Wissen oder Vertrautheit mit astrologischer Praxis durch eine Beratung befähigt uns, die universellen Gesetze, die alles Leben durchdringen, tiefer zu verstehen und hilft dem einzelnen, sich in seinem inneren Leben auf diese universellen Wahrheiten zu stützen. Einige dieser Gesetze sind: Ordnung; Ausgleich (oder Balance); Ursache und Wirkung (Karma); Schwingungen; Zyklen; Polarität; »man wird zu dem, was man denkt«; und »Gleiches bringt Gleiches hervor«.

6. In der Kunst der Beratung enthüllt die Astrologie, wie jede Erfahrung sich in das größere Ordnungsmuster einfügt, das unsere grundlegende Lebensstruktur oder unseren Lebensplan begründet.

7. Die Astrologie gibt uns ein Gefühl für Perspektive und die Mittel, Bewußtheit über unser Leben zu erlangen, so daß wir nicht an einer Erfahrung, Frustration oder Blockierung »hängenbleiben«. Sie kann uns mit der dynamischen und zyklischen Natur allen Lebens in Berührung bringen.

8. Die Astrologie kann uns den Glauben an etwas Größeres als das bloße Ich-Bewußtsein vermitteln und damit den Glauben an unser *eigentliches* Selbst.

9. Die Astrologie hilft dem Berater oder Therapeuten, sich ins Innere des Klienten hineinzuversetzen, sich auf die Eigenart des Klienten einzulassen, statt unbewußte Annahmen auf ihn zu projizieren. Sie befähigt ihn auch, eine angemessene Behandlung oder Therapie für einen bestimmten Menschen auszuwählen.

10. Die Astrologie gibt uns den Schlüssel zu den Initiationen (d. h. den Zeiten von Konfrontationen und Wachstumskrisen) im Leben eines jeden Menschen, deren Notwendigkeit in der westlichen Kultur ignoriert wird.

11. Die Astrologie stellt eine Methode dar, mit der die tiefsten Gefühle und unbewußten Sehnsüchte des Klienten ins Bewußtsein gebracht und geformt werden können. Was ursprünglich eine vage, ärgerliche Störung war, kann zu einem Potential befreiter kreativer Energie umgewandelt werden, welches dem Individuum ein klares Gefühl von neuer Richtung und Bedeutung im Leben gibt.

12. Die Astrologie befähigt den Menschen, die Art von Aktivität herauszufinden, in der seine Lebensenergie mit der größten Leichtigkeit und Befriedigung fließen kann.

13. Die Astrologie kann einem Menschen helfen, größeres Selbstvertrauen zu entwickeln, indem sie die Andeutungen, die Gefühle und das innere Wissen bestärkt, die er nicht ausdrücken konnte oder denen er nicht traute. Die Astrologie wird oft kritisiert, sie schwäche den Menschen, weil sie sich auf Kräfte außerhalb des Selbst berufe. Doch der richtige Gebrauch der Astrologie kann zu größerem Selbstvertrauen und größerer Selbstsicherheit verhelfen. So oft fühlt z. B. jemand zutiefst, daß er in einem bestimmten Bereich besondere Fähigkeiten hat, aber durch seinen Mangel an Selbstvertrauen ist es für ihn schwierig, nach diesem Gefühl zu handeln.

14. Die Astrologie kann uns zu dem Wissen verhelfen, daß »die ganze Welt eine Bühne ist«, und daß wir nur eine Rolle spielen in

diesem unendlich großen Drama. Eine solche Erkenntnis kann uns einen Überblick und einen Sinn für Humor geben, die es uns leichter machen, mit dem Leben umzugehen. Und außerdem führt sie uns vielleicht auch dahin, uns mit den letzten Fragen des Lebens zu beschäftigen: Wer ist der Schauspieler in diesem Drama? Wer ist der Direktor? Und wer ist der Autor?

15. Die Astrologie zeigt uns, daß in uns viele interagierende dynamische Faktoren wirksam sind, daß unser Leben in der materiellen Welt viele Kräfte, Bedürfnisse und Triebe beinhaltet. Astrologie ist eine Hilfe dabei, uns mit der Gesamtheit dieser Lebensprozesse zu identifizieren, statt, wie es die meisten Menschen tun, mit nur ein oder zwei begrenzten Dimensionen der Erfahrung.

16. Durch die Anwendung der Astrologie in der Kunst der Beratung ist der Berater in der Lage, einem Menschen zu helfen, sich auf sein wahres Wesen und Sein einzustellen, statt ihn so zu formen, daß er in eine von Menschen erfundene Theorie hineinpaßt, die bestimmt, wie er sein sollte.

# Anmerkungen zu Ausbildung und Training astrologischer Berater

Jeder, der irgendwie mit dem amerikanischen Bildungssystem zu tun hat, sei es als Student, als Lehrer, als Verwaltungsangestellter, als Vater oder Mutter, kommt nach und nach zu der Einsicht, daß unsere Bildungsinstitutionen archaisch sind. Nicht nur die Struktur des Lehrplans, sondern auch die Grundannahmen, auf denen das ganze System aufbaut, bedürfen einer gründlichen Wandlung. Viele Eltern sind heute so unzufrieden mit der öffentlichen Schulbildung, daß sie ihre eigenen »freien« Schulen organisieren – oft um den Preis großer finanzieller Härten –, damit ihre Kinder in einer guten Atmosphäre lernen und sich entwickeln können, frei von zu sehr an Konkurrenz und Zwang orientierten Maßstäben. Einige von diesen Leuten sind zu der Schlußfolgerung gekommen, daß die Schule, die keinen Bezug zum Alltagsleben einer *Gemeinschaft* hat, überholt ist. Und so finden wir in fast jedem Staat der USA eine schnell wachsende Zahl von Gemeinschaften, in denen Leute mit ähnlichen Zielen und Werten versuchen, die Erziehung ihrer Kinder in die Gesamtheit ihres Lebensstils zu integrieren.

Was bedeutet das Wort »Erziehung« eigentlich? Die meisten Leute und sogar die meisten Wörterbücher begrenzen seine Bedeutung auf den Vorgang, Informationen durch Belehrung, Einübung und Praxis zu vermitteln. Die tiefere Bedeutung des Wortes jedoch weist ethymologisch auf »herausführen« oder »herausziehen« hin. Ich glaube, wir können annehmen, daß damit *jemanden herausführen aus der Dunkelheit* ans Licht oder *herausziehen* des Wesentlichen, was schon in einem Individuum existiert, gemeint ist. Wir sehen also, daß Erziehung ein viel subtilerer Vorgang ist, als das, was man gewöhnlich darunter versteht. Ihre wahre Aufgabe ist nicht so sehr das Auswendiglernen von Daten, auf daß der Schüler ein gut funktionierender menschlicher Computer werde, sondern vielmehr die Bekämpfung von Angst und die Förderung des Bewußtwerdungsprozesses. Dies soll nicht bedeuten, daß in der modernen Erziehung kein Platz für die Vermittlung technischer Fähigkeiten sei; aber was ich hier betonen will, ist die Tatsache, daß auch das größte technische Wissen die Notwendigkeit von individuellem und emotionalem Wachstum nicht ersetzen kann. Wenn unsere Universitäten immer mehr bloße Berufsausbildungsstätten sein sollen (wie die meisten es tatsächlich sind), dann sollte man sie auch als solche bezeichnen, statt die Täuschung aufrechtzuerhalten, daß ihre Aufgaben die Suche nach Wahrheit und die Formung des Charakters seien.

Ich finde, daß es ein großes Problem unseres Bildungssystems ist, daß die Schulen versuchen, alles für jeden zu sein. Die Grundschulen versuchen, die Funktionen von Babysittern, moralischen Lehrern und Sozialisationsinstanzen zu übernehmen und den Kindern grundlegende Kommunikationstechniken und mathematische Fähigkeiten zu vermitteln. Zusätzlich zu all diesen Verantwortlichkeiten kommt noch der Versuch, Klassen mit besonderer Förderung für emotional gestörte Jugendliche einzurichten, deren Eltern nicht mit ihnen umgehen können. An den höheren Schulen herrscht meistens die Atmosphäre eines Gefängnisses (Teenager lassen sich nicht mehr wie Kleinkinder behandeln), und sie bieten ihren Schülern wenig Anregung und sehr viel Frustration, mit Ausnahme von einigen besonderen, die auf eine akademisch vorgeschriebene Laufbahn hin leistungsorientiert sind. Universitäten und Collegs versuchen, bis auf einige wenige Privatschulen, so viele Dinge auf einmal zu verwirklichen, daß es notwendigerweise zu dem Chaos kommt, von dem in den Zeitungen so viel zu lesen ist. Sie versuchen alles zu leisten, von der Berufsausbildung und spezialisierter beruflicher Arbeit bis zu Minderheitenausbildung und großangelegtem sozialen Wandel. Ich glaube, daß eine gewisse Ordnung im Bildungsprogramm unserer Gesellschaft erreicht werden könnte, wenn wir offen genug wären, einige Lektionen vom ältesten Muster für Ordnung und individuelle Entwicklung zu lernen: der Astrologie.

Im Tierkreis sind vier Phasen einer individuellen Erziehung symbolisiert, und zwar durch die Labilzeichen Zwillinge, Jungfrau, Schütze und Fische. Wenn wir »Erziehung« im weitesten Sinne verstehen, stellt jedes Tierkreiszeichen eine Phase des individuellen Selbstseins, Wachstums und damit persönlicher »Erziehung« dar. Im Idealfall sollten alle diese Wachstumsphasen, Entwicklungsmuster und Lebensweisen von jedem Lehrer in Betracht gezogen werden. Aber für das Vorhaben, die Phasen des ausgesprochen *mental-spirituellen Wachstums* institutionell und sozial zu ordnen, mögen die Labilzeichen genügen.) Diese vier Stufen der individuellen Erziehung können wie folgt beschrieben werden:

ZWILLINGE stellen die Stufe der ersten sozialen Kontakte und den Erwerb der grundlegenden intellektuellen Fähigkeiten dar. Zu dieser Entwicklungsstufe gehört die Bildung der ersten Beziehungen des Kindes zu Gleichaltrigen, sowohl innerhalb wie außerhalb der Familie. Außerdem symbolisiert diese Phase die ersten Versuche des Kindes, seine eigenen Gedanken zu denken, auf seine eigene Art die Welt zu betrachten und seine Wahrnehmungen (durch rationale Prozesse) zu »verstehen« und auszudrücken. Also ist hier *Kommunikation*, das Schlüsselwort des Zeichen Zwillinge, sowohl auf der sozialen als auch auf der intellektuellen Ebene die wichtigste Funktion.

JUNGFRAU stellt die Phase des Dienstes an der Gemeinschaft dar, die Lehrzeit bei einem Meister des Handwerks, in dem jemand einmal seinen Lebensunterhalt verdienen will und den ersten Kontakt mit der alltäglichen, praktischen Welt von harter Arbeit, Pflichten und Verantwortlichkeit. Diese Phase persönlicher Entwicklung wird in unserer Kultur fast gänzlich vernachlässigt. Auf diese Weise haben wir Tausende – ja sogar Millionen – von jungen Menschen mit College-Bildung, die graduieren und dann entsetzt feststellen müssen, daß sie eigentlich nichts richtig *tun* können. Die höhere Bildung hat ihre Köpfe mit Unmengen von theoretischen und oft nicht praktizierbaren Gedanken angefüllt, und währenddessen haben sie keine realen *Fähigkeiten* erworben, mit denen sie ihren Lebensunterhalt verdienen könnten. Da viele von ihnen dann mindestens *Amateur*-Gelehrte oder -Intellektuelle sind, ist es schwierig und frustrierend für sie, von der Phase des neunten Hauses, der höheren Bildung, zur Phase des sechsten Hauses von Mühsal und abhängiger Arbeit zurückzukehren. Es wäre eine große Verbesserung in unserem nationalen Erziehungsprogramm, wenn direkt im Anschluß an die Zwillingsphase (im Alter von 14–16) Perioden der Lehrzeit eingerichtet würden. Wenn diese althergebrachte Einführung in die Alltagswelt in unserem Land wiederbelebt würde, wären viele junge Menschen zufriedener, weil sie eine Arbeit kennengelernt hätten, die ihnen Spaß gemacht hat. Dann könnte die Schütze-Phase ganz natürlich folgen.

SCHÜTZE symbolisiert die Entwicklungsphase, die sich natürlich aus der Jungfrau-Phase der Lehrzeit entwickelt. Es wird oft gesagt, daß der Schütze und das neunte Haus die »höhere Bildung« repräsentieren; aber im weiteren Sinn symbolisieren sie das Erreichen der *Meisterschaft* in dem von uns gewählten Bereich, unabhängig davon, ob sie sich in der Ausübung eines Handwerks oder eines der höher bewerteten »Berufe« manifestiert. Dieses ist die Phase der individuellen Bildung, in der man anfängt, in einem größeren Lebenskreis zu wirken, z. B. durch die Ausbildung neuer Lehrlinge, durch die Veröffentlichung seiner Arbeit oder durch die Erarbeitung von Maßstäben für zukünftige Generationen. Diese

Entwicklungsphase beinhaltet also sowohl Lernen (im Sinne der Vervollkommnung der Arbeit, der Ideale und des Charakters) als auch die Weitergabe dessen, was man gelernt hat. In der traditionellen Bildung in den USA haben wir fälschlicherweise angenommen, daß jemand mit einem Ph. D., M. D. oder einem anderen höheren Grad ein Meister in seinem Fach ist. Wir haben übersehen, daß sich wahre Meisterschaft nach einer Zeit strenger Selbstdisziplin, gewissenhafter Mühe und wachsender Demut – begründet durch die Erfahrung, daß man ohne die Arbeit seiner Vorgänger nichts wissen könnte – einstellt. Allein die Tatsache, daß wir die Leute so schnell wie möglich durch alle möglichen Programme schleusen, um einen möglichst großen »Ausstoß« an Ph. D.'s oder M. D.'s zu haben, bedeutet noch nicht, daß wir unsere Kultur mit ebenso vielen wahren Meistern bereichert haben. Wir opfern die Qualität der Quantität, um die Illusion aufrechtzuerhalten, daß Vorzüglichkeit billig zu haben sei.

FISCHE repräsentiert die Phase individueller Entwicklung, die eintritt, wenn man seine Arbeit in der Gesellschaft vollendet, seine familiären Verpflichtungen erfüllt hat und das dringende Bedürfnis verspürt, sich nach innen zu wenden, um die subtilste und wesentlichste Art von Erziehung zu erfahren: die Erziehung des spirituellen Menschen. Obwohl die Tradition in Indien sich langsam wandelt, gibt es dort noch ein Grundschema des Lebens, das den vier Stufen, die hier beschrieben werden, sehr ähnlich ist. Die letzte Stufe sieht gewöhnlich so aus, daß der Mensch sich von der Welt (einschließlich der Verwandten) zurückzieht und sich ganz den spirituellen Übungen widmet. Die Fische-Phase symbolisiert also *Hingabe* und die Aufgabe der weltlichen Abhängigkeit, um ein Medium für die Manifestation und Verwirklichung einer größeren Wahrheit, eines umfassenderen Ganzen, zu werden. Der große Psychologe C. G. Jung hat einen Essay mit dem Titel »Die Stufen des Lebens« geschrieben, in dem er das normale Muster einer Bewußtseinsentwicklung beschreibt, das dem hier betrachteten sehr ähnlich ist. Die letzte Stufe ist nach Jung eine ganz bewußte Wendung nach innen auf der Suche nach spiritueller Erkenntnis.

## Das Verhältnis von Lehrer und Schüler

Die Astrologie kann uns auch helfen, miteinander als unterschiedliche, individuelle Personen umzugehen und gleichzeitig zu sehen, daß wir alle Teil des gleichen Universums sind, lediglich verschiedene Manifestationen des gleichen *Ganzen*. Gerade diese Verschiedenheit von Individuen ist ein wichtiger Faktor in der Erziehung, der in den Lehrer-Ausbildungsprogrammen meistens völlig vernachlässigt wird. Tatsache ist, daß die meisten Lehrer (die meisten Menschen überhaupt) die Wahrheit, daß Menschen verschieden sind, niemals wirklich akzeptiert haben. Natürlich erfordert eine solche Annahme einen gewissen Grad von Selbsterkenntnis von seiten des Lehrers. Ohne diese grundlegende Annahme der Verschiedenheit, wird ein Lehrer unbewußt seine eigenen Vorurteile und Erwartungen auf die Schüler übertragen. Von daher mag zum Beispiel ein Lehrer mit dem Sonnenzeichen Krebs ein Waage-Kind völlig ablehnen oder sich durch einen Widder stark bedroht fühlen. Dies würde ohne Zweifel der schulischen Entwicklung des Kindes sehr abträglich sein. Ich habe persönlich viele Beispiele solcher Vorurteile in Lehrer-Schüler-Beziehungen kennengelernt. Dies ist traurig zu beobachten, aber es ist noch trauriger, wenn man sieht, daß es absolut verboten ist, einen kurzen Astrologie-Kurs in unser Lehrer-Ausbildungsprogramm einzubauen, obwohl dieser viele solcher Probleme erleichtern würde.

Da die meisten Lehrer keine Kenntnis der Astrologie haben (eine wirklich genaue Methode, um Menschen zu beurteilen und Einsicht in zwischenmenschliche Beziehungen zu gewinnen) müssen sie notwendigerweise auf andere, weniger genaue Methoden der Kategorisierung und Bewertung von Schülern zurückgreifen. Die Hauptmethode zur Bewertung von Schülern ist immer noch der Intelligenztest, obwohl zahlreiche Untersuchungen auf die negativen Auswirkungen dieser Methode hinweisen.

Die Schüler werden entsprechend ihrer Fähigkeit, bestimmte intellektuelle Aufgaben zu erfüllen, kategorisiert. Die Intelligenztests beanspruchen irrtümlicherweise, die »Intelligenz« von Schülern zu bestimmen, dabei wird jedoch die Tatsache übersehen, daß es verschiedene Arten von Intelligenz gibt. »Intelligenz« ist einer dieser Begriffe wie »Erziehung«, die immer die Bedeutung haben, die ihnen, einem bestimmten Zweck entsprechend, zugeschrieben werden. Obwohl I.Q.-Tests ursprünglich »Intelligenz« messen sollten, wird heute von aufrichtigen Experten für psychologische Diagnostik eingeräumt, daß sie einfach das messen, was I.Q.-Tests messen. Das mag absurd klingen, und das ist es auch. Aber nichtsdesto weniger verlassen sich viele Lehrer weiterhin auf solche Tests, um Schüler zu bewerten. Und die Anfangserwartung, die ein Lehrer von der Leistung eines Schülers hat, gründet sich oft allein auf das numerische Ergebnis dieser Tests!

Das Studium der Astrologie wird dem Lehrer zeigen, daß es in der Tat verschiedene Arten von Intelligenz und Begabung gibt. Die einzige psychische Funktion, an der die meisten Erzieher interessiert zu sein scheinen, ist der Intellekt, der astrologisch vom Merkur symbolisiert wird. Stellung und Aspekte des Merkur können deutlich aufzeigen, wie leicht die rationalen Fähigkeiten funktionieren und wie gut sie integriert sind. Aber eine Betrachtung der Venus könnte künstlerische Begabung aufdecken, die des Mars mechanische oder technische Fähigkeiten, des Neptun musikalische Sensibilität, etc. Es ist eine Tatsache, daß verschiedene Menschen sich in verschiedenen Bereichen hervortun, und ein Studium der Astrologie kann dem Lehrer helfen, geduldig zu sein und sich den verschiedengearteten Schülern zu öffnen und sie zu verstehen. Ein hochentwickeltes Kind mag auf eine viel höhere Ebene des Bewußtseins und der Imagination eingestellt sein als sein Lehrer. Daher muß der Lehrer vor allem die Begabungen und Einstellungen seiner Schüler *erkennen* und muß lernen, dem Kind die Freiheit zu lassen, sich *auf seine eigene Art* zu entwickeln. Die Astrologie kann ihm dabei helfen.

Natürlich kann kein Lehrer jedem völlig gerecht werden; und jeder Lehrer wird seine Fehler, Vorurteile, Vorlieben und Abneigungen haben. Es wäre jedoch hilfreich für einen Lehrer, die Astrologie kennenzulernen, weil er dadurch einen Einblick in seine Vorurteile gewinnen und mit seinen Schülern objektiver umgehen könnte. Ich glaube, daß es sehr wichtig für einen Lehrer ist, seine Fehlbarkeit zu erkennen. Wenn er seine eigenen Gefühle und Fehler offen eingesteht, empfindet der Schüler Vertrauen und persönlichen Respekt für ihn. Folgende Worte von C. G. Jung bringen die schwierige Situation eines Lehrers zum Ausdruck:

> Denn es wird unvermeidlich der Tag kommen, an dem das, was der Erzieher mit Worten lehrt, nicht länger wirksam ist, sondern nur noch das, was er ist. Jeder Erzieher – und ich gebrauche diesen Begriff in seinem weitesten Sinne – sollte sich ständig fragen, ob er wirklich nach bestem Wissen und Gewissen seine Lehren mit seiner eigenen Person und seinem eigenen Leben erfüllt. Die Psychotherapie hat uns gelehrt, daß im Endeffekt nicht das Wissen, nicht die technischen Fähigkeiten die heilende Wirkung haben, sondern die Persönlichkeit des Arztes. Und genauso verhält es sich mit der Erziehung: sie setzt Selbst-Erziehung voraus. (»The Signifiance of the Unconscious in Individual Education«)

Jeder, der in den letzten Jahren aktiv mit Astrologie zu tun hatte, ist sich sehr wohl der Schwierigkeiten bewußt, die auftreten, wenn ein einzelner oder eine Gruppe versucht, Normen für eine Ausbildung zum Astrologen aufzustellen. Der Aufschrei, der bald danach zu hören ist, ist nicht nur auf individuelle Persönlichkeitsmerkmale von Astrologen zurückzuführen, es ist auch eine Folge davon, daß viele im astrologischen Bereich Tätige wissen, daß ihre besonderen Praxismethoden noch nicht von Regeln, Bestimmungen und gesetzlichen Vorteilen erfaßt werden. Die Tatsache, daß es fast ebenso viele verschiedene Arten von astrologischer Praxis wie Astrologen gibt, macht es schwierig, eine Liste von notwendigen Anforderungen oder eine gesetzliche Regelung für die Ausbildung zu entwerfen, die allen gerecht wird und dennoch spezifisch genug ist, einen genau definierten Zweck zu erfüllen. Es ist weder meine Absicht, hier die Frage nach der Lizensierung astrologischer Praktiker zu behandeln, noch will ich den Eindruck erwecken, daß eine akademische Ausbildung im traditionellen Sinne den gegenwärtigen Bedarf nach spezifischen Strukturen oder Richtlinien abdecken könnte, die hilfreich für Astrologie-Studenten wären und die Qualität astrologischer Praxis für das allgemeine Publikum verbessern würden. Ich möchte im restlichen Teil dieses Kapitels lediglich einige Probleme aufzeigen, die von jedem, der einen Ausbildungsgang für die astrologischen Beratungsfähigkeiten von Studenten oder Anfängern in der Praxis einrichten will, in Betracht gezogen werden sollten.

Es ist unbedingt erforderlich, einen klaren Trennungsstrich zwischen *Astrologie* und *astrologischer Beratung* zu ziehen. Während die *Astrologie* wie jedes andere Studienfach auch, einfach eine Sammlung von Wissen ist mit einer Tradition, einer Geschichte und bestimmten feststehenden Techniken und Beziehungen, ist die *astrologische Beratung* die Anwendung dieses Wissens mit dem Ziel, Menschen auf praktikable Art zu helfen, mehr Bewußtsein über sich selbst, ihre Lebensstrukturen, ihr kreatives Potential und ihre Beziehungen zu erlangen. Während die *Astrologie* auf eine Art gelehrt, erforscht und überprüft werden kann, die vergleichbar mit den üblichen akademischen Vorgehensweisen in anderen Bereichen ist, ist die *astrologische Beratung* eine hochindividualisierte Kunst, die von einem gewissen Punkt an nicht mehr »gelehrt« werden kann, und die sich nicht mit streng dogmatischen Methoden regeln und überprüfen läßt. Diejenigen, die in der Astrologie hauptsächlich als Forscher, Computerprogrammierer, Statistiker und Techniker tätig sind, benötigen nicht die Fähigkeiten eines Beraters oder Therapeuten, um kompetente Arbeit zu leisten. Aber diejenigen, die das astrologische Wissen auf eine spezifische menschliche Situation anwenden wollen, sollten nicht nur mit der Grundlagenwissenschaft der Astrologie vertraut sein, sondern sollten sich auch mit dem psychologischen Bereich der Erfahrung, mit der Qualität ihrer persönlichen Beziehungen und mit den ethischen Fragen, die unvermeidlich in jeder umfassenderen Tätigkeit im zwischenmenschlichen Bereich auftreten, beschäftigen.

Ein ausgezeichneter Artikel mit dem Titel »The Teaching of Astrology« ist in der Sommerausgabe 1975 des Journal of the British Astrological Association erschienen. Der Autor David Hamblin, M.A. und Universitätsdozent, behandelt mit großer Gründlichkeit und Einsicht den gesamten Fragenkomplex, wie die Astrologie heute gelehrt wird, und wie die ideale Vorbereitung für astrologische Forscher und Berater aussehen könnte. In dem Artikel unterscheidet Hamblin zwischen »Astrologie« und »Astrotherapie«, ähnlich wie das im vorigen Abschnitt erwähnt wurde; und er schreibt dazu, daß »in den bestehenden Kursen die beiden auf eine Weise miteinander vermengt werden, daß weder das eine noch das andere angemessen gelehrt wird. Er führt aus, daß heutzutage die meisten Kurse in Astrologie auf der Annahme beruhen, daß der Schüler nach Absolvierung des Kurses ein befähigter »Astrotherapeut« sei, ein ähnlicher Irrtum wie die Annahme, daß das Bestehen des Führerscheins jemanden zu einem erfahrenen und geschickten Fahrer macht. Tatsächlich fängt er gerade erst an, die Fähigkeiten zu entwickeln, die allein die Erfahrung lehren kann. Hamblin schlägt daher vor, daß der ideale Astrologiekurs aus zwei unterschiedlichen Teilen bestehen sollte.

Teil I würde sich nur mit der »reinen« Astrologie beschäftigen und wäre für sich allein genommen ausreichend für die Ausbildung von Forschern, statistischen Experimentatoren etc. Dieser Kurs würde nicht nur eine Unterweisung in den traditionellen astrologischen Faktoren und interpretativen Bedeutungen beinhalten, sondern würde dem Schüler auch Vertrautheit im Umgang mit den vielen modernen Innovationen des Bereichs vermitteln, und zwar auch mit solchen, die noch nicht ausgereift oder weitverbreitet sind wie: Harmonics, Halbsummen, Sonnenbogenprogressionen, Solare, Vertex, Schlüsselzyklen, Fixsterne und planetare Bilder. Außerdem würde dieser Kurs die historische Entwicklung der Astrologie, die Beziehung der Astrologie zu anderen Studienbereichen, eine gründliche Bekanntschaft mit anerkannten Pionieren der Astrologie

(Rudhyar, Carter, Jones etc.), und eine ausgiebige Beschäftigung mit den besseren Einsichten und Methoden der modernen Psychologie umfassen.

Teil II des Kurses wäre dann das, was Hamblin »Astrotherapie« nennt. Er schreibt: »Es sollte ein im wesentlichen praktischer Kurs sein, und sein Ziel sollte nicht nur darin liegen, dem Schüler eine Hilfe bei der Interpretation von Geburtshoroskopen zu geben, sondern ihn auch dabei unterstützen, befriedigende Beziehungen zu seinen Klienten aufzubauen.« In diesem Teil seines Modell-Kurses wäre enthalten: ein Übereinkommen, daß der Schüler selbst von einem Tutor »astro-analysiert« wird; Praxis-Sitzungen, in denen mit Klienten unter der Anleitung des Tutors gearbeitet wird, und die danach besprochen und ausgewertet werden; außerdem Gruppensitzungen, in denen die Schüler sich gegenseitig ihre Interpretationen *und* Fähigkeiten in der Gesprächsführung kommentieren. Hamblin gibt zu, daß solch ein Kurs, der beide Teile umfaßt, sehr viel länger dauern würde und wesentlich teurer wäre als die meisten existierenden Kurse. Aber er ist der Ansicht, daß dies durchaus wünschenswert wäre, da die »Graduierten« eines solchen Programms im Endeffekt wesentlich qualifizierter wären und weit mehr Wissen und Erfahrung hätten, als viele gegenwärtig praktizierenden Astrologen. Er schreibt:

> Zur Zeit ist es etwa genauso teuer einen Diplomkurs (British Faculty of Astrological Studies) zu belegen, wie eine vollständige Analyse von einem Spitzenastrologen zu bekommen. Wir würden es für lächerlich halten, wenn es das gleiche kosten würde, ein Arzt zu werden, wie einen Arzt zu konsultieren; aber aus irgendeinem Grund scheint die gleiche Situation in der Astrologie weniger lächerlich zu sein.

Ich habe Hamblins Artikel hier so ausführlich zitiert, weil ich finde, daß er einige wichtige Probleme im Bereich der astrologischen Ausbildung sehr klar umreißt. Einerseits sind die meisten Astrologen heute hauptsächlich Autodidakten, und ich halte das nicht unbedingt für einen Nachteil; andererseits ist es eine Tatsache, daß ein schnell anwachsender Teil der Bevölkerung der Vereinigten Staaten an einer Vielzahl von Bildungsprogrammen teilnehmen, die mit Astrologie zu tun haben, und es wird daher immer nötiger, Programme zu entwerfen, die speziell auf Leute ausgerichtet sind, die astrologische Berater werden wollen, ob sie sich nun so nennen oder nicht und unabhängig davon, ob sie hauptberuflich in diesem Bereich tätig sein wollen.

Meine eigene Einstellung dazu ist, daß die Ausbildung von astrologischen Beratern nicht zu streng kontrolliert werden kann und nicht unbedingt in traditionelle akademische Strukturen eingebettet werden sollte mit allem, was dazugehört, wie akademischen Graden, unnötigen Zulassungsbeschränkungen und einem zu autoritären Rahmen. Die Möglichkeit einer Ausbildung sollte in irgendeiner Form jedem ernsthaften Studenten offenstehen. Obwohl astrologische Beratung nicht in traditionellem Sinne »gelehrt« werden kann, kann der Erwerb solcher Fähigkeiten doch angeleitet werden, und der Student kann von der Unterstützung derjenigen, deren Erfahrung, Einsicht und Fähigkeit zu aufrichtigen Beziehungen er respektiert, profitieren. In keiner Tätigkeit im zwischenmenschlichen Bereich gibt es einen Ersatz für die täglichen Lektionen, die einem die Praxis erteilt; aber es gibt ebenso keinen Ersatz für die Erkenntnisse, die man schon in einer kurzen Begegnung mit jemandem, der mehr Erfahrung und Verständnis als man selbst hat, gewinnen kann. Das Hauptanliegen eines jeden Ausbildungsprogramms in astrologischer Beratung sollte sich an der eigentlichen Bedeutung des Wortes »Erziehung« orientieren, nämlich das Wesen der individuellen Einzigartigkeit des Studenten, das Wesentliche seiner Erfahrung, seines inneren Wissens und seiner psychischen Empfänglichkeit *herauszuziehen*, und die Bewußtseinsentwicklung des Studenten zu leiten, indem man ihn aus der Dunkelheit von Ego-Spielen, Selbstzweifeln und Befangenheit *herausführt*. Dank der Ermutigung und der Unterstützung durch seine Mitschüler und »Lehrer« könnte der Teilnehmer eines solchen Programms das Wissen über sich selbst erweitern durch kompromißlose Selbstprüfung und durch eine wachsende Ausrichtung auf ein wegweisendes Ideal. Es ist unnötig zu erwähnen, daß sich diese Höhe der Selbsterkenntnis positiv auf die Arbeit des einzelnen als astrologischer Berater auswirken wird.

Es wird dem Leser aufgefallen sein, daß die hier beschriebene Art von praktischem Ausbildungsprogramm der Jungfrau-Phase der Erziehung entspricht, die am Anfang dieses Kapitels beschreiben wurde. Diese Entwicklungsphase fehlt fast vollständig im Erziehungsschema unserer Kultur, einschließlich der üblichen Art astrologischer Ausbildung. Viele Astrologen lernen die Grundlagen (Zwillinge) und fangen dann direkt an zu lehren und zu schreiben (Schütze), ohne den Konsolidierungsprozeß der Lehrzeit und ausgedehnter praktischer Erfahrung (Jungfrau) zu durchlaufen. Das Ergebnis ist eine beachtliche Lücke im tatsächlichen Wissen vieler astrologischer Autoren und Lehrer, denn sie wiederholen oft nur das, was sie von anderen gelernt haben, und was sie weder in der Praxis überprüft noch mit neuen Erkenntnissen angereichert haben. Wenn Zwillinge und Schütze nicht von praktischer Erfahrung (Jungfrau) gestützt werden, neigen sie dazu, oberflächlich und völlig spekulativ zu werden. Ein Autor oder Lehrer im astrologischen Bereich sollte eigentlich aus einem reichen Erfahrungsschatz schöpfen können, statt eine Vielzahl von Ideen und Idealen wiederzugeben, die er niemals durch praktische Anwendung überprüft hat. Ich habe die Hoffnung, daß alle Astrologen und Studenten der Astrologie dahin kommen werden, die Notwendigkeit von intellektueller Aufrichtigkeit und fleißiger Arbeit in dieser Jungfrau-Phase der Entwicklung zu akzeptieren, ob durch ein bestehendes Programm oder einfach durch selbstdisziplinierte und geduldige individuelle Praxis. Die Jungfrau-Tugend der Bescheidenheit ist ein wertvolles Ergebnis dieser Mühen, denn wir werden unvermeidlich erkennen, daß wir sehr wenig wirklich wissen, wie weitreichend unsere Erfahrungen auch immer sein mögen. Und diese Bescheidenheit macht aus uns bessere Lehrer und offenere Berater mit mehr Verständnis für unser Gegenüber.

# DIE VIER ELEMENTE: EIN ENERGETISCHER ANSATZ ZUR INTERPRETATION VON GEBURTSHOROSKOPEN

# Astrologie: eine Sprache der Energie

Zwar ist die Astrologie schon auf der Ebene von Symbolen, Synchronizität, psychologischen Funktionen, planetaren »Strahlen« usw. beschrieben worden, aber die meisten Astrologen haben die primäre Grundlage übersehen, auf welcher die Astrologie beruht: *Energie*. Wenn der große Astrologe Dane Rudhyar schreibt: »Die Planeten im Horoskop stellen Modalitäten der funktionalen Aktivität innerhalb eines organischen Ganzen dar«, bezieht er sich damit auf spezifische Energien, die in jedem von uns wirksam sind. Wahrscheinlich haben wir die *energetische* Grundlage von allen astrologischen Phänomenen deswegen übersehen, weil sie zu offensichtlich ist. Es scheint manchmal leichter zu sein, ausgeklügelte Schemata und Theorien zu entwickeln, als unsere Augen zu öffnen für das, was direkt vor uns liegt. Im Bereich der modernen Psychologie und Parapsychologie betonen viele Forscher immer mehr die Bedeutung von Energie-Fluß und Energie-Blockierung bei der Behandlung ihrer Klienten. Psychotherapeutische Techniken wie Gestalt-Therapie, strukturelle Integration und Bioenergetik konzentrieren sich mehr und mehr darauf, die eigenen Energien des Klienten zu mobilisieren, und sie in die funktionale Ganzheit zu integrieren. Entsprechend ist dies auch das Anliegen der Astrologie, wenn sie bei psychologischen und körperlichen Problemen zu Rate gezogen wird.

Forscher im Bereich der bioenergetischen Therapie, einer Fortentwicklung der Arbeit von Wilhelm Reich, sind heute so weit, daß sie die Energiefelder, die lebende Organismen ausstrahlen, messen und sogar *sehen* können. Dr. Robert O. Becker, ein orthopädischer Chirurg am New York's Upstate Medical Center, hat bemerkenswerte Ergebnisse in seiner Forschung erzielt, in welcher er die Beziehung zwischen dem magnetischen Feld des Körpers einerseits und biologischen Zyklen und Veränderungen des geomagnetischen Feldes der Erde andererseits untersucht. Dr. Becker hat negative elektrische Ströme aufgespürt, die von gebrochenen Knochen ausgehen und Veränderungen in der elektrischen Ladung des Gehirns und des Nervensystems verursachen. Dies verspricht für die Zukunft eine Wissenschaft des Heilens, die auf energetische Vorgänge eingehen wird (Mehr Informationen über Dr. Beckers Arbeit im

Anhang A). Ein Osteopath und Chiropraktiker namens Dr. Randolph Stone, von dem später noch die Rede sein wird, hat bereits eine energetische Heilmethode, die »Polaritäts-Therapie«, entwickelt, die mit astrologischen Prinzipien vereinbar ist. Dr. Stone hat viele Bücher über dieses Thema geschrieben, unter anderen: *Energy: The Vital Principle in the Healing Art* und *The Wireless Anatomy of Man.* Astrologen ist schon lange bekannt, daß das Geburtshoroskop für die Diagnose von physischen Leiden zu Hilfe genommen werden kann, aber die Arbeit von Dr. Stone bietet uns eine genau beschriebene Technik, mit Hilfe derer man die blockierten Ströme und Energiefelder umwandeln kann. (Eine genaue Erklärung der Polaritäts-Therapie findet sich in Anhang C.)

Andere bekannte Bücher, die sich mit der Rolle der Energie in der Heilkunst befaßt haben, sind *Psychic Discoveries Behind the Iron Curtain,* Dr. Karagulla's *Breakthrough to Creativity* und Ruth Montgomery's *Born to Heal.* All das, was die moderne Forschung über die Bedeutung von Energie, sowohl in der Heilkunst als auch in der Astrologie entdeckt hat, ist eigentlich nichts Neues. Hellseher wird Eileen Garrett und Edgar Cayce haben schon immer behauptet, eine »Aura« zu sehen, die jeden Menschen umgibt, und von der aus sie diagnostizieren und sogar Krankheit oder psychologische Krisen voraussagen können. (Mehr über Eileen Garrett's Werk im Anhang B) Doch all diesen Versuchen, die Energie des Menschen zu beschreiben, fehlt eine angemessene Sprache. Diejenigen, die sich mit der Heilkunst befassen, ob im psychologischen oder physischen Bereich, benötigen eine Sprache, um zwischen all den verschiedenen Energien, die im menschlichen Organismus wirksam sind, genau unterscheiden zu können. Die Astrologie bietet sich als solche Sprache an; sie könnte sogar für die Heilkunst das werden, was in der Chemie das periodische System ist: die Grundlage für eine neue Wissenschaft vom Heilen.

Das Geburtshoroskop wird deshalb exakt auf den Moment des ersten Atemzugs gestellt, weil erst dann der neugeborene menschliche Organismus anfängt, in einen *unmittelbaren* Austausch von Energie mit dem Universum zu treten, unbeeinflußt von der Energie der Mutter. Im Moment des ersten Atemzugs beginnt das Kind seinen eigenen Lebensrhythmus; es beginnt seine eigene Einstimmung auf die Energie des Universums. Die Astrologie zeigt, daß bestimmte Energien und Energiemuster bei der Geburt etabliert werden und während des gesamten Lebens eines Menschen wirksam bleiben. Wenn in der Astrologie irgend etwas als »schicksalhaft« oder vorherbestimmt bezeichnet werden kann, dann ist es diese anfängliche Einstimmung auf die Energien des Kosmos, die bei der Geburt stattfindet. Aber was der einzelne mit diesen Energien machen wird, und welche Richtung er ihnen geben wird, kann nur innerhalb der Grenzen der Erfahrung und der Empfindsamkeit des Astrologen vorherbestimmt werden.

### Die Tierkreiszeichen als Energiemuster

Die vier Elemente der Astrologie (Feuer, Erde, Luft und Wasser) sind die Grundbausteine aller materiellen Strukturen und aller organischen Ganzheiten. Die Elemente stellen Grundformen von Energie und Bewußtsein dar, die in jedem von uns wirksam sind. So wie die moderne Physik gezeigt hat, daß Materie Energie ist, so bildet das Zusammenspiel und die Kombination dieser vier Elemente alle Materie. Wenn der Funke des Lebens einen menschlichen Körper beim Tode verläßt, trennen sich die vier Elemente und kehren in ihren Urzustand zurück. Nur das Leben selbst, wie es sich in einem organisierten lebenden Ganzen manifestiert, hält die vier Elemente zusammen. Alle vier sind in jedem Menschen vorhanden, obwohl jeder einzelne auf einige Arten von Energie bewußt stärker eingestimmt ist als auf andere. Jedes der vier Elemente manifestiert sich in drei Schwingungsmodalitäten: kardinal, fix und labil. Wenn wir nun die vier Elemente mit den drei Modalitäten kombinieren, haben wir die zwölf primären Energiemuster, welche die Tierkreiszeichen bilden.

Die Tierkreiszeichen werden auch »Energiefelder«, archetypische Muster und universelle gestaltende Prinzipien etc. genannt (siehe Kapitel 4). Dies sind alles Bezeichnungen für die gleiche Wirklichkeit. Die universellen gestaltenden Prinzipien sind die lebendige Wirklichkeit, die von der Astrologie symbolisch dargestellt wird. Sie sind identisch mit Jungs »Archetypen«. Was Jung über den Archetypus sagt, gilt auch für das Wesen der Tierkreis-Energiemuster: ». . . ich halte es für wahrscheinlich, daß die wahre Natur des Archetypus nicht bewußtgemacht werden kann, daß sie transzendent ist.« Da also die eigentliche Natur der Energiemuster, die in den Tierkreiszeichen dargestellt sind, transzendent und nicht erkennbar ist, möchte ich dem Leser den Vorschlag machen, seine Hand zu betrachten, um ihm einen Hinweis darauf zu geben, um welche Art von Energiemuster es hier geht. Dieselben Energien, welche die einzigartigen Figuren in der Handfläche und auf den Fingerspitzen formen, sind als lebensspendende und erhaltende

Kraft für den Körper wie für die Psyche kontinuierlich wirksam. Man könnte sich fragen: Was ist »die Psyche« eigentlich? Man kann sie nicht sehen, und doch *existiert* sie. Wir erfahren täglich die starke Wirkung psychischer Kräfte. Die Psyche ist also so real wie jedes materielle Objekt, auch wenn wir sie nicht berühren, riechen oder schmecken können.

Wenn wir die Wirklichkeit psychischer Kräfte akzeptieren, können wir sicher auch die Wirklichkeit der unsichtbaren Bausteine allen materiellen und psychischen Lebens akzeptieren. Diese unsichtbaren Bausteine sind die ursprünglichen Energiemuster oder gestaltenden Prinzipien des Universums. Jung bezeichnet sie als Archetypen, weil sie von Anbeginn der Zeit aktiv alles Leben auf diesem Planeten geformt haben. Die Astrologen nennen sie Tierkreiszeichen und beschäftigen sich mit ihnen hauptsächlich in der Form, wie sie sich als Persönlichkeitstypen beim Menschen manifestieren. All die endlosen Aufzählungen von Schlüsselwörtern, Qualitäten und Charaktermerkmalen, die man gewöhnlich in astrologischen Lehrbüchern findet, haben den gleichen Ursprung: die zwölf primären Energiemuster, die gewöhnlich Tierkreiszeichen genannt werden. Ein Verständnis der Bedeutung dieser primären Energiemuster ist für eine gründliche Aufarbeitung jeder Art von Astrologie erforderlich. Aber für die medizinische und psychologische Astrologie ist es ganz besonders wichtig, diese archetypischen Inhalte in ihrem Wesen zu erfassen und zusammenhängend auszuformulieren.

Eine Möglichkeit, die verschiedenen Energiemuster des Tierkreises zu verstehen, besteht darin, sie von ihren Modalitäten her zu analysieren. Die Kardinalzeichen repräsentieren zentrifugale, ausstrahlende Energie und entsprechen dem Prinzip des *Handelns in einer bestimmten Richtung*. Den »positiven« Kardinalzeichen Widder und Waage geht es um Handlung in der Gegenwart, die sich an Zukunftsüberlegungen orientiert. Die »negativen« Kardinalzeichen, Krebs und Steinbock, interessieren sich mehr für die Vergangenheit. Das zeigt sich z. B. an der Vorliebe des Krebses für sein Heim und für Antiquitäten und an der Beschäftigung des Steinbocks mit Tradition und Geschichte.

Die Fixzeichen repräsentieren zentripetale Energie, d. h. Energie, die nach innen auf ein Zentrum hin gerichtet ist. Man assoziiert die weltlichen Manifestationen dieses Zeichens mit dem Prinzip der Trägheit, aber sie sind auch bekannt für ihre große Fähigkeit zu Konzentration und Beharrlichkeit, wenn ihre Energie für kreative Tätigkeit oder spirituelle Entwicklung verwandt wird. Von den drei

Kreuzen sind die Fixzeichen am meisten im Hier und Jetzt verankert. Die Beziehung der Fixzeichen zu esoterischen Lehren von Wiedergeburt und spiritueller Entwicklung beruht auf der großen Konzentration von Energie in diesen Zeichen. Die Energie strömt sehr gleichmäßig bei diesen Menschen und unterliegt, jedenfalls zu einem gewissen Grad, ihrer Kontrolle. Deshalb spüren Menschen, die mit der Sonne in einem Fixzeichen geboren sind, intuitiv die Tiefe und Kraft des lebensspendenden Geistes in sich und so sind diese Zeichen als »Pforten des Avatar« und als Schlüsselsymbole für die wichtigsten Initiationen der Seele bekanntgeworden, denn die konzentrierte Energie gibt diesen Menschen auch das Potential für ein konzentriertes Bewußtsein.

Die Labilzeichen entsprechen dem Prinzip der Harmonie; man könnte sie sich als spiralförmige Energiemuster vorstellen. Fische und Jungfrau symbolisieren nach unten gerichtete Energiespiralen; von daher haben diese Zeichen in gewisser Hinsicht eine Beziehung zur Vergangenheit: Fische zu früherem »Karma« und Jungfrau zu vergangenen Krisen in der Persönlichkeitsentwicklung. Zwillinge und Schütze symbolisieren aufwärtsgerichtete Energiespiralen; diese Zeichen sind zukunftsorientiert, was in den prophetischen Tendenzen des Schützen und den endlosen Spekulationen der Zwillinge zum Ausdruck kommt.

Das Element des einzelnen Zeichens weist auf die spezifische Form von Bewußtsein und die Art der unmittelbarsten Wahrnehmung eines Individuums hin. Den Luftzeichen werden Empfindung, Wahrnehmung und Ausdruck des Geistes, mit einer besonderen Beziehung zu geometrischen Gedankenformen, zugeordnet. Die Feuerzeichen verkörpern das erwärmende, strahlende, energiespendende Lebensprinzip, das sich als Enthusiasmus und Liebe aber auch als Ego manifestieren kann. Die Wasserzeichen symbolisieren das kühlende, heilende, besänftigende Prinzip von Empfindsamkeit und Gefühl. Die Erdzeichen lassen eine große Verbundenheit mit der Welt der physischen Formen erkennen und besitzen die praktische Fähigkeit, sich die materielle Welt zunutze zu machen. Wesen und Funktion dieser Elemente wird in späteren Kapiteln noch ausführlich beschrieben.

Im Altertum wurde der Tierkreis als die »Seele der Natur« angesehen. Wenn wir die Tierkreiszeichen als die primären, archetypischen Energiemuster des Universums erkennen, können wir verstehen, warum ihnen die Alten eine solche Bedeutung zumaßen. Diese Betrachtungsweise des Tierkreises findet auch Unterstützung in den medialen Mitteilungen des Hellsehers Edgar Cayce, der sagt:

»Das Leben wird von diesem Kreis der Schwingungen aufrechterhalten.« (Lesung 900–448) Könnte man den Tierkreis nicht als einen Kreis von Schwingungen betrachten? Ich denke ja. Cayce sagt auch: »Jedes individuelle Wesen ist auf bestimmte Schwingungen eingestellt.« (1861–12) All dies sollte deutlich machen, was wir unter den Tierkreiszeichen verstehen. Welche Rolle spielen nun die Planeten?

## Die Planeten als Energie-Regulatoren

Schon seit langem wurde der Mensch als ein Mikrokosmos des gesamten Universums gesehen. Uralte Yoga-Überlieferungen sprechen von den *Chakren* (oder Energiezentren) in jedem Menschen, und viele esoterische Schulen haben die verschiedenen *Chakren* mit bestimmten Planeten in Beziehung gesetzt. Dies ist möglich, weil wir mit den Planeten durch Schwingungsenergien verbunden sind, die latent in uns vorhanden sind, und auf die wir deswegen ansprechen. Diese *Chakren* sind daher Zentren in uns, die mit bestimmten Energiezentren im Sonnensystem übereinstimmen. Das Zeichen, in dem ein bestimmter Planet steht, zeigt an, wie diese Schwingungsenergie oder Kraft in uns eingestimmt ist. Die Planeten symbolisieren Grundkräfte oder aktive Zentren in unserem Sonnensystem, die sich als psychologische Grundfunktionen, Triebe, Bedürfnisse und Motivationen manifestieren. Die Planeten haben also sozusagen die Funktion von primären Stimuli in den Energiefeldern der Zeichen. *Sie symbolisieren universelle Prinzipien, welche die energetischen Funktionen in jeder organischen Ganzheit regulieren.* Anders ausgedrückt: Die Planeten charakterisieren die Art und Weise des Energieaustausches zwischen dem individuellen Menschen und dem Potential des Universums. Sie stellen die Hauptkräfte dar, die den Charakter ausmachen, und die das gesamte Spektrum des Selbstausdrucks auf der mentalen, emotionalen und physischen Ebene motivieren.

In Begriffen des Altertums ausgedrückt, symbolisieren die Planeten Gottheiten, die man verehren muß. Das bedeutet, daß niemand diese fundamentalen Lebenskräfte mißachten kann, ohne Schaden zu nehmen. Sie müssen erkannt, sorgfältig beachtet und akzeptiert werden; dann kann die ihnen innewohnende Energie bewußt gelenkt werden. Wenn wir uns dieser Kräfte in unserem Leben nicht bewußt werden, sind wir ihnen auf Gnade oder Ungande ausgeliefert. Eine große Sünde bei den Griechen war die *Hybris*, die darin bestand, daß ein Mensch die Unverfrorenheit und den närrischen Stolz besaß, auf irgendeine Art die Götter zu mißachten. Natürlich folgte unvermeidlich die göttliche *Nemesis* (d. h. eine Explosion von aufgestauten Energien, denen der angemessene Ausdruck versagt wurde.

## Die astrologische Persönlichkeitstheorie

In der psychologischen Astrologie kann man die Planeten in drei Gruppen unterteilen. Die erste Gruppe besteht aus den grundlegenden *persönlichen* Faktoren: Sonne, Mond, Merkur, Venus und Mars. Diese Planeten zeigen, welche Kräfte wir bis zu einem gewissen Grad bewußt lenken oder modifizieren können. Diese Planeten charakterisieren die augenfälligeren Persönlichkeitsmerkmale und die stärksten Triebe in einem Menschen. Jeder erlebt ein Gefühl von Individualität und Identität (Sonne), eine bestimmte Art unwillkürlichen Verhaltens auf der Grundlage konditionierter Reaktionen (Mond), eine Fähigkeit zu Einsicht und Gedankenaustausch mit anderen (Merkur), die Fähigkeit und das Bedürfnis zu lieben und enge Beziehungen zu haben (Venus) und einen Drang nach Handlung, Selbstbehauptung und sexueller Erfahrung (Mars).

Unter der Schicht dieser persönlichen Grundfaktoren liegen die tieferen *motivationalen* und *kollektiven* Faktoren, die von Jupiter und Saturn symbolisiert werden. Obwohl man sagen kann, daß diese beiden Planeten bestimmte Triebe darstellen, weisen sie auch auf tiefe existenzielle Erfahrungen in Form von überbewußten (Jupiter) oder unterbewußten (Saturn) Bedürfnissen hin. Ihre kollektive Bedeutung leitet sich von der Wirkung ab, die sie auf den Stil haben, in dem man an einem größeren Lebenskreis und an sozialen Aktivitäten teilnimmt. Diese Planeten stehen für die tieferen Bedürfnisse nach Stabilität, Tradition und Sicherheit (Saturn) und Zukunftshoffnungen, Abenteuerlust, Risikobereitschaft und persönlicher Entwicklung (Jupiter).

Die dritte Gruppe setzt sich aus Uranus, Neptun und Pluto zusammen. Diese Gruppe symbolisiert die tiefgründigste Quelle von Veränderung im Leben, die transzendenten Dimensionen der Erfahrung und die subtilsten Energien, auf die wir ansprechen können. Diese Kräfte beeinflussen unsere bewußteren Fähigkeiten durch Inspiration, Geistesblitze, Intuition, durch ein nicht intellektuell erlerntes, angeborenes Wissen, durch das Streben, in einem größeren Ganzen aufzugehen und durch einen starken Impuls, unser tiefstes Wesen zu verfeinern. Wenn diese Energien ins Spiel kommen, werden die alten Lebensmuster durchgeschüttelt und verändern sich sehr schnell. Man könnte sagen, daß diese drei Planeten *transpersonale* Faktoren und *transformative* Energien im Leben des Menschen darstellen.

Wenn man diese drei Gruppen von Planeten als Bestandteile eines ganzheitlichen Energiesystems betrachtet, bieten sie dem Praktiker eine vollständige und umfassende Theorie der Persönlichkeit des Menschen und seines psychologischen Funktionierens, mit einem Bezugsrahmen, der beides beinhaltet – das Bedürfnis nach Sicherheit, Liebe und Kreativität und das ständige Streben nach Selbstverwirklichung, Wandel, Wachstum und Transzendenz. Wenn wir uns dem Individuum und dem Leben im allgemeinen auf der gleichen Ebene nähern, auf der die wesentlichen Energien des Lebens wirken, dann können wir anfangen, Körper und Geist als wechselseitig interagierende, lebendige Energiefelder zu betrachten, statt als mechanistischen Apparat. Ein solches Verständnis des ganzen Menschen kann den Weg frei machen für die Entwicklung einer neuen Art von Astrologie, einer Wissenschaft, die auf den Grundgesetzen des Lebens basiert.

## Grundbegriffe und Definitionen

Ein Schlüssel zum Verständnis der gesamten Astrologie ist für jeden zugänglich, der die Bedeutung der folgenden Definitionen wirklich versteht:

Die PLANETEN bezeichnen bestimmte *Dimensionen der Erfahrung*. Die ZEICHEN bedeuten bestimmte *Qualitäten der Erfahrung*. Die HÄUSER zeigen bestimmte *Bereiche der Erfahrung* an, in welchen die Energien von Planeten und Zeichen wirken. Die ASPEKTE (oder Winkelbeziehungen zwischen den Planeten) zeigen, wie die verschiedenen Dimensionen der Erfahrung im Individuum integriert sind.

Aus diesen vier Faktoren setzt sich das astrologische Alphabet zusammen, und die Kunst der Kombination der Buchstaben dieses Alphabets bringt die Sprache der Energie hervor, die man Astrologie nennt.

Folgendermaßen werden diese Faktoren miteinander kombiniert: Eine bestimmte Dimension der Erfahrung (angezeigt durch einen bestimmten Planeten) wird immer von der Qualität des Zeichens, in dem sie sich im Horoskop eines Individuums befindet,

## GRUNDBEGRIFFE ZU DEN PLANETEN

| | Prinzip | Streben | Bedürfnis |
|---|---|---|---|
| Sonne: | Vitalität, Gefühl von Individualität; kreative Energie, das strahlende innere Selbst (Einstimmung der Seele); die *wesentlichen* Werte | Streben zu sein und sich schöpferisch zu verwirklichen | Bedürfnis nach Anerkennung und Selbstdarstellung |
| Mond: | Reaktion; unbewußte Neigung; Gefühl von sich selbst (Selbst-Bild); konditionierte Reaktionen | Streben nach innerem Halt; häusliches und emotionales Sicherheitsstreben | Bedürfnis nach emotionaler Ruhe und einem Gefühl des Dazu-gehörens; Wunsch sich mit sich selbst in Einklang zu fühlen |
| Merkur: | Kommunikation; bewußter Geist (d. h. logischer oder rationaler Geist) | Streben, seine Auffassungen und seine Intelligenz durch Geschicklichkeit oder Sprache darzustellen | Bedürfnis, Beziehungen zu anderen aufzubauen; Bedürfnis zu lernen |
| Venus: | Emotionalgefärbte Neigungen; Werte; Austausch von Energie mit anderen, indem man sich selbst gibt und von anderen empfängt; Teilnahme | Streben nach Gemeinschaft und Liebe; Streben, Zuneigung auszudrücken; Vergnügungsstreben | Bedürfnis, sich anderen nahe zu fühlen; Bedürfnis nach Behaglichkeit und Harmonie; Bedürfnis seine Gefühle zu zeigen |

| | | | |
|---|---|---|---|
| Mars: | Begierde; Wille zu handeln; physische Energie; Antrieb; Initiative | Streben nach Selbstbehauptung; Aggression; Sexualtrieb; Streben nach entschlossenem Handeln | Bedürfnis, seine Wünsche durchzusetzen; Bedürfnis nach körperlicher und sexueller Erregung |
| Jupiter: | Ausdehnung; Erweiterung; Gnade; Tugend | Streben nach einer größeren Ordnung oder danach, sich selbst mit etwas Größerem zu verbinden | Bedürfnis nach Glaube, Hoffnung und Vertrauen zum Leben und zu sich selbst; Bedürfnis, sich zu vervollkommnen |
| Saturn: | Kontraktion; Anstrengung | Streben, die eigene Struktur und Integrität zu verteidigen; Streben nach Sicherheit durch sichtbare Erfolge | Bedürfnis nach sozialer Anerkennung; Bedürfnis, sich auf die eigenen Fähigkeiten und seine Arbeit zu verlassen |
| Uranus: | Individualistische Freiheit; Freiheit *des* Ego | Streben nach Differenzierung, Originalität und Unabhängigkeit von Tradition | Bedürfnis nach Veränderung, Aufregung und ungehemmtem Ausdruck |
| Neptun: | Transzendente Freiheit; Freiheit *vom* Ego | Streben, den eigenen Begrenzungen und denen der äußeren Welt zu entkommen | Bedürfnis, eine Einheit mit dem Leben, ein Aufgehen im Ganzen zu erfahren |
| Pluto: | Transformation; Umwandlung; Elimination | Streben nach gänzlicher Wiedergeburt; Streben, zum Kern von Erfahrung vorzudringen | Bedürfnis, sich zu läutern; Notwendigkeit der Ablösung vom Alten durch Schmerz |

gefärbt sein. Diese Kombination definiert einen spezifischen Trieb zur Selbstdarstellung und einen bestimmten Wunsch nach Erfüllung. Am direktesten wird das Individuum dieser Dimension des Lebens in dem Erfahrungsbereich begegnen, der von der Haus-Position des Planeten angezeigt ist. Den Drang, diese Dimension der Erfahrung darzustellen oder zu erfüllen, wird jeder spüren, der eine bestimmte Planet-Zeichen-Kombination hat; aber die spezifischen Aspekte auf diesen Planeten zeigen, wie leicht und harmonisch jemand diesen Trieb zum Ausdruck bringen oder diesen Wunsch erfüllen kann.

Auf den nächsten Seiten sind einige Grundbegriffe zu jedem Zeichen und Planeten aufgeführt. Im Kapitel über »die Elemente und die Häuser« werden die Grundbegriffe zu den Häusern erläutert. (Siehe Kapitel 16)

## Positive und negative Entsprechungen der Planetenprinzipien

Jedes Planetenprinzip kann positiv und kreativ, aber auch negativ und selbstzerstörerisch verwirklicht werden. In anderen Worten, unsere Einstellung zu jeder Dimension der Erfahrung kann in Einklang mit höheren Gesetzen oder in einem Zustand der Disharmonie und des Mißklangs sein. Dies ergibt sich aus dem kreativen Gebrauch oder dem Mißbrauch dieser vielfältigen Energien, Kräfte und Einstellungen. Man muß die Aspekte von jedem Planeten analysieren, um den Grad von Harmonie oder Disharmonie in einem Individuum verstehen zu können.

| | Positive Entsprechung | Negative Entsprechung |
|---|---|---|
| Sonne: | Ausstrahlung von Geist; kreatives und liebendes Sich-Verströmen-lassen | Stolz; Arroganz; übertriebenes Verlangen, etwas Besonderes zu sein |
| Mond: | Empfänglichkeit; innere Ausgeglichenheit; fließendes, anpassungsfähiges Selbstgefühl | Überempfindlichkeit; Unsicherheit; ungenaue, verdrängte Selbstwahrnehmung |
| Merkur: | Kreativer Gebrauch von Geschicklichkeit und Intelligenz; Vernunft und Unterscheidungsfähigkeit im Dienst höherer Ideale; Fähigkeit zur Übereinkunft durch objektives Verständnis und klaren verbalen Ausdruck | Mißbrauch von Geschicklichkeit und Intelligenz; Amoralität durch die Rationalisierung von allem und jedem; parteiische und einseitige »Kommunikation« |
| Venus: | Liebe; Geben und Nehmen im Verhältnis mit anderen; Teilnahme; Großzügigkeit des Geistes | Selbstgefälligkeit; Gier; emotionale Forderungen; Verdrängung von Liebesgefühlen |
| Mars: | Mut; Initiative; Willenskraft, die bewußt auf legitime Ziele gerichtet ist | Ungeduld; Willkür; Gewalttätigkeit; Mißbrauch von Gewalt und Drohungen |
| Jupiter: | Glaube; Vertrauen auf höhere Macht oder einen größeren Plan; Empfänglichkeit für Gnade; Optimismus; Anerkennung der Notwendigkeit, sich selbst zu vervollkommnen | Blindes Vertrauen; Faulheit; Zersplitterung der Kräfte; die Arbeit anderen überlassen; Verantwortungslosigkeit; großspuriges Gehabe; zuviel versprechen |

| | Positive Entsprechung | Negative Entsprechung |
|---|---|---|
| Saturn: | disziplinierte Anstrengung; Annahme von Pflichten und Verantwortlichkeiten; Geduld; Organisation; Verläßlichkeit | sich selbst einschränken, indem man sich zu sehr auf sich selbst verläßt und zuwenig Glauben aufbringt; Rigidität; Kälte; Verteidigungshaltung; lähmende Hemmungen; Ängstlichkeit; Negativität |
| Uranus: | Wahrheitssuche; Originalität; Erfindungsgabe; zielgerichtetes Experimentieren; Achtung der Freiheit | Willkür; rastlose Ungeduld; ständiges Bedürfnis nach Aufregung und Veränderung um ihrer selbst willen; Rebellion; Extremismus |
| Neptun: | Suche nach Ganzheit; Erkenntnis der spirituellen Dimension der Erfahrung; allumfassendes Mitgefühl; nach einem Ideal leben | Selbstzerstörerische Fluchttendenzen; vor Verantwortlichkeiten und den eigenen tiefsten Notwendigkeiten ausweichen; Weigerung, sich seiner Motive bewußt zu werden und sich auf irgend etwas einzulassen |
| Pluto: | Annahme der Notwendigkeit, Geist und Willenskraft auf seine eigene Transformation zu konzentrieren; den Mut haben, sich seinen tiefsten Leidenschaften und Zwängen zu stellen und sie durch Anstrengung und Intensität der Erfahrung zu wandeln | Zwanghaftes Ausleben unbewußter Begierden; willkürliche Manipulation von anderen zu selbstsüchtigen Zwecken; rücksichtslose Anwendung aller Mittel, um dem Schmerz der Konfrontation mit sich selbst auszuweichen; Verblendung durch Macht |

DIE ELEMENTE DER TIERKREISZEICHEN IN EINIGEN GRUNDBEGRIFFEN

| | *Grundbegriff* | *Eigenschaften, durch die ein Planet in diesem Zeichen gefärbt wird* |
|---|---|---|
| *Feuerzeichen* | | |
| KARDINAL: WIDDER | Gebündelter Einsatz von Energie, um *neue* Erfahrungen zu machen | Eigensinniger Impuls zu Handeln; Anmaßung |
| FIX: LÖWE | Anhaltende Wärme in der Freundschaft und ausstrahlende Lebendigkeit | Stolz und Streben nach Anerkennung; Sinn fürs Dramatische |
| LABIL: SCHÜTZE | Ruheloses Sehnen, das einen treibt, nach einem Ideal zu streben | Überzeugungen; Verallgemeinerungen; Ideale |
| *Erdzeichen* | | |
| KARDINAL: STEINBOCK | Unpersönliche Verpflichtung, eine Aufgabe zu erfüllen | Selbstkontrolle; Vorsicht; Zurückhaltung und Ehrgeiz |
| FIX: STIER | Tiefe der Wertschätzung, auf direkte Sinneswahrnehmung bezogen | Besitzstreben; bewahrende Haltung; Beständigkeit |
| LABIL: JUNGFRAU | Spontane Hilfsbereitschaft; Bescheidenheit; Bedürfnis zu dienen | Perfektionismus; Analyse; genaue Unterscheidungsfähigkeit |

DIE ELEMENTE DER TIERKREISZEICHEN IN EINIGEN GRUNDBEGRIFFEN

| | *Grundbegriff* | *Eigenschaften, durch die ein Planet in diesem Zeichen gefärbt wird* |
|---|---|---|
| *Luftzeichen* | | |
| KARDINAL: WAAGE | Harmonisierung aller Polaritäten zur Vervollständigung von sich selbst | Balance; Unparteilichkeit; Takt |
| FIX: WASSERMANN | Unvoreingenommene Fähigkeit zur Koordination der verschiedenen Menschen und Ideen | Individuelle Freiheit; Extremismus |
| LABIL: ZWILLINGE | Unmittelbare Wahrnehmung und Verbalisierung aller Gedankenverbindungen | Stark schwankendes Interesse; Beredsamkeit; Freundlichkeit |
| *Wasserzeichen* | | |
| KARDINAL: KREBS | Instinktive Fürsorglichkeit und schützendes Einfühlungsvermögen | Gefühl; Zurückhaltung; Launen; Empfindsamkeit; Selbstschutz |
| FIX: SKORPION | In die Tiefe vordringen durch die Macht der Gefühle | Zwanghaftes Verlangen; Tiefe; kontrollierte Leidenschaft; Verschwiegenheit |
| LABIL: FISCHE | Aus Mitleid allen Leidenden helfen | Sehnsüchte der Seele; Idealismus; |

# FUNKTION DER PLANETEN IN DEN ZEICHEN

Die Zeichen-Stellung dieses Planeten zeigt:

Grundlegende *persönliche* Faktoren:

Bewußt gelenktes Handeln

| | |
|---|---|
| SONNE: | wie man *ist* (die Stimmung des Daseins), und wie man das Leben wahrnimmt |
| MOND: | wie man *reagiert* auf der Grundlage unbewußter Neigungen |
| MERKUR: | wie man *kommuniziert* und *denkt* |
| VENUS: | wie man *Zuneigung ausdrückt,* sich *geachtet fühlt* und *sich einbringt* |
| MARS: | wie man sich selbst *durchsetzt und sein Verlangen zum Ausdruck bringt* |

*Kollektive* Faktoren:

Seinszustände

| | |
|---|---|
| JUPITER: | wie man danach *strebt, sich weiterzuentwickeln* und *Vertrauen* ins Leben zu *erfahren* |
| SATURN: | wie man danach *strebt,* sich selbst durch eigene Anstrengung *aufzubauen* und zu *bewahren* |

*Transpersonale* Faktoren:

Transformative Energien

Die Zeichen-Stellungen von URANUS, NEPTUN und PLUTO zeigen die Einstellungen von Generationen, aber im individuellen Horoskop sind sie von wesentlich geringerer Bedeutung als die Stellung in den Häusern und als die Aspekte dieser Planeten. Die Aspekte dieser trans-saturnischen Planeten auf die persönlichen Planeten zeigen an, wo jemand den Kräften der Wandlung in seiner Generation und den Wandlungskräften in sich selbst begegnet.

In der Terminologie der Jung'schen Psychologie weisen die trans-saturnischen Planeten auf funktionale Modalitäten des kollektiven Unbewußten hin, während Mond und Saturn die strukturellen Muster und die Bedürfnisse des persönlichen Unbewußten darstellen. Der Mond symbolisiert die inneren emotionalen Sicherheitsbedürfnisse, die man mit der Mutter assoziiert (innere Unterstützung) und Saturn die sichtbaren materiellen Sicherheitsbedürfnisse, die man mit dem Vater assoziiert (äußere Unterstützung).

# Die vier Elemente: Die grundlegenden Energien der Astrologie

Viele astrologische Autoren haben in ihrem Bemühen, die Astrologie im Sinne der Naturwissenschaften zu modernisieren, die traditionelle Vorstellung von den vier Elementen vernachlässigt, bzw. völlig ignoriert. Einige Autoren schreiben Dinge wie: »Jetzt, da die Wissenschaft uns das periodische System der Chemie gegeben hat, wissen wir, daß es sehr viel mehr als vier Elemente gibt.« Andere Autoren und Lehrer, welche die Elemente noch zu einem gewissen Grad verwenden, geben keine ausreichende Erklärung darüber, das diese »Elemente« eigentlich sind, oder wie sie funktionieren, noch scheinen sie sich darüber klar zu sein, daß die Elemente tatsächlich die eigentliche Grundlage des Tierkreises und damit der gesamten Astrologie sind.

Eine der besten Erklärungen der vier Elemente, die ich finden konnte, steht in der Einleitung zu C. E. O. Carters *An Encyclopedia of Psychological Astrology,* auf die ich später noch im Detail zurückkommen werde. Nachdem er die von ihm so genannten »Wurzel-Prinzipien« der Astrologie beschrieben hat, sagt Carter: »Obwohl man die Elemente von vielen Blickpunkten aus und in allen Einzelheiten beschreiben kann, ist es doch verständlicherweise durchaus nicht leicht, Dinge erschöpfend zu erklären und zu veranschaulichen, die in der Tat nichts geringeres als die grundlegenden Gesetze unseres Sonnensystems, wenn nicht des Universums, sind.« Carter schreibt weiter, daß die Astrologie ein Weg ist, ein gewisses Verständnis der Wirkungsweise dieser Lebensprinzipien zu erreichen; und dennoch, »sie voll und ganz zu begreifen, würde einen intellektuellen Überblick erfordern, wie wir ihn nur dem Architekten dieses Systems selbst zuschreiben können.«

Ich stimme vollkommen mit Carter darin überein, daß die vier Elemente nicht bloß »Symbole« oder abstrakte Vorstellungen sind, sondern daß sie sich auf die vitalen Kräfte beziehen, aus denen sich die gesamte sinnlich wahrnehmbare Schöpfung zusammensetzt. (Deswegen wurde der Tierkreis im Altertum als die »Seele der Natur« angesehen.) Die Elemente sind daher nicht nur die Grundlage der Astrologie und aller okkulten Wissenschaften, sondern sie umfassen alles, was wir normalerweise wahrnehmen und erfahren können. Es ist richtig, daß die Elemente, als rein materielle Faktoren genommen, die vier Aggregatzustände symbolisieren, wie sie die moderne Physik beschreibt: Erde ist fest, Wasser flüssig, Luft gasförmig und Feuer Plasma oder ionisierte Strahlungsenergie. Man könnte außerdem sagen, daß sie die vier Grundbedürfnisse jedes höheren Organismus darstellen: Luft, Wasser, Erde (oder Nahrung) und Feuer (Wärme). Aber das allein enthüllt noch nicht die wahre Bedeutung der Elemente.

Manley P. Hall schreibt in seiner Broschüre *Unseen Forces:* »Die vier Elemente sind die Grundlage und die Lebenskraft der vier physikalischen, materiellen Elemente – Erde, Feuer, Luft und Wasser.« Er fährt fort: »Alle Dinge, die über diese vier Essenzen hinausgehen, können nur noch in spiritueller Schau erkannt werden.« Mit anderen Worten, die vier Elemente, mit denen die Astrologie sich befaßt, transzendieren die rein materielle Chemie. Wie Dr. William Davidson in seinen *Medical Astrology Lectures* bemerkt: »Jenseits der Chemie ist Kraft.«

In unserem Versuch, die wahre Bedeutung der Elemente zu verstehen, sollten wir uns davor hüten, die äußeren Resultate dieser vitalen Kräfte mit den ursprünglichen energiespendenden Faktoren zu verwechseln. Obwohl die Behauptung, daß die vier Elemente einen so allumfassenden Wirkungsbereich haben, eine ziemlich gewagte Verallgemeinerung zu sein scheint, wird es im Verlauf dieser Arbeit deutlich werden, daß viele verschiedene Kulturen und Wissensgebiete diese Tatsache belegen. Allein im Bereich der Astrologie: Wie ist es möglich, daß astrologische Faktoren erfolgreich angewendet werden, um das Wesen von Zyklen, Ereignissen, persönlichen Erfahrungen und die Veränderungen der weltlichen Angelegenheiten auf jeder Ebene zu verstehen: auf der physischen, sozialen, ökonomischen, psychologischen, emotionalen, politischen usw. Die Astrologie wäre sicher nicht auf eine solche Vielfalt von Lebensbereichen anwendbar, wenn sie nicht eine Sprache der wesentlichen dynamischen Kräfte im Leben wäre. Um zu verstehen, womit wir es in der astrologischen Praxis wirklich zu tun haben, müssen wir uns mit der Astrologie auf der Ebene auseinandersetzen, auf der sie wirksam ist; und das ist die Ebene von Energiemustern, Energiefluß und Energieumwandlung.

Um das Wesen der Astrologie zu erfassen, muß man die Elemente vollständig verstehen; und um das zu erreichen, darf man nicht nur die physikalische und psychologische Bedeutung der Elemente betrachten, sondern muß sie auch vom Standpunkt eines hochentwickelten spirituellen Bewußtseins sehen.

Bei vielen Kulturen in der ganzen Welt findet man die vier Elemente in ihren philosophischen, religiösen oder mythologischen Traditionen. Die meisten dieser Traditionen nehmen eine Urenergie an, die sich dann in »heruntertransformierten« Energieströmen manifestiert, die als die Elemente bekannt sind, ein Vorgang, ähnlich der Wirkung eines elektrischen Transformators. Diese Urenergie ist mit vielen Namen belegt worden: prana, Vitalkraft, Chi und andere. Die wesentlichen Merkmale dieser Energie sind in allen Kulturen gleich, auch wenn die Namen, die der Urkraft und den Elementen gegeben wurden, verschieden sind.

In Tibet wurden riesige Gebilde, die sogenannten »Stupas«, als gigantische Symbole der Schöpfung errichtet. Der Sockel des »Stupa« war ein großer Kubus (als Symbol für die Erde), darauf ruhte eine Kugel (Wasser), auf der Kugel stand ein spiralförmiges Gebilde (Feuer), und ganz auf der Spitze war ein Halbmond (Luft), in welchem sich eine kleine Kugel befand (»Äther«, der Begriff der Tibeter für die Urkraft, von der die anderen Kräfte ausgehen). Der Stupa stellte die Grundlage der tibetanischen Kosmologie dar, und die Elemente wurden deshalb als die grundlegenden Energien des Kosmos angesehen.

Eine ähnliche Auffassung von den Elementen findet sich in den heiligen Schriften Indiens (wie der *Bhagavad Gita*) und auch in den philosophischen Grundlagen der indischen Ayurvedischen Medizin. Chinesische Philosophie und Akupunktur begründen sich auf der Vorstellung von den Elementen. Ähnlich den tibetischen und indischen Darstellungen sprechen die Cinesen von fünf Elementen: »Die fünf Elemente: Holz, Feuer, Erde, Metall, Wasser umfassen alle Phänomene der Natur. Dieser Symbolismus gilt genauso für den Menschen.« (Su Wen) Diese fünf Elemente entsprechen den vier Elementen, die in der westlichen Welt gebräuchlich sind unter Hinzufügung des Äthers. Die westliche Tradition nennt meistens das fünfte Element nicht, da es im Grunde sehr verschieden von den anderen ist und eigentlich die Quelle der übrigen vier darstellt.

Die griechische Philosophie des Altertums basierte auf der Lehre von den vier Elementen, die mit den vier Fähigkeiten des Menschen gleichgesetzt wurden: der moralischen (Feuer), der ästhetischen und seelischen (Wasser), der intellektuellen (Luft) und der physischen (Erde). Das Europa des Mittelalters und der Renaissance übernahm die Idee von den Elementen hauptsächlich aus den Schriften von Galen und brachte sie in Verbindung mit den vier

»Gemütsarten«, aus denen später die vier spezifischen menschlichen Temperamente entstanden. Diese findet man in allen frühen medizinischen Schriften Europas sowie in den Werken von Shakespeare und anderen literarischen Künstlern. In Japan finden wir viele Beispiele für die Bedeutung, die den Elementen beigemessen wurde. Zum Beispiel werden in einem zen-buddhistischen Traktat über Bodhidharma aus dem Jahre 1004 A. D. unsere traditionellen vier Elemente als die vier Qualitäten dargestellt, die für die Schöpfung nötig sind: Licht (Feuer), Luftigkeit, Flüssigkeit und Festigkeit.

Die Elemente sind auch auf komplizierte Weise in den Stoff der Mythologie verwoben. Im alten Sumer, wo die Religion jeden Aspekt und jede Aktivität des Lebens umfaßte, entsprachen die wichtigsten Gottheiten den Elementen: Anu den Himmeln (Luft); Enlil dem Sturm (Feuer); Ninhursaga der Erde; und Enki den Wassern. Die vorangegangenen Beispiele zeigen, wie die Elemente sowie der Tierkreis von den Menschen früher nicht nur als eine lebendige Wirklichkeit angesehen wurden, mit der man umgehen mußte, sondern als die Grundlage der Wirklichkeit selbst.

## Moderne Darstellungen

Da den meisten von uns die höchste spirituelle Einsicht fehlt, kommen wir einem unmittelbaren Verständnis und einer Wertschätzung der Elemente am nächsten, wenn wir ihre Wirkungsweise in der Heilkunst betrachten. Dieser Zugang zu den Elementen wird später noch detaillierter behandelt werden, aber an dieser Stelle ist es sinnvoll darauf hinzuweisen, wie einige moderne Autoren die Elemente sehen. Dr. Randolph Stone, Begründer der Polaritätstherapie, die auf der Ausbalancierung der Elemente beruht, nennt die Elemente »die unsichtbaren Erbauer der Lebensstrukturen«. Er sagt, daß die Elemente die »Zahnräder des Lebens« sind, die harmonisch ineinandergreifen müssen, damit der Mensch an Leib und Seele gesund ist. Er vergleicht in seinen Schriften die Elemente mit den Platten in einer Batterie, durch welche die Lebensenergie (oder »prana«) fließt, um sie energetisch aufzuladen. Dr. Stone bezeichnet die Elemente als »sehr feine Energiefelder«, deren Wirkung Zustände von Wohlbefinden oder Krankheit des Körpers und der Seele hervorrufen.

Dr. Stone, der 85 Jahre alt war und nicht mehr praktizierte, als er dies schrieb, hat akademische Grade in Osteopathie, Chiropraktik und Naturheilkunde. Er erwähnt jedoch, daß er seine Einsichten in die Wirksamkeit der Elemente nicht durch irgendeine orthodoxe Ausbildung in den Heilkünsten gewonnen hat, sondern eher aus persönlicher Einsicht, aus über 60jähriger Erfahrung mit sehr verschiedenen und schwierigen Fällen und – am meisten – in der persönlichen Unterweisung durch verschiedene spirituelle Lehrer und indische Ärzte. Es ist bemerkenswert, daß Einsichten, die denen von Dr. Stone sehr nahe sind, auch von einem Mann geäußert werden, der niemals Kontakt hatte mit irgendeiner der Quellen von Dr. Stone. »Mr. A.« – so lautet sein Name in der Biographie von Ruth Montgomery mit dem Titel *Born to Heal* – hatte keine Ausbildung über die Volksschule hinaus und erhielt Unterweisungen über die Elemente durch seine medialen Fähigkeiten. Sein Verständnis der subtilen Kräfte des Lebens befähigte Mr. A zu bemerkenswerten Heilerfolgen bei scheinbar unheilbaren Krankheiten.

Mr. A.'s Darstellung ähnelt sehr Dr. Stones Vorstellung von den Elementen als Platten in einer Batterie:

»Diese Welt, in der wir leben, besteht aus Gasen und Energie. Alle Substanz – Pflanze, Tier und menschliches Leben – resultiert aus der unbegrenzten Kombination von Energiefrequenzen, die auf diese Gase wirken. Jede Pflanze, jedes Tier und jeder Mensch hat seine eigene individuelle Energiefrequenz, die sein Leben, sein Wachstum und seine Entwicklung aufbaut und erhält. Der erste Atemzug des Lebens bei der Geburt ist unsere Lebensader, unser direkter Anschluß an die universelle Kraft . . . Solange diese Energie vorhanden ist und ohne Behinderung fließt, sind wir an die universelle Energie angeschlossen.«

Das astrologische Geburtshoroskop wird selbstverständlich auf den Moment des ersten Atemzugs gestellt, diesen Augenblick, in dem unmittelbar unsere lebenslange Einstellung auf die kosmischen Energiequellen aufgebaut wird. Das Geburtshoroskop enthüllt daher unser Energiemuster bzw. unsere kosmische Einstimmung auf die vier Elemente. Mit anderen Worten, das Horoskop zeigt verschiedene Schwingungsmanifestationen, welche die Verwirklichung eines Individuums auf dieser Ebene der Schöpfung bestimmen, und die alle einem bestimmten Ordnungsmuster folgen. In wissenschaftlichen Begriffen zeigt das Horoskop unser »Energiefeld«, welches die Hellseher »Aura« nennen.

Wenn wir unsere Bemühungen, die Elemente zu verstehen, mit der höchstmöglichen Sichtweise krönen wollen, sollten wir uns mit den Schriften von zwei großen spirituellen Lehrern Indiens auseinandersetzen, denen Dr. Stone beiden persönlich begegnet ist, und die ausführlich über die Elemente geschrieben haben. Maharaj Charan Singh schreibt:

Alles, was wir mit den physischen Augen sehen können, setzt sich aus einem oder mehreren der fünf Elemente zusammen, nämlich Erde, Wasser, Luft, Feuer und Äther; und alle diese fünf Elemente sind sich gegenseitig feindlich. Aber mit Hilfe der bzw. durch die Seele ... sind alle fünf Elemente im menschlichen Körper enthalten und wirksam, wobei jeder sie in einem Verhältnis, das seinem Karma entspricht, manifestiert; aber alle fünf Elemente sind in stärkerem oder geringerem Maße in jedem menschlichen Körper wirksam.

Er fährt fort, daß die Elemente, wenn die Seele den Körper und diese Schöpfung verläßt, auseinanderfallen und zu ihren Quellen zurückkehren. Daß das Sonnenzeichen in der Astrologie so wichtig ist, leitet er davon ab, daß es die grundlegende Einstellung der Seele auf dieser Ebene der Schöpfung enthüllt. Damit ist in etwa das gemeint, was der Hellseher Edgar Cayce die »Persönlichkeit der Seele« nannte.

Maharaj Sawan Singh schreibt, daß nicht nur der Körper, sondern auch der Geist »aus der subtilen Essenz der fünf Elemente geboren wird«. In seinen Schriften setzt er die Elemente mit den niedrigeren Chakren (oder Energiezentren) im Körper in Verbindung und mit verschiedenen Eigenschaften, die man für den spirituellen Fortschritt überwinden muß: Luft mit Gier, Wasser mit Leidenschaft, Feuer mit Ärger und Erde mit Anhaftung. Die britische Autorin und Hellseherin Joan Cooke hat ein Buch mit dem Titel *Wisdom in the Stars* geschrieben, in dem sie auf ähnliche Weise die Lektionen der Elemente aufführt, welche die Seele lernen muß, um sich zu entwickeln: feurige Menschen müssen Liebe lernen; wässrige Menschen Frieden; luftige Menschen Brüderlichkeit; und erdhafte Menschen Dienen.

Die vier Elemente sind auch eine Erklärung für vieles in der traditionellen okkulten Lehre. Dies wird deutlich, wenn man die Elemente mit den verschiedenen »subtilen Körpern« oder den sich gegenseitig durchdringenden Energiefeldern vergleicht, von denen in diesem Bericht so oft die Rede ist. Dr. Raynor Johnson, Autor vieler ausgezeichneter Bücher wie z. B. *The Imprisoned Splendor* und *The Spiritual Path* und Wissenschaftler von internationalem Rang, gibt eine prägnante Beschreibung der Natur dieser subtilen Felder: »Die zentrale Wirklichkeit ist von vielen Fahrzeugen, Instrumenten oder Körpern umgeben – Schichten des Bewußtseins, welche es dem Individuum erlauben, mit den vielen Welten oder Daseinsbereichen Beziehungen aufzunehmen, denen diese Fahrzeuge zugeordnet sind.« Die Elemente sind die lebensspendenden Kräfte dieser Körper. Wasser wird mit dem emotionalen oder Astral-Körper in Verbindung gebracht, einer Art von Bewußtsein, die von intensiven Sehnsüchten, Gefühlsreaktionen und zwanghaften Wünschen bestimmt wird. Das Element Luft ist mit dem mentalen oder Kausal-Körper verbunden und stellt eine Art von Bewußtsein dar, das auf die abstrakten Gedankenmuster des universellen Geistes eingestellt ist. Das Element Erde ist ein Symbol des physischen Körpers und der Einstellung auf die Welt der physischen Sinne und materiellen Formen. Das Element Feuer ist verbunden mit dem ätherischen oder Vital-Körper, der als Umformer für die Luft- und Wasser-Energien wirkt, um die Funktionen des physischen Körpers zu unterstützen. Der Vital-Körper hat eine enge Beziehung zum physischen Körper und ist identisch mit dem »ätherischen Double«, von dem die Untersuchungen der Parapsychologen so oft berichten.

Die wichtigsten Folgerungen, die sich daraus ergeben, daß die Elemente spezifische Arten der Wahrnehmung und des Bewußtseins repräsentieren, und daß sie nach dem Zitat von Dr. Raynor Johnson die Fähigkeit aufdecken, bestimmte Daseinsbereiche zu erfahren und sich auf bestimmte Bereiche der Lebenserfahrung einzustimmen, werden weiter unten in diesem Buch detailliert behandelt werden. Zunächst werden wir jedoch die Elemente im einzelnen untersuchen, um ein tieferes Verständnis für das, was sie darstellen, zu gewinnen.

## Klassifikation der Elemente

Die Elemente werden traditionell in zwei Gruppen geteilt: Feuer und Luft, die als aktiv und ausdrucksstark angesehen werden, und Wasser und Erde, die als passiv, empfangend und zurückhaltend gelten. Diese beiden Gruppen sind dasselbe wie die grundlegende Unterscheidung der chinesischen Philosophie: Yin (Wasser und

Erde) und Yang (Luft und Feuer). Sie sind ebenso identisch mit der griechischen Vorstellung von zwei Ausdrucksmöglichkeiten der Energie: Apollinisch (Feuer und Luft, die das Leben aktiv und bewußt formen) und dionysisch (Wasser und Erde, die sich mehr unbewußt und instinktiv manifestieren). Wie wir im Kapitel über die Interpretation sehen werden, ist diese Unterscheidung sehr wichtig für eine holistische Auffassung von Geburtshoroskopen. Ich sollte hier jedoch betonen, daß wir uns hier nur mit den Grundprinzipien beschäftigen, und daß eine Kennzeichnung von Wasser und Erde z. B. als »zurückhaltend« oder »unbewußt« in keiner Weise darauf hinweist, daß Menschen, in deren Horoskop eine starke Betonung dieser Elemente vorhanden ist, notwendigerweise in ihrer Bewußtheit beschränkt oder speziell »gehemmter« wären als andere. Diese Begriffe beziehen sich mehr auf die Wirkungsweise dieser Energien und auf eine Art der Selbstverwirklichung als auf bestimmte Verallgemeinerungen, die man ohne hinzuschauen auf alle Menschen in einer bestimmten Kategorie anwenden könnte. Die Wasser- und Erd-Zeichen z. B. sind zurückhaltender als Feuer- und Luft-Zeichen in dem Sinne, daß sie mehr in sich selbst leben, und daß sie es sich nur mit einem gerüttelt Maß an Vorsicht und Vorausdenken gestatten, ihre wesentliche Energie nach außen zu projizieren. Die Feuer- und Luft-Zeichen sind ausdrucksstark, da sie immer alles »herauslassen«, ihre Energie und Lebenssubstanz ohne Zurückhaltung einbringen: die Feuer-Zeichen durch direktes Handeln und die Luft-Zeichen durch soziale Interaktion und verbalen Ausdruck.

Marc Edmund Jones hat im Bemühen, die Elemente auf eine moderne Art zu klassifizieren, die nicht wie die alten Begriffe »positiv« und »negativ« mißverstanden würden, geschrieben, daß Luft und Feuer »manipulative und sich ausdehnende« Ausdrucksformen von Energie sind, während Erde und Wasser »erhaltend und intensiv« sind. Jones Definitionen wären auch eine sehr gute Erklärung der griechischen Begriffe *apollinisch* und *dionysisch*. Die Elemente Feuer und Luft werden auch mit Aktivität und »Leichtsinn« in Verbindung gebracht, da Luft und Feuer die Tendenz haben, sich auszubreiten und zu steigen, sich auf eine Peripherie im Raum hin auszudehnen. Erde und Wasser dagegen werden mit »Ernsthaftigkeit« und Trägheit assoziiert, da diese Elemente sich stärker unter dem Einfluß der Schwerkraft befinden, und sich deshalb am tiefsten Punkt sammeln und konzentrieren. Diese Klassifikation der Elemente und die Tatsache, daß die Zeichen vom gleichen Element und vom Element der gleichen Gruppe im allgemeinen als »vereinbar« angesehen werden, ist von größter Bedeutung nicht nur für die Interpretation von individuellen Horoskopen, sondern auch in der Kunst des Horoskop-Vergleichs, auf die wir später noch zurückkommen werden. Es sollte darauf hingewiesen werden, daß diese Prinzipien der »Leichtigkeit«, »Schwere« usw. Beschreibungen eines realen Energieflusses sind, der von medial Begabten wahrgenommen werden kann, aber auch von jedem, der eine enge Beziehung zu einem Menschen mit einer anderen Einstimmung hat, direkt empfunden werden kann.

## Das Element Feuer

Das Element Feuer weist auf eine universelle, ausstrahlende Kraft hin, eine erregende enthusiastische Energie, die durch ihr Licht Farbe in die Welt bringt. Dieses Element wurde von C. G. Jung mit dem dynamischen Kern jener psychischen Energie in Verbindung gebracht, welche spontan und in einer inspirierenden, sich-selbstmotivierenden Art hervorströmt. Marc Edmund Jones setzt Feuer gleich mit »Erfahrung, zentriert in persönlicher Identität«; das erklärt, warum Menschen, in deren Horoskop die Feuerzeichen dominieren, so selbstzentriert und so unpersönlich sind. Sie fühlen sich selbst wie Kanäle für das »Leben« und können ihren Stolz über diese Tatsache nicht so leicht verbergen.

Die Feuerzeichen sind beispielhaft in ihrer Heiterkeit, ihrem starken Glauben an sich selbst, ihrem Enthusiasmus, ihrer Stärke und in ihrer direkten Ehrlichkeit. Sie brauchen viel Freiheit, um sich in der ihnen gemäßen Art ausdrücken zu können, und gewöhnlich versichern sie sich dieses Freiraumes durch unnachgiebiges Festhalten an ihrer Sichtweise. Feuerzeichen können auch ihre Willenskraft besser als andere Zeichen bewußt auf ein Ziel lenken (wenn auch nicht immer sehr beharrlich).

Ihr Wille, zu sein und sich frei auszudrücken, ist ziemlich kindlich in seiner Einfachheit, eine Eigenschaft, die sie manchen lieb und teuer macht, aber anderen, die vorsichtiger und empfindlicher sind, bedrohlich erscheint. Die Fehler der Feuerzeichen manifestieren sich selten als ein Resultat böser Absicht, sondern oft einfach durch einen Mangel an Selbstkontrolle und Feingefühl für andere. Sie werden als ziemlich willkürlich, manchmal sogar vergewaltigend empfunden, da sie sich in alle Dinge mit solcher Hast hineinstürzen, daß sie ungewollt Zerstörung verursachen oder die Gefühle anderer verletzen.

Die Feuerzeichen neigen dazu, mit empfindsameren oder sanfteren Menschen ungeduldig umzugehen, besonders mit solchen, die ein Übergewicht an Wasser und Erde haben. Sie fühlen, daß ihr Feuer durch Wasser ausgelöscht und durch Erde gedämpft werden könnte, und deshalb lehnen sie die Schwere und Emotionalität dieser Zeichen oft ab. Die Luftzeichen hingegen fachen die Flammen des Feuers an, indem sie neue Ideen schaffen, welche die Feuerzeichen-Person ausagieren kann. Aus diesem Grund wird Feuer allgemein als mit Luft verträglich angesehen; aber man muß auch sehen, daß die Feuerzeichen oft zu direkt und ungeduldig sind, als daß das empfindliche Nervensystem der Luftzeichen dies lange aushalten kann. Obwohl die Feuerzeichen tatsächlich oft von den Luftzeichen angeregt werden, können sie auch leicht ermüdet und gelangweilt auf intellektuelle Betrachtungen reagieren, die nicht so schnell in die Tat umgesetzt werden können.

## Das Element Luft

Das Element Luft ist jene Lebensenergie, welche mit dem Atem in Verbindung gebracht wird, und die von den Yogis als »Prana« bezeichnet wird. Der Luftbereich ist die Welt der archetypischen Ideen hinter dem Schleier der körperlichen Welt. Die kosmische Energie stellt sich hier in Gedankenmustern dar. Man kann diesen Bereich mit geometrischen Kraftlinien vergleichen, die den Geist durchwirken und so die Struktur der kommenden Dinge formen. Während die Feuerzeichen versuchen, durch ihren Willen etwas hervorzubringen, konzentrieren die Luftzeichen ihre Energie auf neue Ideen und sorgen so dafür, daß sie sich irgendwann einmal materialisieren. Deshalb spielen die Luftzeichen, denen man oft vorwirft unpraktische Träumer zu sein, eine wichtige Rolle in der Verwirklichung der Schöpfung auf einer breiten sozialen Ebene, denn ihre Ideen können manchmal das Leben von Millionen von Menschen berühren.

Marc E. Jones schreibt, daß die Luftzeichen sich beschäftigen mit »Erfahrung, soweit sie theoretische Beziehungen betrifft«. Die Wichtigkeit von Theorien und Begriffen im Leben der luftbetonten Menschen läßt sie die ihnen angemessenste Art des Ausdrucks in Kunst, Sprache und abstraktem Denken finden. Die Luftzeichen haben die Fähigkeit, sich aus der direkten Erfahrung des täglichen Lebens herauszulösen und gewinnen dadurch Objektivität, Perspektive und einen rationalen Ansatz in allem, was sie tun. Diese

Losgelöstheit ermöglicht es ihnen auch, mit allen möglichen Leuten gut umzugehen, weil sie nicht das Bedürfnis haben, allzusehr in die Sorgen und Gefühle der jeweiligen Person verwickelt zu werden. Tatsächlich sind die Luftzeichen die sozialsten von allen Zeichen in dem Sinne, daß sie die Gedanken einer anderen Person anerkennen können, ob sie nun damit übereinstimmen oder nicht.

Wenn die Luftzeichen natürlich zu sehr mit ihren abstrakten Ideen und Theorien beschäftigt sind, können sie geistig unausgewogen werden und allen möglichen Arten von Exzentrizität und Fanatismus anheimfallen. Es fehlt ihnen oft an tiefem Gefühl und an Anerkennung der Begrenzungen der Möglichkeiten durch den physischen Körper. Sie neigen dazu, intellektueller Kompetenz einen zu hohen Wert beizumessen und wollen oft nicht wahrhaben, daß Ideen sich erst bewähren müssen, bevor man ihnen großen Wert zugestehen kann. Denken ist solch eine dominierende Kraft im Leben von Luftzeichen, daß sie sich sehr leicht bedroht fühlen, wenn ihre Meinungen ignoriert werden oder die Qualität ihres Intellekts angezweifelt wird. Und natürlich sind es höchstwahrscheinlich die Wasser- und Erdzeichen, welche die Ideen der Luftzeichen abwerten, denn diese Ideen bestehen gewöhnlich die Prüfung auf emotionale Tiefe oder Praktikabilität nicht, welche Wasser und Erde ihnen auferlegen. Doch die Luftzeichen wollen weder von den Begrenzungen der Erde eingesperrt werden, noch soll ihre leichtlebige Freiheit durch die Gefühle und Vorbehalte der Wasserzeichen beschwert werden. Feuerzeichen jedoch regen die Luftzeichen zu größerer Freiheit des Ausdrucks an und geben ihnen ein Gefühl des Vertrauens und der Stärke, das sie bei niemandem sonst finden können. Obwohl die Luftzeichen die Feuerzeichen in vieler Hinsicht bewundern, werden sie doch an ihrem Recht festhalten, die Dinge zu überdenken, bevor sie sich auf etwas festlegen, eine Gewohnheit, welche die Feuerzeichen als sehr störend empfinden können.

## Das Element Wasser

Diejenigen, welche das Wasserelement in ihrem Horoskop stark betont haben, spüren von Geburt an, daß verschiedene unsichtbare Faktoren eine größere Rolle im Leben spielen, als gemeinhin angenommen wird. Die Wasserzeichen sind in Kontakt mit ihren Gefühlen und offen für Nuancen und Feinheiten, die viele nicht einmal wahrnehmen. Das Wasserelement repräsentiert den Bereich der tiefen Emotionen und Gefühlsreaktionen; diese reichen von zwanghaften Leidenschaften bis zu überwältigenden Ängsten, aber auch zu allumfassender Hingabe und Liebe zur Schöpfung. Da Gefühle ihrem Wesen nach teilweise unbewußt sind, ist den Wasserzeichen einerseits die Macht der unbewußten Psyche gegenwärtig und andererseits sind ihnen zugleich viele ihrer wirklichen Motivationen unbewußt. Wenn sie sich in voller Bewußtheit mit den tieferen Dimensionen des Lebens in Einklang bringen, sind sie die intuitivsten und psychisch empfindsamsten Zeichen. In diesem Falle sind die Wasserzeichen offen für die Einheit der gesamten Schöpfung und können ihren Mitmenschen durch ihre Empfänglichkeit für die Gefühle anderer helfen. Wenn sie sich ihrer eigenen Gefühle nicht voll bewußt sind, werden sie oft getrieben von zwanghaften Wünschen, irrationalen Ängsten und reagieren bei der geringsten Bedrohung mit starker Überempfindlichkeit.

Dem Wesen des Wassers entsprechend haben die Wasserzeichen keine Festigkeit oder eigene Form. Sie sind deshalb am glücklichsten, wenn ein anderer ihrem Fließen eine Form gibt und es in Bahnen lenkt. Am ehesten können das die Erdzeichen, weil sie eine Festigkeit haben, auf die das Wasser sich verlassen kann und der es trauen kann. Die Wasserzeichen mögen keine stürmischen Menschen oder starke Persönlichkeiten wie die Luft- und Feuerzeichen. Sie fühlen sich am wohlsten mit ziemlich verschlossenen und in sich gekehrten Menschen, weil sie sich dann beschützt und sicher fühlen. Diese verschlossene Art der Wasserzeichen kann aber auch sehr täuschen; denn obwohl sie nach außen hin ruhig sind, brauen sich auf tieferen Ebenen ständig Stürme zusammen und verborgene Unterströmungen können sie jederzeit herunterziehen. Tatsächlich haben Wasserzeichen sogar manchmal einen Hang zu dramatischen Effekten; denn wenn ihr Leben zu langweilig wird, züchten sie unbewußt emotionalen Aufruhr heran. Die Wasserzeichen sind so sensibel und verletzlich, daß sie leicht in einen Zustand emotionaler Labilität geraten, wenn sie ihre Gefühlsreaktionen nicht gut lenken und kontrollieren. Sie werden dann beeinflußbar wie ein Blatt im Wind. Man sollte die Empfindlichkeit der Wasserzeichen jedoch nicht als Schwäche ansehen, denn Wasser hat viel Kraft und durchdringende Macht, wenn es über einen längeren Zeitraum wirkt, besonders wenn es auf konzentrierte Art und Weise kanalisiert wird.

Ein schönes Beispiel für die Macht des Elements Wasser ist der folgende Ausspruch eines chinesischen Gelehrten des 11. Jahrhunderts:

> »Von allen Elementen sollte der Weise sich das Wasser zum Lehrer wählen. Wasser gibt nach, aber erobert alles. Wasser löscht Feuer aus oder, wenn es geschlagen zu werden droht, flieht es als Dampf und formt sich neu. Wasser spült weiche Erde fort oder, wenn es auf Felsen trifft, sucht es einen Weg sie zu umgehen. Es befeuchtet die Atmosphäre, so daß der Wind zur Ruhe kommt. Wasser gibt Hindernissen nach, doch seine Demut täuscht, denn keine Macht kann verhindern, daß es seinem vorbestimmten Lauf zum Meere folgt. Wasser erobert durch Nachgeben; es greift nie an, aber gewinnt immer die letzte Schlacht.« (aus J. Blofeld, Das Rad des Lebens, S. 78)

Letztlich entspricht das Wasser dem Prozess der Bewußtwerdung durch langsame aber sichere Verwirklichung der tiefsten Sehnsüchte der Seele. Die Wasserzeichen wissen instinktiv, daß sie sich vor äußeren Einflüssen schützen müssen, um sich die innere Ruhe zu verschaffen, die für tiefere Reflexion und subtile Wahrnehmung nötig ist. Die Verwirklichung der wahren Natur ihrer Gefühle und Sehnsüchte ist ein langsamer und oftmals schmerzvoller Vorgang, aber solange sie bereit sind, sich ihren wahren Motivationen zu stellen, können sie sich im Laufe der Jahre einer wachsenden inneren Befriedigung sicher sein.

## Das Element Erde

Der Mensch, der in enger Verbindung mit diesem Element steht, ist in gutem Kontakt mit seinen Sinnen und der Hier- und Jetzt-Wirklichkeit der materiellen Welt. Die Erdzeichen verlassen sich mehr auf ihre Sinne und die praktische Vernunft als auf die Inspirationen, die theoretischen Betrachtungen oder Intuitionen der anderen Zeichen. Sie sind vertraut mit der Welt jener »Formen«, welche Sinne und praktischer Verstand als real ansehen, und ihr angeborenes Verständnis vom Funktionieren der materiellen Welt gibt den Erdzeichen mehr Geduld und Selbstdisziplin als anderen Zeichen. Man braucht ihnen meistens nicht zu sagen, wie man seinen Lebensunterhalt verdient, wie man seine grundlegenden Bedürfnisse befriedigt, und wie man durchhält, bis ein Ziel erreicht ist. Alle diese Eigenschaften sind dem Menschen des Erdelements in die Wiege gelegt. Obwohl Erde zu den passiven oder empfangenden Elementen gehört, hat es wie das Wasser die Stärke der Ausdauer und Beharrlichkeit, die es den Erdzeichen ermöglicht, immer für sich selbst zu sorgen. Auch wenn sie nicht gerade energisch sind, werden sie doch ihre Meinung sagen, wenn ihre »Sache« in Gefahr oder ihre Sicherheit bedroht ist. Und es ist ihrer Effektivität zuzuschreiben, daß sie nicht nur ihre Meinung sagen, sondern auch auf eine ziemlich direkte Art und Weise dafür sorgen, daß man ihnen die Resultate ihrer Arbeit nicht wegnimmt. Der erdbetonte Mensch ist vorsichtig, bedächtig, konventionell und ungewöhnlich zuverlässig. Lebhaftere, beweglichere Menschen flößen ihm leicht Mißtrauen ein, und er reagiert mit einer gewissen Reserviertheit auf die Luftzeichen, die ihn aber auch irgendwie faszinieren können. Aber er merkt auch, daß die Luftzeichen in den Wolken schweben und wie Kinder mit undurchführbaren Ideen herumspielen. Er fühlt, daß die Feuerzeichen die Erde ausdörren können; sie stürmen viel zu schnell und gewaltsam durchs Leben, als daß man ihnen trauen könnte. Die Wasserzeichen hingegen entsprechen ihm in ihrer Zurückhaltung und Vorsicht. Er fühlt, daß das Wasser ihn erfrischt und seine Produktivität fördert.

Doch die Stärken und besonderen Fähigkeiten der Erdzeichen können auch gerade die Quelle ihrer größten Fehler sein. Die Verstrickung in die praktischen Belange kann ihre Phantasie einschränken, wenn sie sich zu sehr darauf beziehen, wie die Dinge sind oder zu sein scheinen. Das kann zu einer Verengung des Blickfeldes, zu einem Klammern an Routine und Ordnung und zu völligem Unverständnis für abstrakte und theoretische Bereiche führen. Mehr als alles andere müssen sich die Erdzeichen für die Realität der unsichtbaren Welt öffnen und sich in ihrem Handeln mehr von Idealen leiten lassen.

*«Wie man seinen Lebensunterhalt verdient...*

... braucht man den Menschen, die in enger Verbindung mit dem Element Erde stehen, meistens nicht zu sagen», meint Stephen Arroyo. «Ihnen ist schon in die Wiege gelegt, wie man durchhält, bis das Ziel erreicht ist.»

Vom materiellen Erfolg ist indessen niemand ausgeschlossen, denn die Möglichkeit, lukrativ zu sparen, steht allen offen.

# Die Psychologie des Individuums

Die vier Elemente eignen sich besonders gut für das Verständnis der wesentlichen Eigenart der psychologischen Veranlagung eines Individuums. Um dies zu verdeutlichen, sollten wir uns hier auf die Diskussion des Sonnenzeichen-Elements beschränken; denn das Element des Sonnenzeichens ist meistens das dominierende Element in der Betrachtung der Gesamtpsychologie eines Menschen. Das Element des Sonnenzeichens enthüllt die Einstimmung der grundlegenden Vitalität eines Menschen, die Kraft seiner Selbst-Projektion, den Erfahrungsbereich, in dem dieser Mensch jeden Tag *lebt* und die fundamentale Eigenart seines Bewußtseins. (Es kann jedoch mehr als ein Element in einem bestimmten Horoskop stark betont sein, wie wir in einem späteren Kapitel besprechen werden.)

Das Sonnenzeichen-Element zeigt uns vieles: Es enthüllt, »woher man kommt.« Mit anderen Worten, es deckt auf, wo unser Bewußtsein seine Wurzeln hat, auf welchen Erfahrungsbereich man am besten eingestimmt ist, und von welchem Bereich des Handelns und Seins man seine Kraft bezieht. Am Sonnenzeichen-Element kann man auch erkennen, was ein Individuum als real ansieht, denn die unbewußten Annahmen darüber, was real ist und was nicht, bestimmen, worauf jemand seine Energien konzentriert. Die Luftzeichen z. B. leben im abstrakten Bereich der Gedanken, und ein Gedanke ist für sie genauso wirklich (eigenltich sogar wirklicher, wie man an ihrem Verhalten ablesen kann) wie jedes materielle Objekt. Die Wasserzeichen leben in ihren Gefühlen, und es ist ihr emotionaler Zustand, der ihr Verhalten mehr als alles andere bestimmt. Die Feuerzeichen leben in einem Zustand von feurig-erregter, inspirierter Aktivität; und die Aufrechterhaltung dieses Lebensstils ist von entscheidender Bedeutung für sie, um gesund und glücklich zu bleiben. Die Erdzeichen sind in der materiellen Welt verwurzelt. Die materielle Welt und ihre Belange des Überlebens und der Produktion werden von ihnen als viel wirklicher als alle anderen Aspekte des Lebens angesehen.

Man könnte auch sagen, daß das Element des Sonnenzeichens die grundlegende innere Kraft aufzeigt, die unser Handeln motiviert. Die Luftzeichen werden motiviert durch ihre intellektuellen *Vorstellungen*, die Wasserzeichen durch ihre tiefen emotionalen

*Sehnsüchte,* die Feuerzeichen durch ihre *Inspirationen* und *Ziele* und die Erdzeichen durch ihre materiellen *Bedürfnisse.* Wenn die Psychologen, die Psychiater und die verschiedenen Berater diese grundlegende Klassifizierung von Persönlichkeitstypen erlernen würden, kämen sie in ihren Bemühungen, die unendlich komplexen Kräfte, die für die Motivation und das Verhalten des Menschen eine Rolle spielen, zu enträtseln, einen großen Schritt weiter.

Das Element des Sonnenzeichens gibt uns auch einen Einblick in die Sichtweise, die ein Mensch vom Leben hat (d. h. in die Beschaffenheit seiner gesamten Wahrnehmung), und in die Erwartungen, die er ans Leben stellt. In seiner *Encyclopedia of Psychological Astrology* hat C. E. O. Carter die psychologischen Entsprechungen der Elemente in prägnanten Worten ausgedrückt, die es wert sind, hier wiedergegeben zu werden. Bezüglich der Feuerzeichen sagt er, daß das Selbst empfunden wird als »eine Projektion des Lebensprinzips in die Natur, die in Handlung umgesetzt wird«, und daß diese Zeichen nach »positiven Erfahrungen im Bereich des Handelns« suchen. Die Wasserzeichen empfinden das Selbst, projiziert auf die Natur, als »anfällig für Leiden und daher schutzbedürftig«. Er führt aus, daß die Wasserzeichen helfen, das Leben zu erhalten, indem sie sich »in die Gefühle anderer hineinversetzen« und daß diese Fähigkeit, sich auf die Gefühle anderer einzustellen, ein »hilfreicher Wächter oder ein listiger Feind« sein kann.

Die Erdzeichen sehen die Natur, nach Carter, als einen »Bereich für die Manifestation des Lebens« und ihre instinktive Ausrichtung auf die materielle Welt macht es ihnen möglich, das Leben durch die Nutzbarmachung und Beherrschung natürlicher Prozesse zu unterstützen. Die Luftzeichen betrachten die Natur als »etwas, das man verstehen, aber auch sich nutzbar machen muß, wobei das Verstehen die Bedingung für die vollständige und richtige Verwertung ist«. Das luftige Geistesprinzip dient deshalb der Förderung des Lebens, indem es einen Zugang zu den spontanen Naturvorgängen eröffnet. Das komplementäre Wesen der Luft- und Erdprinzipien kommt deutlich durch die gemeinsame Herrschaft von Venus, Merkur und Saturn in den Zeichen dieser beiden Elemente zum Ausdruck.

Schon allein auf der Ebene der energetischen Einstimmung kommen wir zu recht überraschenden Einsichten in das Wesen des Sonnenzeichen-Elements. An vielen Stellen seiner Biographie *Born to Heal* kommt der M. A. genannte Heilkundige, den wir schon früher erwähnt haben, auf die Notwendigkeit zu sprechen, daß jeder Mensch sein Energiefeld »nähren« muß. Wenn wir es vernachlässigen, die grundlegende Energie unseres Sonnenzeichens wieder aufzuladen (ebenso die Energien, die von der Elementen-Stellung der übrigen Planeten und dem Aszendenten angezeigt werden), merken wir, daß wir erschöpft, irritierbar und für physische und psychologische Störungen anfällig werden. Wir können diese Aufladung auf verschiedene Weise erreichen: durch intensive Beziehungen (darauf werden wir später noch zurückkommen), durch bewußte Einstimmung auf die erforderlichen Energien oder durch bestimmte Arten von Aktivitäten und Beschäftigungen im alltäglichen Leben. Das Sonnenzeichen-Element bedarf dieses Auftankens am meisten, da es die primäre Energie ist, die wir ständig verausgaben. In *Born to Heal* wird Mr. A. wiederholt zitiert, wie er auf die ernsten Konsequenzen hinweist, die entstehen, wenn wir es zulassen, in unserem notwendigen Elementen-Brennstoff geschwächt zu werden.

Wir alle haben schon von Menschen gehört, die »nicht in ihrem Element« sind, die, mit anderen Worten, in einem Aktivitätsbereich beschäftigt sind, der ihrer wahren Natur fremd ist. Ein luftiger Mensch z. B., der versuchen würde, seine intellektuellen Bedürfnisse zu verleugnen und seinen Lebensunterhalt als Handarbeiter zu verdienen, wäre wahrscheinlich nicht in seinem Element. Wenn er das nicht kompensieren würde, indem er sich in seiner Freizeit mit sozialen oder intellektuellen Aktivitäten beschäftigt, würde er sich nach und nach erschöpfen, da sein Luft-Element nicht wieder aufgeladen würde. Mit anderen Worten, das Element unseres Sonnenzeichens ist der Brennstoff, den wir brauchen, um uns lebendig zu fühlen. Es ist die Quelle unserer grundlegenden Vitalität und die Kraft, die uns befähigt, uns selbst neue Lebenskraft zu geben, um mit dem Streß und den Anforderungen des täglichen Lebens fertig zu werden. Obwohl es theoretisch kompensierbar ist, wenn man den Hauptteil seiner Zeit mit einer Arbeit, bei der man »nicht in seinem Element ist«, zubringt, muß doch jeder eine Arbeit finden, die seinem Element wirklich entspricht, wenn dieser Beruf ihn über lange Jahre hinweg befriedigen soll.

Im allgemeinen können wir unsere Batterien wieder aufladen, indem wir uns mit Aktivitäten beschäftigen, die uns mit dem nötigen Brennstoff versorgen. Die Wasserzeichen z. B. brauchen den Umgang mit anderen wässrigen Menschen und intensive emotionale Beteiligung bei allem, was sie tun. Diese Menschen können nicht distanziert sein von ihrer Erfahrung, und deshalb ist es wichtig, daß sie sich eine Arbeit und Aktivitäten aussuchen, die es ihnen erlauben, ihre Gefühle voll und ganz zum Ausdruck zu bringen. Die Feuerzeichen brauchen Begegnungen mit anderen feurigen Menschen, anfeuernde, inspirierende Ziele und Bestrebungen und eine aktive und physisch beanspruchende Arbeit. Die Erdzeichen müssen materielle Pflichten und Verbindlichkeiten übernehmen, denn die Herausforderungen in den Auseinandersetzungen mit der Welt stimulieren ihre besten Energien und befriedigen ihr Bedürfnis, sich durch praktische Erfolge zu bestätigen. Sie können sich auch durch engen Umgang mit anderen erdhaften Menschen wieder aufladen. Die Luftzeichen haben das Bedürfnis nach regelmäßigen Kontakten mit Gleichgesinnten, nach sozialem Austausch, der ihnen eine Ausdrucksmöglichkeit für ihre Ideen gibt, und nach einer Arbeit, die ihnen intellektuelle Freiheit und Anregung bietet.

Man kann sich auch bewußt auf die benötigte Energie einstimmen, indem man engen physischen Kontakt mit dem jeweiligen Element aufnimmt; denn die Erdzeichen bekommen auf ganz reale Weise ihre Energie von der Erde, die Luftzeichen beziehen ihre Kraft aus der Luft, die Wasserzeichen vom Fluß wässriger Gefühle oder vom Kontakt mit dem Wasser selbst und die Feuerzeichen von der Sonne und physischer Aktivität. Jeder, der die Wahrheit dieser Aussagen anzweifelt, hat ihre Wirklichkeit offensichtlich noch nicht in seinem Leben erfahren. Hellseher mit besonders verfeinerter Wahrnehmung haben mir berichtet, daß sie die Verwurzelheit eines Stiers in der Erde sehen können, ebenso die felsenfeste Standhaftigkeit eines Steinbocks, den weichen Fluß der Gefühlsempfindungen ähnlich einem Wasserfall beim Krebs, den plötzlichen Wechsel der Polarität wie bei elektrischen Stürmen beim Wassermann usw. Man kann also vom Kontakt mit seinem Sonnenzeichen-Element profitieren und Verjüngung und Erholung von den erschöpfenden Anforderungen des Lebens finden.

Um das zu erreichen, müssen die Erdzeichen von Zeit zu Zeit in der Erde wühlen, damit sie der Natur nahekommen und sich auf die Kraft des Wachstums in den Bäumen und Pflanzen einstimmen können. Um ein Beispiel dafür zu geben: Ich kannte einmal eine Doppelstier-Frau, die, ohne Kenntnis der Astrologie, herausgefunden hatte, daß sie am besten Frieden und Ruhe finden konnte, indem sie zu einem nahegelegenen Fluß ging und stundenlang im Schlamm spielte. Die Luftzeichen brauchen saubere, dünne, hochelektrische Luft für ihre Erholung, eine Qualität von Atmosphäre, die man in unseren Städten, feuchten Ebenen oder landwirtschaftlich genutzten Tälern niemals findet. Diese Art Luft gibt es besonders in den Bergen, wo sie nicht nur sauber, sondern auch ziemlich trocken und frisch ist. Ein Wassermann-Arzt, der mit mir befreundet ist, sagte, daß seiner Meinung nach die beste Höhe für Luftzeichen mindestens eine halbe Meile über dem Meeresspiegel liege, und daß er selbst deshalb in dieser Höhe lebe.

Die Wasserzeichen fühlen sich gewöhnlich wie in einer sterilen Wüste, wenn sie zu weit von einem Fluß, See oder Ozean entfernt leben. Sie fühlen sich psychisch und emotional am wohlsten, wenn sie die Gelegenheit haben, entweder regelmäßig in fließendes Wasser einzutauchen oder zumindest in der Nähe von Wasser zu sein. Einige Leser werden sich daran erinnern, daß der große amerikanische Hellseher Cayce herausgefunden hatte, daß seine medialen Fähigkeiten effektiver arbeiteten, wenn er in der Nähe von Wasser lebte, was ihn dazu brachte, in die Nähe des Ozeans nach Virginia Beach zu ziehen. Cayce hatte die Sonne in den Fischen, und in seinen parapsychologischen Lesungen findet man viele Hinweise auf die günstige Wirkung, die ein Aufenthalt nahe dem Wasser auf mediale oder metaphysische Arbeit hat.

Die Feuerzeichen müssen draußen im Sonnenschein sein und das von der Sonne ausstrahlende Feuer in sich aufnehmen. Außerdem müssen sie physisch immer aktiv bleiben, um ihre feurige Energie umzusetzen. Ein Feuerzeichen, das für lange Zeit eingesperrt bleiben muß oder keine Gelegenheit zu *anstrengender* körperlicher Betätigung hat, wird sich schon bald wie ein Sterbender fühlen. Deshalb hat eine schwächende Krankheit oder ein Unfall für Feuerzeichen oft so ernste psychologische Konsequenzen. Viele Leser haben wahrscheinlich bemerkt, daß alle Feuerzeichen ihren Höhepunkt an Energie haben, solange die Sonne noch am Himmel steht, während sie nach Einbruch der Dunkelheit nicht wissen, was sie mit sich anfangen sollen. Diese Feuerenergie kann auch während der Sommermonate angesammelt und dann später während der kalten Jahreszeit verbraucht werden. Ich erinnere mich an eine Löwe-Frau, die mir erzählte, daß sie niemals während des Winters krank war, wenn sie im vorhergehenden Sommer viel draußen in der Sonne gewesen war. Während eines Sommers jedoch mußte sie wegen ihrer Arbeit praktisch die ganze Zeit im Hause verbringen, und im folgenden Winter war sie ununterbrochen krank.

Der Psychologe Ralph Metzner ist einer der wenigen in seinem Fach, der die Elemente in ihrer Beziehung zu Persönlichkeitstypen erforscht hat. Während seiner Zeit an der Stanford University hat Metzner kleine Encounter-Sitzungen mit Leuten verschiedener Elementen-Kombination abgehalten. Nach einiger Erfahrung mit diesen Experimenten, und nachdem er die astrologischen Beziehungen der Elemente gründlich studiert hatte, kam Metzner zu dem Schluß, daß die vier Elemente Menschentypen symbolisieren, die »Erfahrung verschieden schnell« und auf verschiedene Arten umsetzen. Diese unterschiedliche Verarbeitung ihrer Erfahrungen läßt diese vier Menschentypen mit Konflikten oder Hindernissen in ihrem Leben auf unterschiedliche Weise umgehen. Die Luftzeichen neigen dazu, sich über einen Konflikt zu erheben und ihn zu umgehen. Obwohl sie sich später über den Menschen, der ihnen die Schwierigkeiten gemacht hat, ärgern, werden sie im aktuellen Geschehen sicherlich reizend mit ihm umgehen. Die Wasserzeichen verabscheuen ebenfalls alle Formen von Konflikt (mit Ausnahme einiger Skorpione). Sie ziehen es vor, unter, über oder um sie herum zu fließen oder, wenn alles nichts hilft, die Sache oder den Menschen, der ihnen im Wege steht, langsam »wegzuspülen«. Skorpione jedoch suchen oft Herausforderungen und Probleme auf, da sie unbewußt wissen, daß solche Schwierigkeiten ihre größten Stärken und Reserven hervorlocken. Die meiste Zeit werden Skorpione jedoch in einer bedeutungsschwangeren Stille verweilen, unnötige Konflikte vermeidend.

Die Erdzeichen halten in ihrer ziemlich sturen Art Konflikte für unter ihrer Würde, und sie ziehen es vor, die volle Wucht eines Problems langsam zu absorbieren. Wenn sie jedoch mit dem Rükken zur Wand stehen, sind sie fähig, mit aller Kraft auf das Hindernis einzuschlagen. Dies gilt besonders für den Stier, das fixe Erdzeichen, der niemals den Konflikt sucht, der aber erstaunlicher Kraft und Wut fähig ist, wenn man ihn zu weit treibt. Die Feuerzeichen versuchen Hindernisse zu überwältigen, sie auszubrennen, oder sie durch eine Demonstration ihrer Macht zu verscheuchen. Sie zeigen selten ein Verhalten, das man als taktvoll bezeichnen könnte. Lois H. Sargent mißt in ihrem ausgezeichneten Buch über Horoskopvergleiche *How to Handle Your Human Relations* den Elementen große Bedeutung bei als einer Möglichkeit zu verstehen, wie verschieden Menschen an die Lösung ihrer Probleme herangehen. Sie schreibt, daß die Feuerzeichen auf eine Situation mit Intensität reagieren, »Probleme durch direktes Handeln lösen wollen und mehr zu Impulsivität als zu Behutsamkeit neigen. Die Erdtypen sind von dem Wunsch nach praktischen und brauchbaren Ergebnissen motiviert. Sie haben meistens einen ausgeprägt gesunden Menschenverstand, ob sie ihn gebrauchen ist eine andere Frage. Die Luftzeichen überlegen sich die Dinge gut und denken im allgemeinen erst, bevor sie handeln. Die Wasserzeichentypen sind beeindruckbar, empfindsam und intuitiv. Sie neigen dazu, auf Umstände zu warten, die sie bei der Lösung ihrer Probleme leiten.«

Ein Verständnis der Elemente kann, wie wir gesehen haben, auf vielfältige Weise unsere Selbsterkenntnis bereichern, uns zeigen, wie wir am besten mit uns selbst auskommen, unsere Bedürfnisse erfüllen und unser Energiefeld neu beleben können. Die Elemente geben uns auch Hinweise darauf, wie wir unsere Energien am vorteilhaftesten kontrollieren und lenken können. Der mittelalterliche Arzt und Astrologe Paracelsus, ein Mann, den Jung für einen Wegbereiter der modernen Psychologie hielt, schrieb jedem Element einen bestimmten Naturgeist zu. Diese Geister oder ihre Variationen findet man weltweit in der gesamten Mythologie. Sie symbolisieren bildhaft, wie die Elemente wirken. Dies ist nicht der Ort, näher auf die Frage einzugehen, wie »real« solche Geister sind, aber eine kurze Zusammenfassung der Aussagen des Paracelsus dazu wird ein Licht darauf werfen, wie wir mit diesen Kräften umgehen können. Die *Undinen* wurden als die Geister des Wassers angesehen, und Paracelsus sagte, daß man sie durch Festigkeit kontrollieren müsse. Wir sehen also, daß wässrige Menschen sich selbst gegenüber fest sein müssen und auch, daß Festigkeit oft die beste Art ist, mit diesem Menschentyp umzugehen, besonders wenn seine Gefühle außer Kontrolle geraten sind. Man sagte: die Geister der Luft seien die *Sylphen*, und sie könnten durch Beständigkeit kontrolliert werden. Es ist klar, daß eine bestimmte, beständige Haltung im Leben den Luftzeichen sehr gut täte. Es ist schwierig für die Luftzeichen, eine Verpflichtung mit fester Entschlossenheit einzugehen, aber es ist ein wichtiger Schritt für ihre Entwicklung.

Die Geister des Feuers sind die *Salamander*, und sie können hauptsächlich durch Gelassenheit kontrolliert werden. Mit anderen Worten, die Feuerzeichen können ihre extremen Energieausbrüche zügeln, indem sie bewußt einen ruhigen, gelassenen Zustand des Einverstandenseins kultivieren. Wenn die Feuerzeichen die Kunst der ruhigen Annahme des Lebens im Hier und Jetzt lernen könnten, würden sie eine Menge Streß und Energievergeudung vermeiden. Die Erdgeister sind die *Gnome*, die durch heitere Großzügigkeit kontrolliert werden können. Heitere Großzügigkeit ist offensichtlich nicht eine Eigenschaft, die man gemeinhin bei Erdzeichen findet, und es ist daher sicher ein Gewinn für sie, etwas davon zu entwickeln. Und ich möchte hinzufügen: Die größte Stärke und Ausstrahlung der Erdzeichen kommt erst dann zum Vorschein, wenn sie diese Eigenschaft in ihr Wesen aufgenommen haben.

Dies ist nicht der Ort, die Funktion der Elemente in den verschiedenen Zweigen der Heilkunst im Detail zu beschreiben, aber es ist doch wert, kurz darauf einzugehen, um einen weiteren Einblick in die lebendige Realität dieser Kräfte zu geben. Denn durch direkte Erfahrung mit der Realität der Elemente bei ihrer Verwendung in der Heilkunst kann man ihre Kraft und Wirkung auf jeder Ebene des Lebens tatsächlich am offensichtlichsten erkennen. Ich habe bereits erwähnt, wie Mr. A. die grundlegenden Lebenskräfte in seine heilende Tätigkeit mit einbezog und Leser, die Interesse an einer weitergehenden Beschäftigung mit seinen Ideen haben, verweise ich auf *Born to Heal*. Dr. Stones Arbeit wurde auch schon erwähnt, und eine vollständige Abhandlung seines »Polaritätstherapie« genannten therapeutischen Systems würde viele Bände beanspruchen. Mehr als jeder andere westliche Arzt hat Dr. Stone eine vollständige Wissenschaft von den vier Elementen umrissen in einer Weise, die diese Kräfte der Behandlung zugänglich macht, wenn sie ins Ungleichgewicht geraten sind. Dr. Stone hat zwar eine Reihe von Büchern geschrieben, aber die meisten von ihnen sind für den Laien zu fachspezifisch. Einige Bücher sind jedoch auch für jedermann verständlich, wobei *Energy: The Vital Principle in the Healing Art* die sorgfältigste Erklärung der Elemente beinhaltet. (Eine weitergehende Erklärung der Polaritätstherapie und ihrer Beziehungen zur Astrologie findet sich in Anhang C.)

Viele der Ideen von Dr. Stone stammen aus der indischen ayurvedischen Medizin, einer sehr alten Heilmethode, die vollständig auf der Beziehung der Elemente zu Nahrungsmitteln, Wetter, Körperübungen, Arzneien und verschiedenen Arten von Aktivitäten beruht. Chinesische Akupunktur ist eine andere Richtung der Heilkunst, die auf der Theorie der Elemente aufbaut, und jeder, der eine Behandlung dieser Art bekommt, kann die Wirklichkeit eines äußerst mächtigen Energieflusses erfahren, wenn bestimmte Punkte gereizt werden, um einen bestimmten Energiekanal (oder »Meridian«), der blockiert oder im Ungleichgewicht war, zu öffnen. Wer sich mit Hatha Yoga beschäftigt wird auch dort der Theorie der Elemente und ihrer Beziehung zu bestimmten Energiezentren (oder »Chakren«) entlang der Wirbelsäule begegnen, und wer diesen Yoga mit Ausdauer praktiziert, kann die Wirklichkeit der Elemente in seinem eigenen Leben mit großer Unmittelbarkeit erfahren. Dr. William Davidson, dessen *Lectures on Medical Astrology* es wert sind gelesen zu werden, war ein homöopathischer Arzt, der in seinen Lesungen ausgiebig auf die Bedeutung der Elemente eingegangen ist. In seinen veröffentlichten Lesungen findet man viele Hinweise auf psychologische Probleme, die durch die Betonung eines bestimmten Elements im Geburtshoroskop auftreten.

All diesen therapeutischen Systemen liegt die Vorstellung zugrunde, daß die Elemente die vitalen Kräfte sind, die uns auf jeder Ebene des Daseins beleben. So schrieb der amerikanische Kräuterkundler Samuel Thompson im 19. Jahrhundert:

> Alle Körper bestehen aus vier Elementen – Erde, Luft, Feuer und Wasser. Ein Zustand von Gesundheit ergibt sich aus der richtigen Balance und Verteilung dieser vier Elemente, und Krankheit entsteht, wenn sie in Unordnung geraten.

Die Theorie des Mittelalters und der Renaissance von den vier Körpersäften (Galle bzw. gelbe Galle, Blut, Phlegma und schwarze Galle) basierte auf einer ähnlichen Vorstellung und war mit den Elementen der Astrologie verknüpft. Nach dieser Theorie war ein Mensch dann gesund und von ausgeglichener Persönlichkeit, wenn diese vier Körpersäfte in genau dem richtigen Mischungsverhältnis vorhanden waren. Man glaubte, daß schon ein leichtes Überwiegen eines Körpersaftes oder Elements (was bei jedem von uns der Fall ist, wie man in den Geburtshoroskopen sehen kann) nicht nur die physischen Merkmale, sondern auch Charakter und Temperament eines Menschen beeinflußt. Spuren dieser alten Anschauungen finden sich immer noch in unserer Sprache, denn das Wort *complexion* (Charakter) bedeutet »ineinander verschlungen« und das Wort »*Temperament*« stammt vom lateinischen »temperamentum« und bedeutet »Mischungsverhältnis«.

Diese alten Ideen wurden von den meisten Wissenschaftlern und Ärzten belächelt, bis vor einiger Zeit die Entdeckung orientalische Heilmethoden und das Wiederaufleben von pflanzlichen und homöopathischen Methoden die aufgeschlossenen unter ihnen zwang, diese lange vernachlässigten Ideen mit neuen Augen zu betrachten. Wenn wir wirklich aus diesen vier Grundenergien bestehen, ist es sinnvoll, die Behandlung bestimmter Krankheiten auf die Elementen-Betonung eines Individuums abzustimmen. Ein moderner Arzt, der begonnen hat, sich in dieses Thema zu vertiefen, ist Dr. Aubrey T. Westlake, M. D., Autor des Buches *The Pattern of Health*. Dr. Westlake sagt in seinem Buch, daß »Krankheit in ihrem Ursprung nicht körperlich ist«, sondern vielmehr das Ergebnis einer Störung des freien und ungehinderten Flusses der grundlegenden Lebensenergien und der daraus resultierenden »aufstauenden Blockierung, Abtrennung, Veränderung und Verzerrung« dieser Energien. Erst dann, so schreibt er, entstehen bestimmte Bedingungen des Mangels, des Ungleichgewichts, der Wucherung etc., und wir nennen es Krankheit. Dr. Westlake bezeichnet die Elemente als die »formativen Äther« und sagt, daß »der freie Fluß und das harmonische und ausgewogene Zusammenspiel all dieser Kräfte das konstituiert, was wir den Zustand der Gesundheit oder Ganzheit nennen.« In Formulierungen, wie man sie ähnlich auch in Dr. Stones Schriften findet, fährt Dr. Westlake fort:

> Noch nie wußten wir so viel über Krankheit und pathologische Bedingungen – und so wenig über Gesundheit und Ganzheit. Die moderne Medizin ist wirklich in einem Teufelskreis, und es gibt keinen Ausweg, solange wir fortfahren in rein materialistischen Begriffen zu denken. Um einen Ausweg aus dieser Sackgasse zu finden, ist es wesentlich, daß wir anfangen anzuerkennen, daß es tatsächlich Kräfte gibt, die hinter den Manifestationen der Materie liegen.

Was hat all dies mit Astrologie zu tun? Durch die Anwendung der Astrologie im richtigen Verständnis der Wirkungsweise der grundlegenden Energien (oder Elemente) können wir feststellen, welche Elemente zuviel, zuwenig oder unausgewogen vorhanden sind, oder welche wahrscheinlich eine Quelle von Problemen, körperlich wie geistig, sein werden. Dr. Westlake schreibt:

> Hier haben wir zum ersten Mal die Möglichkeit, eine wirklich präventive Medizin auszuüben, da wir jetzt diese Abweichungen von der Norm entdecken können, bevor sie sich körperlich manifestiert haben – eine frühe Stufe, auf der sie sehr gut zu behandeln sind – oder bevor sie sich in einem Muster festgesetzt haben, das wir als pathologische Krankheit kennen, und das nicht mehr so leicht beeinflußbar ist.

# Die Elemente in der Interpretation

Die Interpretation von Horoskopen bekommt eine neue und tiefere Bedeutung, wenn das Hauptgewicht auf die Elemente gelegt wird; denn auf diese Weise beschäftigt man sich direkt mit den spezifischen Lebensenergien, statt sich auf die Manifestationen dieser Energien im äußeren Verhalten und den Persönlichkeitsmerkmalen zu konzentrieren. Wie wir schon vorher erwähnt haben, ist jedes Individuum sozusagen aus allen vier Elementen zusammengesetzt. Ein Mensch kann nicht existieren, wenn auch nur eins der Elemente fehlt, denn dann müßte er völlig auf die Funktion dieser Energie, sowohl psychologisch wie körperlich, verzichten. Die Elemente, die in einem Geburtshoroskop durch Planetenbesetzung und Aszendent am meisten betont sind, lassen die Hauptenergien und Eigenschaften erkennen, auf die man *bewußt* eingestimmt ist. Solche dominanten Elemente zeigen, womit man »in Kontakt steht«, und mit welchen Energien man daher im alltäglichen Leben leicht umgehen und an welchen Erfahrungsbereichen man ganz natürlich und spontan teilhaben kann. Unterbetonte Elemente im Horoskop weisen auf bestimmte Lebensbereiche hin, mit denen man keinen bewußten Kontakt hat, und enthüllen so eine Orientierung, die man bewußt kultivieren und entwickeln muß, um die minimale Teilhabe an diesen Erfahrungsbereichen zu erreichen, die für ein abgerundetes und erfülltes Leben nötig sind.

Man kann eine Menge über einen Menschen erfahren, indem man einfach jedes herausragende Ungleichgewicht der Elemente in seinem Horoskop analysiert. Es ist nicht ungewöhnlich, daß man auf diese Weise ein bestimmtes Lebensproblem herausfindet, das einem Menschen sein ganzes Leben (bewußt oder unbewußt) zu schaffen gemacht hat, und die gesteigerte Bewußtheit über sein angeborenes Ungleichgewicht kann ihm dabei helfen, einen sinnvolleren Kontakt mit den Erfahrungsbereichen herzustellen, die ihm bis dahin fremd waren. Natürlich kann man seine Prägung nicht einfach durch eine Analyse und Diskussion des Problems ändern, aber man kann damit anfangen, die Tatsache zu akzeptieren, daß es Tätigkeitsbereiche und Menschentypen gibt, die einem etwas vermitteln können, was man lebensnotwendig braucht. Auf der anderen Seite neigen Menschen, die eine Überbetonung eines bestimmten Elements im Geburtshoroskop aufweisen, dazu, diesen Erfahrungsbereich zu überschätzen, zum Schaden ihrer potentiellen Ganzheit.

Wenn man ein Horoskop auf das Gleichgewicht der Elemente hin analysiert, ist das am stärksten dominante Element meistens – aber nicht immer – das des Sonnenzeichens. Am zweitwichtigsten sind die Elemente von Mond, Aszendent und Mars. Dann kommen die Elemente von Venus und Merkur und zuletzt in der Rangfolge der Wichtigkeit Jupiter und Saturn. Die Elemente von Uranus, Neptun und Pluto haben sehr wenig mit der *bewußten* Orientierung eines Individuums zu tun, sie weisen jedoch auf unbewußte Faktoren hin, welche die gesamte Generation, zu der das Individuum gehört, bewegen. Für alle praktischen Belange sollten die Elemente, die durch die Stellung der transsaturnischen Planeten angezeigt werden, jedoch in einer solchen Bewertung vernachlässigt werden. Ich sollte noch hinzufügen, daß das Element des Planeten, der den Aszendenten regiert und das Element des Sonnenzeichenherrschers besonders betont sind, wenn dieser Planet nicht Uranus, Neptun oder Pluto ist. Wenn man z. B. den Aszendent Skorpion hat, bekommt das Element des Mars mehr Gewicht, aber nicht das des Pluto, des Mitregenten im Skorpion. Die Elementen-Stellung des Herrschers über das Aszendentenzeichen ist von solch einer vitalen Bedeutung und hat eine so prägende Kraft im Leben eines Individuums, daß man dieses Element immer als stark betont ansehen sollte. Jemand mit Aszendent Waage z. B. und Venus im Krebs, aber keinen anderen Planeten in Wasserzeichen, wäre stark beeinflußt vom Wasserelement und würde viele der diesem Element zugeschriebenen Eigenschaften deutlich zum Ausdruck bringen. Mit anderen Worten, dieser Mensch wäre sehr stark von emotionalen Bedürfnissen motiviert und würde nach Möglichkeiten suchen, empfindsame Gefühle und Neigungen und das mitfühlende Wesen des Krebses auszuleben; auch dann, wenn Sonne, Mond und Aszendent in Luftzeichen wären.

Die Konzentration auf das Element des Aszendentenherrschers eröffnet dem Astrologen den Zugang zu einer primären, motivierenden Kraft im Menschen, die man leicht übersehen könnte, wenn man bei der Bestimmung der dominanten Elementen-Prägung lediglich die Zahl der Planeten in einem Element addieren und ihnen gleiches Gewicht geben würde. Die eben erwähnte Praktik wird von vielen Astrologen aufs Geratewohl angewandt, und die daraus entstehende Ungenauigkeit ihrer Beurteilung zwingt sie, nach allen möglichen »esoterischen« Gründen für die beobachteten Eigenschaften des Menschen, mit dem sie sich beschäftigen, zu suchen. Wie immer in der Praxis der Astrologie hat man es auch hier nicht nötig, sich auf die – von ihren Vertretern hochgelobten – Myriaden von sekundären Techniken zu verlassen, wenn man die Grundlage wirklich gelernt und ihre dynamische Funktion auf der energetischen Ebene *verstanden* hat.

Ein Beispiel für die Stärke der Elementenstellung des Sonnenzeichenherrschers kann diese Vorgehensweise noch verdeutlichen. Vor nicht allzulanger Zeit bearbeitete ich das Horoskop einer Frau mit Sonne, Mond, Venus, Uranus, Jupiter und Merkur im Widder. Natürlich würde man mit Recht annehmen, daß solch ein Mensch sehr deutlich feurige Eigenschaften zeigt. Es wäre leicht, diesen Menschen als auf typische Widderart unsensibel selbstzentriert zu beschreiben, wenn man nicht berücksichtigen würde, daß Mars, der Herrscher des Widder, in den Fischen steht (als *einziger* Planet in einem Wasserzeichen). Daß jedoch der »Dispositor« all dieser Widder-Planeten in einem Wasserzeichen steht, mildert die Wirkung der feurigen Triebhaftigkeit des Widders und gibt der Selbstdarstellung dieses Menschen eine Empfindsamkeit, die man bei jemandem mit all diesen Planeten im Widder sonst nicht finden würde.

Bei der Analyse des Gleichgewichts oder Ungleichgewichts der Elemente im Horoskop eines Individuums sollte man daher keine vorschnellen Verallgemeinerungen treffen. Ein Horoskopfaktor kann den Ausdruck des gesamten Energiefeldes verändern, und ich trete daher mit Nachdruck dafür ein, daß Astrologen, die lediglich die Zahl der Planeten in jedem Element addieren, diese Praxis überdenken und aufrichtig ihre Grenzen und ihre Anfälligkeit für nicht vertretbare Schlüsse in Erwägung ziehen sollten. Das Ideal, das wir uns bei der Bewertung der Elementenbetonung im Horoskop wünschen, ist, daß wenigstens eine gewisse Einstimmung auf jedes Element vorhanden ist, weil uns das die Fähigkeit gibt, eine ausgewogene Haltung dem Leben gegenüber und eine direkte Teilhabe an allen Erfahrungsbereichen zu entwickeln. Natürlich haben nur sehr wenige Menschen dieses ideale Gleichgewicht, aber sein Fehlen sollte nicht unbedingt als eine negative Eigenschaft der Lebenshaltung eines Menschen beurteilt werden. Menschen sind fähig, ihre Mängel und Schwächen zu kompensieren und können die Eigenschaften und Einstellungen bewußt kultivieren, die ihnen nicht von Geburt an mitgegeben worden sind. Das Gleichgewicht der Elemente sollte von daher als eine Richtlinie für weiteres Wachstum angesehen werden und nicht als ein Faktor, der notwendigerweise ein Leben lang die Selbstverwirklichung beschränkt.

Wenn man zuwenig Betonung der Feuerzeichen hat, fehlt es an feuriger Energie, und die Verdauung ist wahrscheinlich schwach. Zu wenig Feuer manifestiert sich meistens als ein Mangel an Inspiriertheit und als Tendenz, dem Leben selbst nicht zu trauen. Es fehlt oft deutlich an Lebensfreude, und der Mensch bringt keinen Glauben und Optimismus auf. Auch das Selbstvertrauen kann geschwächt sein, und man findet oft eine Tendenz zu Mutlosigkeit und mangelnder Bereitschaft, den Aufgaben des Lebens zu begegnen. Herausforderungen erschrecken diese Menschen oft, und sie brauchen viel Zeit, um ein größeres Lebensproblem zu überwinden, da die psychologischen Nacheffekte noch sehr lange andauern, wenn die Erfahrung schon ihren Höhepunkt überschritten hat. Ein Mangel an Feuer weist fast immer auf ein gewichtiges Problem hin, das sich in der Art und Weise äußert, wie jemand ans Leben herangeht. Anstrengende körperliche Betätigung kann die feurige Energie stimulieren und ist für diesen Menschentyp unbedingt zu empfehlen.

Auf die Diät sollte auch sorgfältig geachtet werden, besonders wenn jemand einen Mangel an Erde hat, da er dann nicht die Verdauungskräfte besitzt, schwere, konzentrierte Nahrung aufzuschließen. Aber alles, einschließlich körperlicher Übungen und Essensgewohnheiten, sollte mit Mäßigung betrieben werden, damit die vorhandenen Energien nicht überfordert werden. Diese Menschen haben jedoch oft sehr viel Geduld, und ein starker Mars oder eine Sonnenbetonung können einen gewissen Ausgleich herstellen.

Zu starke Feuerbetonung wird von einem Menschen selten als Problem empfunden und oft erst dann, wenn es zu spät ist, etwas daran zu ändern. Sie könnte z. B. als ein Sich-Verzehren auftreten, das nur noch die ausgehöhlte Schale eines Menschen zurückläßt, besonders wenn Alkohol- oder Drogenmißbrauch mit im Spiel ist. Diese Menschen neigen dazu, ruhelos und überaktiv zu sein und sind übertrieben darum bemüht, daß immer irgend etwas in der Welt geschieht. Zuviel Feuer kann auch zu Problemen im Umgang mit anderen führen, da durch die Impulsivität, die Selbstzentriertheit und den ungezügelten Drang, direkt und um jeden Preis zu handeln, ein extrem unsensibles rücksichtsloses Verhalten anderen gegenüber entstehen kann. (Dies könnte durch genügend Wasser oder Luft im Horoskop ausgeglichen werden.)

C. E. O. Carter beurteilt dieses Ungleichgewicht mit folgenden Worten:

Unter schlechten Bedingungen läßt sich diese Kraft nicht mehr kontrollieren und führt dazu, daß diejenigen, die unter ihrem Einfluß stehen, wild, ungestüm, extravagant und übertreibend, leidenschaftlich und rücksichtslos, überheblich und selbstgefällig werden. Wir finden primitive Züge und eine ausgesprochene Tendenz zu Aufgeblasenheit, Prahlerei, Eitelkeit, und eine Vorliebe für Prunk und Pomp.

Im Positiven sind die stark feuerbetonten Menschen selbstmotivierte Draufgänger, die oft erfolgreich neue Unternehmungen, Projekte und idealistische Vorhaben beginnen und vorantreiben, die ungeheueren Einsatz, Mut und Energie fordern.

### Ungleichgewicht der Erde

Menschen mit zu geringer Betonung des Erdelements haben keinen natürlichen Kontakt zur physischen Welt, zum physischen Körper und zu den Begrenzungen und Erfordernissen, die durch die Notwendigkeit, auf der materiellen Ebene zu überleben, entstehen. Sie können daher leicht »über den Wolken schweben«, da sie nicht im Hier-und-Jetzt-Bewußtsein ihrer Abhängigkeit von materiellen Dingen wie Nahrung, Geld, Unterkunft und anderen praktischen Belangen verwurzelt sind. Ein solcher Mensch wird oft die Bedingungen für das Überleben in der materiellen Welt ignorieren und dazu neigen, sich gegen das »Erwachsen-werden« und die Anpassung an die rauhen Notwendigkeiten zu wehren, bis er schließlich durch den Ansturm der Realitätsforderungen, die er so gern verdrängt hätte, dazu gezwungen wird. Dieser Mangel an Kontakt mit der materiellen Welt und der physischen Dimension der Realität kann zur Folge haben, daß jemand sich völlig fehl am Platz in dieser Welt fühlt, ohne Standfestigkeit und Verwurzeltheit, die ihm Halt und Festigkeit in seinen Bemühungen um Selbstverwirklichung geben könnten. Er hat oft das Gefühl, daß es für ihn keinen Platz gibt, daß er auch nicht in die kleinste Nische in der Gesellschaftsordnung paßt, und er hat es oft schwer, eine befriedigende Lebensaufgabe zu finden. Dieses Gefühl, in der Welt fehl am Platz zu sein, birngt diese Menschen oft dazu, nach der direkten Erfahrung einer anderen Dimension des Lebens zu suchen, die ihnen wirklicher erscheint, wie z. B. in die Welt der Imagination einzutauchen oder einen spirituellen Weg zu verfolgen, um die Begrenzungen der materiellen Welt ein für allemal zu überschreiten. Mit anderen

Worten, der Mangel an Erde kann auch sehr positive Effekte haben, denn ein solcher Mensch akzeptiert keine Beschränkungen des Möglichen, weder spirituell, noch in seinen kreativen Unternehmungen. Die Imagination hat freie Bahn, und das kann manchmal zu fruchtbaren Ergebnissen führen, aber nur, wenn derjenige zumindest gelernt hat, die grundlegenden Erfordernisse des irdischen Lebens zu akzeptieren.

Ein Erdmangel kann auch dazu führen, daß die Notwendigkeiten des physischen Körpers ignoriert werden. Solchen Menschen erscheinen ihre körperlichen Bedürfnisse ziemlich sekundär, wenn sie diese überhaupt beachten, und so vergessen sie oft, regelmäßig zu essen, sich zu bewegen und sich auszuruhen. Man sieht bei ihnen oft eine blasse Hautfarbe, ein Zeichen dafür, daß die Lebensenergie ihren Körper nicht sehr stark durchströmt, während diejenigen mit starker Erdbetonung ausgesprochen fettige und aktive Haut mit einer guten Tönung und Farbe aufweisen. Menschen mit einem Mangel an Erde können sehr davon profitieren, wenn sie ganz bewußt einen regelmäßigen Zeitplan in ihrem Leben einrichten, mit festen Zeiten fürs Essen in entspannter Atmosphäre, für mäßig anstrengende Körperübungen und ausreichende Ruhezeiten. Mit anderen Worten, durch die bewußte Annahme der Begrenzungen der physischen Welt können sie diese meistern und von der erhaltenden Kraft der Erde Gebrauch machen. Ich glaube, es ist wichtig, hier noch darauf hinzuweisen, daß bei einem Mangel an Erde in einem Horoskop starke Saturnaspekte die problematische Seite dieses Ungleichgewichts in vieler Hinsicht ausgleichen können.

Menschen mit einer starken Betonung des Erdelements neigen dazu, sich zu sehr darauf zu verlassen, wie die Dinge nun einmal sind oder zu sein scheinen. Dadurch kann eine engstirnige Sichtweise entstehen und eine ausschließliche Beschäftigung mit dem, was »geht«. Es fehlt ihnen das Streben nach Idealen und sie haben oft einen ausgesprochenen Mangel an Vorstellungskraft. Der frühere Präsident Nixon (mit Aszendent Jungfrau und einer Steinbock-Sonne) ist ein gutes Beispiel für jemanden, der praktische Effektivität und materielle Belange überbetont hat zum Schaden von theoretischen und ethischen Prinzipien. Diese Menschen verlieren leicht die Übersicht über ihre Handlungen und die Konsequenzen ihrer Methoden (es sei denn, sie haben eine Luftbetonung, die das ausgleichen kann). Natürlich haben Menschen mit einer starken Erdprägung meistens eine beachtliche Stärke und Effektivität, und sie müssen ihre Energie in eine Arbeit einbringen, die entsprechende Anforderungen an sie stellt. Aber die Welt der Arbeit und der praktischen Angelegenheiten kann ihr gesamtes Leben so sehr beherrschen, daß eventuell ihr ganzes Selbstwertgefühl ins Wanken gerät, wenn ein unvorhergesehener Wechsel in ihrer beruflichen Tätigkeit eintritt. Oft haben diese Menschen einen ganz besonderen Zynismus und Skeptizismus, Eigenschaften, die unvermeidlich entstehen, wenn man keine Ideale oder Inspirationen hat, um dem Leben Bedeutung zu geben. Eine starke Betonung des Neptun oder zu einem gewissen Grad auch des Jupiter kann ihnen helfen, ihre praktische Veranlagung in eine Richtung zu leiten, welche die negativen Eigenschaften dieses Ungleichgewichts transzendiert.

### Ungleichgewicht von Luft

Diejenigen, die in ihrem Horoskop zuwenig Luftbetonung haben, sehen dies selten als ein Problem an, denn sie sind zu stark in Anspruch genommen von ihren Handlungen, Gefühlen oder materiellen Belangen, als daß sie die Folgen ihrer Verwicklungen noch sehen könnten. Doch es ist gerade dieser Mangel an Erkenntnis, diese Unfähigkeit, über das Leben und sich selbst zu reflektieren, die diesen Menschen Probleme schafft. Es fällt ihnen schwer, Abstand von ihrem persönlichen Handeln zu gewinnen, und so fühlen sie sich oft belastet durch Verwicklungen, die vorher nicht genügend in Betracht gezogen wurden, oder auch durch den unbefriedigenden Verlauf ihrer engen Beziehungen, der daraus entsteht, daß sie nicht in der Lage sind, wirklich mit jemandem zusammenzuarbeiten. Das Element Luft ist eine vereinigende Qualität und befähigt einen Menschen, sich mühelos und schnell an neue Ideen und verschiedene Typen von Menschen anzupassen. Der Mangel an Luft kann zu einem Mißtrauen gegen jeden führen, der »intellektuell« zu sein scheint. Ein gutes Beispiel dafür ist der Gouverneur Wallace, in dessen Horoskop vor allem Feuer und Erde betont sind. Seine früheren Kampagnen waren vor allem durch ihre ständige Kritik an »spitzköpfigen Intellektuellen« gekennzeichnet. Mit anderen Worten, diese Menschen mißtrauen oft denen, die zuviel zu denken scheinen. Eine starke Merkurbetonung kann dieses Ungleichgewicht bis zu einem gewissen Grad ausgleichen.

Der Einfluß von Luft bewirkt, daß man sich leicht einen Überblick über etwas verschaffen kann. Diejenigen mit einem Mangel an Luft aber können sich nur schwer ein Bild von sich selbst machen und einen objektiven Standpunkt beziehen. In der Regel versuchen sie nicht, sich zu analysieren (wenn nicht eine Jungfraubetonung dies ausgleicht), und sie tun sich selten durch Urteilsfähigkeit und artikulierte Selbstdarstellung hervor. Manchmal weist das Nervensystem Schwächen auf, und die mangelnde Fähigkeit, sich neuen Ideen schnell anzupassen, kann in einigen Fällen zu psychosomatischen Störungen führen. Diese Menschen können sogar gewalttätig reagieren, wenn sie mit Ideen konfrontiert werden, die sie geistig und emotional nicht verarbeiten können. Ihre physische Reaktion auf unannehmbare Ideen oder ihnen fremdartigen Menschen bedeutet eine solche Erschütterung für sie, daß sie entweder körperlich krank werden oder völlig irrational um sich schlagen, um den Ursprung dieser Bedrohung zu vernichten.

Diejenigen mit einer zu starken Betonung des Luftelements haben einen hyperaktiven Geist, der gelenkt und kontrolliert werden muß. Dies ist ein Menschentyp, der »in seinem Kopf lebt«, und wenn er wenig Erde oder Feuer hat, die ihn zur Verwirklichung seiner Ideen motivieren könnten, wird aus ihm ein Dilettant in allen möglichen Merkwürdigkeiten, der keine große Wirkung hat und nicht viel Tiefe entwickelt. Diese Menschen können nichts tun ohne erst darüber nachgedacht zu haben, und das kann im Extremfall zu einer Lähmung des Willens und zu ernsten psychologischen Störungen führen. Das Denken kann mit ihnen durchgehen und sie auf der einen Seite in eine Welt der Imagination und begrifflichen Brillianz führen, auf der anderen Seite aber auch zu einer Vorstellung von »Realität«, die völlig den Kontakt mit dem Möglichen verloren hat. Mit der richtigen geistigen Disziplin kann dieser Menschentyp ein Erneuerer im Reich der Gedanken sein. (Davon zeugt auch die Tatsache, daß mehr Nobelpreisträger die Sonne in einem Luftzeichen hatten als in jedem anderen Element.) Er hat oft eine besondere Begabung für Koordinierungsaufgaben zwischen unterschiedlichen Menschen.

Im Physischen kann dieser Menschentyp so sehr den Kontakt mit seinem Körper verloren haben, daß er sich von seinem Geist so lange weitertreiben läßt, bis er völlig erschöpft ist. Das Nervensystem ist stark aktiviert und hochempfindsam, und diese Menschen erschöpfen ihre Nervenenergie schneller als andere, da sie diese stärker beanspruchen. Ruhige Zeiten der Erholung oder der Meditation sind wichtig für sie, damit das Nervensystem sich wieder aufladen kann, und damit der Geist daran gehindert wird, sie in einen Zustand der psychischen Erschöpfung zu treiben. Sie brauchen auch von Zeit zu Zeit einen Szenenwechsel, weg von ihren normalen Arbeiten und häuslichen Pflichten, um ihren Geist von den tief ausgefahrenen Geleisen der Sorgen, überflüssigen Gedanken und endlosen Pläne loszueisen.

Zuwenig Betonung des Elements Wasser kann sich in einem breiten Spektrum von psychologischen, emotionalen und physischen Problemen manifestieren. Die meisten Menschen mit einem zu schwachen Wassereinfluß haben große Schwierigkeiten, sich in die Gefühle anderer einfühlend und mitleidend hineinzuversetzen, aber auch mit ihren eigenen Gefühlen und emotionalen Bedürfnissen in Kontakt zu kommen. Das heißt nicht, daß es ihnen unbedingt an Empfindsamkeit fehlt, aber sie werden sicher Schwierigkeiten haben, mit ihren eigenen Gefühlen umzugehen; die Welt der Gefühle erscheint ihnen wie ein fremdes Land voller Gefahren, in dem sie eher Schwierigkeiten als angenehme Erlebnisse erwarten. Im Extremfall findet man bei diesem Ungleichgewicht kalte, distanzierte und verhärtete Menschen. Aber auch sonst sind sie bekannt für ihren Mangel an Zuneigung und haben selten guten emotionalen Kontakt mit anderen. Sie neigen dazu, die Gefühle anderer als unwichtig anzusehen, unfähig in anderen das wahrzunehmen, was sie bei sich selbst nicht akzeptieren können. In ihrem Versuch, emotional unabhängig zu sein, verdrängen sie oft ihre gesamte Gefühlsseite, und das kann zu einer völlig unbewußten Abhängigkeit von Menschen, die ihre Gefühle besser ausleben, führen.

Ein Mangel an Wasser manifestiert sich auch als instinktives Mißtrauen gegenüber allem intuitiven Wissen. Tatsächlich ist das Hauptproblem dieser Menschen oft, daß sie sich selbst überhaupt nicht trauen, da sie ihre Gefühle nur allzu leicht als unwichtige Ärgernisse verdrängen. Aber wie Jung in all seinen Schriften betont, bleiben alle Inhalte, denen ein Mensch den Zutritt zu seinem Bewußtsein verwehrt, weiterhin wirksam, dann jedoch auf dem Umweg über unbewußte Prozesse. Menschen, denen es an Wasser fehlt,werden sehr oft alle Bemühungen von anderen, sie aus ihrer emotionalen Leere herauszuholen, abwehren, während sie gleichzeitig hilflose, halbbewußte Schritte auf andere zu machen, die ihre Einsamkeit, Angst und innere Not enthüllen. Menschen mit diesem Ungleichgewicht in ihrem Horoskop können ein gewisses Maß an emotionaler Stabilität erreichen, indem sie die scheinbar endlose Flut der Gefühle langsam an die Oberfläche kommen lassen und so die angesammelten Schmerzen und Leiden freisetzen, die sie so lange verdrängt haben. Sie scheinen fanatische Furcht vor Schmerz zu haben, mit dem Ergebnis, daß sie durch die Mißachtung ihrer emotionalen Bedürfnisse ganz sicher noch mehr Schmerz erfahren werden.

Auf der physischen Ebene führt ein Mangel an Wasser fast immer zu ziemlich ernsten körperlichen Störungen, die größtenteils auf eine übermäßige Giftansammlung zurückzuführen sind. Das Element Wasser ist die reinigende, heilende und läuternde Energie, und diejenigen, denen sie fehlt, lassen es zu, daß sie durch die Ansammlung von sowohl emotionalen als auch körperlichen Abfallprodukten langsam vergiftet werden. Solch eine toxische Verfassung kann in einer unendlichen Vielfalt von Symptomen zum Ausdruck kommen, aber die erforderliche Therapie ist im allgemeinen immer die gleiche: eine vollständige physische und psychische Reinigung. Dr. Stone wies in einer Vorlesung darauf hin, daß bei 90–95% aller körperlichen Probleme das Element Wasser und damit die emotionale Seite der Natur eine Rolle spielt. Diejenigen, bei denen das Wasser-Element nicht genügend zur Geltung kommt, sind besonders anfällig für Krankheiten. Daß die wässrige Energie die reinigende und heilende Kraft ist, wird an dem starken Überwiegen von Wasserzeichen in den Horoskopen der meisten Naturheiler deutlich. Menschen, denen es an Wasser mangelt, sollten sorgfältig auf ihre Ernährung achten, und periodische Reinigungsdiäten oder vernünftiges Fasten können für sie von großem Nutzen sein. Mit anderen Worten, wenn sie bewußt daran arbeiten, die reinigenden Funktionen im emotionalen und im physischen Bereichen zu stärken, können sie viele dieser Probleme überwinden und die schweren Störungen vermeiden, die sich aus den toxischen Zuständen ergeben können.

Diejenigen mit einer Überbetonung des Wasserelements mögen sich fühlen, als wenn sie weit draußen auf offener See treiben in einem kleinen Boot ohne Steuer und Segel, ohne Ruder und Kompaß. Sie sind häufig beeinflußbar wie ein Blatt im Wind, und das macht sie überempfindlich und abhängig von Gefühlsreaktionen, über die sie keine Kontrolle haben. Die meisten Menschen mit diesem Ungleichgewicht sind außerordentlich empfänglich für jede Art von Wahrnehmung. Dies kann sich in tiefgründiger Intuition oder in *Über*reaktionen auf den kleinsten Reiz äußern. Wenn die Emotionen völlig außerhalb jeder Kontrolle sind, und der Mensch gewohnheitsmäßig aus einem Zustand ängstlicher Selbstbewahrung heraus handelt, kann er leicht durch Ängste, negative Reaktionsmuster und Schüchternheit in seiner Lebenskraft geschwächt werden. Die tägliche Erfahrung, von Gefühlen überwältigt zu werden, führt schließlich zur Erschöpfung; und der Umstand, daß diese Menschen sich oft den Schwierigkeiten im Umgang mit der äußeren Welt nicht gewachsen fühlen, kann sie dazu verleiten, sich in ihr

Innenleben zurückzuziehen und vor den Anforderungen des Lebens davonzulaufen.

Diese Menschen können regelrecht »vollgesogen« sein mit Emotionen und widersprüchlichen Gefühlen, ein Zustand, der am ehesten dann eintritt, wenn sie ihre Sensibilität und ihr Einfühlungsvermögen nicht in aktiver Anteilnahme für andere einsetzen. Wenn sie jedoch erst einmal ihre völlige Selbstversunkenheit überwunden haben, können sie eine emotionale Selbständigkeit entwikkeln, die auf einem reichen Innenleben in völliger Hingabe an ein Ideal beruht. Sie haben oft eine ausgesprochen lebendige Vorstellungskraft und eine natürliche Empfänglichkeit für spirituelle und okkulte Wirklichkeiten. Ihre scheinbar absolute Hingabe an ein selbstloses Leben ist bei vielen aufrichtig, bei anderen jedoch lediglich eine Rolle, die ihre absolute Selbstsüchtigkeit und ihre zwanghaften Forderungen an andere, mit denen sie ihre innere Leere füllen wollen, verschleiern sollen. Man kann diesen Menschentyp erst dann verstehen, wenn man erkennt, daß er in erster Linie von tiefen Sehnsüchten und Unsicherheiten, die er nur schwer bestimmen kann, bewegt wird. Bevor diese Sehnsüchte nicht im vollen Licht des Bewußtseins erkannt sind, kann er sich nur mehr oder weniger zwanghaft verhalten. Und bevor diese Sehnsüchte nicht als das Verlangen der Seele nach Befreiung und letzter Klarheit erkannt sind, kann dieser Mensch seine größte Stärke nicht wirksam einsetzen.

Mehr als bei jedem anderen Element neigen Menschen mit viel Wasserbetonung zu extremem Verhalten, und es ist daher schwierig, Verallgemeinerungen zu finden, die für alle in dieser Kategorie zutreffen. Ich glaube jedoch, daß diejenigen, welche diese Kombination in ihrem Horoskop haben, das Potential für die vollständige Verwirklichung der höchsten spirituellen Qualitäten besitzen: Liebe, Mitleid, Hingabe und mitfühlende Hilfsbereitschaft. Doch es sind nur sehr wenige, die diese Ebene der Selbstverwirklichung erreichen. Auf der körperlichen Ebene bedeutet die starke Betonung des Wasserelements, daß der Körper ständig Giftstoffe ausscheidet, sowohl physische als auch emotional bedingte Ablagerungen. Die Wirksamkeit dieses Reinigungsprozesses hängt jedoch davon ab, wie sehr ein Mensch sich seiner emotionalen Bedürfnisse bewußt ist.

## Betonung von ausdrucksstarken oder ausdrucksschwachen Elementen

Wie bereits im Abschnitt über die Klassifikation der Elemente erwähnt, bilden die aktiven oder ausdrucksstarken Elemente (Luft und Feuer) und die passiven oder ausdrucksschwachen Elemente (Wasser und Erde) zwei unterschiedliche Arten energetischer Prägung. In den einzelnen Horoskopen findet man oft, daß die eine Art überbetont und die andere zu schwach besetzt ist. Dadurch entstehen ganz bestimmte psychologische Unausgewogenheiten, was besonders deutlich wird, wenn man die Elemente in bewußte (Luft und Feuer) und unbewußte (Wasser und Erde) einteilt. Es wird daher nützlich sein, an dieser Stelle kurz zu analysieren, worin sich diese Unausgewogenheiten äußern, und auf welche psychologischen Eigenschaften sie dementsprechend hinweisen.

### Überbetonung von Wasser und Erde
### Mangel an Luft und Feuer

Die stärksten Charakterzüge dieser Menschen sind Tiefe, Ernsthaftigkeit und eine selbstbewahrende Tendenz in all ihren Aktivitäten. Sie sind meistens harte Arbeiter und fühlen sich eigentlich nur wohl, wenn sie irgendeine Last zu tragen haben: Sie sind sich der Überlebensnotwendigkeiten, der Sicherheitsbedürfnisse und des Vertrauens, das andere auf ihre Standfestigkeit und ihre Reichtümer setzen, sehr wohl bewußt. Daher verwenden sie einen Großteil ihrer Energie darauf, ihre Schätze zusammenzuhalten und entwikkeln eine starke Abhängigkeit von ihrem Geld, Besitz, Beruf, ihren Kindern und anderen Sicherheitsfaktoren. Sie haben großes Durchhaltevermögen und die Fähigkeit, in jeder Notlage zu überleben. Ihre Abhängigkeit von Sicherheit und eher traditionellen Werten äußert sich oft als starke Verbundenheit mit Familie, Heim und gesellschaftlichen Verpflichtungen.

Die problematische Seite dieses Typus wird verständlich, wenn man sieht, wie sich diese Menschen hauptsächlich von Gefühlen, Ängsten, Gewohnheiten, frühen Konditionierungen, Sicherheitsbedürfnissen und anderen unbewußten Faktoren leiten lassen. Daraus entsteht häufig die Neigung, andere zu manipulieren, damit sie die eigenen Sicherheitsbedürfnisse erfüllen, ein zu starkes Haften an der Vergangenheit und eine ängstliche Einstellung zu Gegenwart und Zukunft. Man findet hier oft einen spürbaren Mangel an

Idealen, Glauben und positivem Denken, und die intellektuellen und kommunikativen Fähigkeiten sind gewöhnlich schwach entwikkelt. In seiner besten Verwirklichung ist dieser Typus in der Hier-und-Jetzt-Wirklichkeit der alltäglichen Erfahrung verwurzelt und begegnet allen Situationen mit großer innerer Stärke und Bestimmtheit. Im schlechtesten Fall sind diese Menschen geizig, berechnend, gierig und unfähig, durch die Annahme von Risiken ihr Wachstum zu fördern.

### Überbetonung von Luft und Feuer<br>Mangel an Wasser und Erde

In seiner positiven Verwirklichung findet man bei diesem Typ idealistische, nach Höherem strebende, positiv-denkende Menschen, deren Intentionen und Motive über jeden Zweifel erhaben sind. Doch ihre Einstellung zum Leben ist nicht besonders realistisch, und sie müssen oft erst durch bittere Erfahrungen und Desillusionierungen etwas über die dunklere Seite des Lebens lernen. Oft vernachlässigen sie genau die Bedürfnisse und Gefühle, die ihnen mehr Stabilität und innere Stärke geben könnten. Nicht selten beschäftigen sich Menschen mit dieser Betonung jedoch (als Kompensation) mit dem Unbewußten und emotionalen Problemen sowie mit ihrem Körper. Dies ist ein wichtiger Schritt in ihrer Entwicklung zu einem vollständigeren Leben. Dieser Menschentyp hat die Fähigkeit, seine Ideen in Handlung umzusetzen und dabei ein Gefühl für die Bedeutung und die Folgen seines Tuns zu bewahren. Die Gefahr liegt bei dieser Betonung darin, daß der Mensch nur in seinem Kopf und in seinen Hoffnungen lebt und dadurch die emotionale Tiefe und die körperlichen Bedürfnisse zu kurz kommen, die eine innere Kraftquelle sein könnten.

Dieser Typus ist bekannt für seinen scharfsinnigen Humor, seine optimistische Lebenshaltung und seine oftmals herausragenden verbalen Fähigkeiten. Im besten Fall ist dies eine außerordentlich kreative Kombination, bei der sich Ideen, Inspirationen und Pläne mit der Fähigkeit und dem Drang, sie auch auszuführen, harmonisch vereinen. Schwierigkeiten, die Dinge auch wirklich zu Ende zu führen, treten jedoch dadurch auf, daß dieser Mensch nicht fest mit beiden Beinen *auf dem Boden steht*; er zieht es vor, in höheren Gefilden zu schweben und sich über die eher weltlichen Notwendigkeiten, wie die Auseinandersetzung mit Pflichten, emotionalen Bedürfnissen und beharrlicher Arbeit zu erheben. Er kann daher seine Energie leicht verzetteln und sich so weit verausgaben, bis er ausgebrannt und erschöpft ist. Durch den Mangel an Tiefe und erhaltender Kraft fällt es ihm schwer, seine Batterien wieder aufzuladen, um sich vom Alltagsstreß zu erholen. Die verjüngenden, heilenden Qualitäten der Erde und des Wassers fehlen diesem Menschen. Wenn er daher einen Zustand dauernder Erschöpfung vermeiden will, muß er begreifen, daß er seine Energien nicht ständig unbedenklich verausgaben kann, wenn er sich nicht gleichzeitig den tieferen Kraftquellen in sich zuwendet.

## Andere Kombinationen der Elemente

Die anderen Kombinationen von zwei Elementen setzen sich jeweils aus »unvereinbaren« Energien zusammen. Dies kann natürlich zur Ursache für bestimmte Integrationsprobleme werden, da solche unterschiedlichen Arten von Energie zwei verschiedene und fremde Dimensionen des Lebens darstellen, auf die man sich nur mit der größten Anstrengung, Disziplin und Übung gleichzeitig einstellen kann. Im Extremfall fühlt sich dieser Mensch hin und her gerissen zwischen zwei radikal verschiedenen Arten der Selbstverwirklichung, und ein Gefühl der Erschöpfung entsteht, wenn er eine von beiden vernachlässigt. Die Eigenart dieses Dilemmas kommt in der Tatsache klar zum Ausdruck, daß der Aspekt des Quadrats (90°) in der Astrologie gewöhnlich zwischen zwei Planeten in solch unvereinbaren Elementen besteht, und daß dieser Aspekt ausnahmslos Lebensbereiche darstellt, in denen ein Mensch sehr stark um Selbstverwirklichung und Integration *ringen* muß.

In der traditionellen Astrologie wird jedoch bei der Interpretation solcher Aspekte oder Unvereinbarkeiten nicht in die Betrachtung mit einbezogen, daß diese Kombinationen eine Interaktion von *bewußten* und *unbewußten* Tendenzen darstellen. Diese Interaktion in einem Menschen kann auf der einen Seite oft ernsthafte Frustrationen und Konflikte hervorbringen, auf der anderen Seite aber auch hochrangige »Spezialfähigkeiten«. Im Bemühen, diese Energien zu integrieren, wird man einen hohen Grad an Konzentration und Meisterschaft in den angezeigten Bereichen entwickeln müssen; und das kann dazu führen, daß man eine erweiterte Sicht, ein tieferes Verständnis und ungewöhnlich kreative Fähigkeiten entwickelt. Die folgenden Beispiele sollen deutlich machen, was damit gemeint ist.

## Luft-Wasser Kombinationen

Obwohl der Mensch sich bei dieser Kombination oft hin und her gerissen fühlt zwischen einer intellektuellen und einer emotionalen Orientierung im Leben, gibt es auch den günstigen Fall, daß ein Individuum auf beide Erfahrungsbereiche gleichzeitig eingestimmt ist. Weder die abstrakte noch die gefühlsmäßig-intuitive Welt ist diesem Menschen fremd, und er ist damit in der Lage, eine Handlungsweise zu entwickeln, die auf beiden Arten der Wahrnehmung beruht. Er hat dadurch einerseits die Fähigkeit, seinen Ideen *Tiefe* zu geben und andererseits bei seinen Gefühlen und Sehnsüchten eine gewisse *Distanz* und *Übersicht* zu bewahren. Obwohl dies die empfindsamste aller Kombinationen ist (sowohl physisch als auch psychologisch) und aus einem Menschen einen Träumer, Weltflüchtling oder unzufriedenen Phantasten machen kann, muß die Empfindsamkeit nicht die Oberhand gewinnen. In ihren besten Entsprechungen haben diese Menschen eine außerordentlich fruchtbare Imagination, eine kreative Begabung für alle Künste und Wissenschaften und spezielle Fähigkeiten im Umgang mit Menschen in allen Beratungs- und Heilkünsten. Die Fähigkeit, die in all diesen Bereichen zum Tragen kommt, besteht darin, offen zu sein dür die feinen Wahrnehmungen des Unbewußten und sie genau realisieren zu können.

## Luft-Erde Kombinationen

In dieser Kombination liegt scheinbar nicht viel Konfliktstoff, obwohl es zu einem Widerstreit zwischen einer abstrakt-begrifflichen und einer praktisch-effektiven Orientierung kommen kann. Dies rührt daher, daß die Luft- und Erdzeichen von den gleichen Planeten beherrscht werden und somit durch ähnliche Werte, Qualitäten und Funktionsweisen bestimmt sind. Man muß jedoch sehen, daß die Vereinbarkeit dieser Elemente deutlicher zutage tritt, wenn sie im Horoskop eines Menschen erscheinen als im Horoskopvergleich von zwei verschiedenen Menschen. Diese Elemente *sind* unvereinbare Energien in ihrer konkreten Ausdrucksform, aber ihre besondere Grundeinstellung kann man als einander ergänzend ansehen. Wenn sich diese Energien in einem Menschen mit einem gewissen Maß an Harmonie vereinigen, ist er in der Lage, intellektuelle und begriffliche Bewußtheit mit einem praktischen Herangehen an konkrete Ziele zu verbinden. Er hat dann eine praktische Grundlage für seine Ideen und eine ausgesprochene innovative Art, Aufgaben in der materiellen Welt zu bewältigen. Dieser Menschentyp liebt das Vorausdenken, die Distanz, praktische Intelligenz und ziemlich trockene Logik. Impulsivität und Emotionalität sind nicht sein Stil, und er mißtraut oft denjenigen, die diese Qualitäten verkörpern. Dies ist eine ausgezeichnete Kombination für Geschäftsleute, Organisatoren und für andere Berufe, die intellektuelle Anforderungen stellen. Viele Leute, die sich in bürokratischen Berufen wohlfühlen, haben diese Kombination, denn sie sind in der Lage, mit einer Unmenge von konkreten Einzelheiten umzugehen, ohne daß ihr Nervensystem unter dieser Belastung leidet.

## Wasser-Feuer Kombination

Diese Kombination ist genau das Gegenteil der vorigen, denn dieser Typ geht an alles auf emotionale, aufgeregte und ziemlich impulsive Art heran. Das logische, systematische Denken und Handeln ist oft unterentwickelt, was Rastlosigkeit und Subjektivismus zur Folge hat. Dies ist die Kombination der Intensität, der emotionalen Extreme und der erstaunlichsten Empfindlichkeit bezüglich dessen, was andere über einen denken. Diese Menschen neigen dazu, immer aufs Ganze zu gehen und bringen ausgesprochen wenig Selbstbeschränkung auf. Dieser Mangel an Kontrolle oder Disziplin (der sogar bei Menschen mit Löwe-Skorpion Kombinationen auftritt, wenn sie sich erst einmal gehen lassen) führt in vielen Fällen zu ungewöhnlich heftigen Stimmungsumschwüngen. Diese Menschen leben wie unter Hochdruck und holen das meiste aus sich heraus, wenn sie von äußeren Umständen herausgefordert werden. Obwohl es zu Konflikten zwischen Freiheit und Abhängigkeit, zwischen Zukunftserwartungen und Sicherheitsbedürfnissen, zwischen Ichhaftigkeit und Selbstlosigkeit kommen kann, haben die Menschen dieser Kombination doch auch die Fähigkeit, ihren Enthusiasmus durch Sensibilität zu mildern und ihre Gefühle für andere direkt zum Ausdruck zu bringen. Sie haben meist ein unkompliziertes Auftreten und eine wohltuend ermutigende Art. Im schlimmsten Fall ist dieser Typus von einer explosiven Unvorhersagbarkeit, hin und her geworfen zwischen Hoffnungen und tiefer Verzweiflung. In ihren besten Entsprechungen sind sie warmherzig, helfend und beschützend in ihrem Umgang mit anderen. Oft ist diese Kombination gut für Geschäfte und Berufe in der Unterhaltungsbranche, da diese Menschen ihre Reklameaktivitäten mit Umsicht ins rechte Maß bringen und ihre Gefühle mit überzeugendem Engagement darstellen können.

### Erde-Feuer Kombinationen

Diese Kombination wurde von Zipporah Dobyns als »Dampfwalze« bezeichnet. Sie hält sie für »die schöpferischste und produktivste aller Kombinationen, indem sie die Kreativität und Initiative des Feuers und die praktische Veranlagung der Erde mit ihrem Drang, handfeste Formen zu produzieren vereint«. In ihrem Buch *Finding the Person in the Horoscope* sagt Dr. Dobyns weiterhin, daß diese Kombination »Einfluß auf die Welt ausübt und immer noch weitermacht, wenn alle andern schon aufgegeben haben«. Dies ist eine genaue Beschreibung des Zusammenspiels dieser beiden Elemente, denn die Erde fügt dem Trieb nach Selbstverwirklichung, der vom Feuer dargestellt wird, die nötige Beharrlichkeit hinzu. Außerdem haben diese Menschen eine praktische Veranlagung, die sie dafür einsetzen, ihre Inspirationen zu überprüfen, um festzustellen, ob ihr Energieaufwand auch produktive Möglichkeiten in sich birgt. Sie haben daher die Fähigkeit, ihre ungeheuere Vitalität zu erhalten und zu lenken und ihre Begeisterung auf ganz bestimmte Ziele auszurichten. Der Einfluß der Erde gibt dem Feuer mehr Geduld und Disziplin, während das Feuer das Vertrauen und den spontanen Optimismus beisteuert, welcher der Erde fehlt. Diese Menschen arbeiten gewöhnlich gern, da es ihnen eine große Befriedigung ist, die Früchte ihres Schaffens in der Welt manifestiert zu sehen. Viele selbständige Unternehmer, die mit einem kleinen Geschäft anfangen, das sie mit der Zeit zu einem großen Betrieb ausbauen, haben eine Betonung dieser Kombination in ihrem Horoskop.

Bei Erde-Feuer Kombinationen findet man oft ein gutes Gleichgewicht zwischen Egoismus und Bescheidenheit, Großzügigkeit und Konservativismus. Diese Menschen sind meistens glücklicher, wenn sie sich alleine auf den Weg machen können, um den Herausforderungen der äußeren Welt zu begegnen, statt sich in ihrer Suche nach Erfolg auf etablierte soziale Rollen oder Ausbildungsgänge zu verlassen. Das Hauptproblem dieser Kombination ist eine gewisse Grobheit und Unsensibilität. »Dampfwalzen« denken weder viel über sich selbst nach, noch achten sie besonders darauf, wen sie in ihrem Bemühen, an ihr Ziel zu gelangen, überrollen. Deshalb würden sie gut daran tun, den subtileren Aspekten des Lebens mehr Aufmerksamkeit zu schenken, einschließlich ihres eigenen Seelenlebens, ihrer Ideale und Werte. Wenn diese Energie in den Dienst am Nächsten gestellt wird und in vollem Bewußtsein der Folgen ihrer Handlungen gelenkt wird, kann dieser Mensch durch Beharrlichkeit, Verläßlichkeit und Produktivität eine starke Liebe zum Ausdruck bringen.

# Potential zur Integration: Aspekte und planetare Beziehungen

Die verstärkte Anwendung der Elemente in der Horoskopdeutung ermöglicht es dem astrologischen Praktiker, eine Vielzahl wichtiger Faktoren zu verstehen und zu erklären, die er leicht übersehen könnte, wenn er sich nur auf die Hauptaspekte stützen würde. Tatsächlich scheint mir sogar die wichtigste Erklärungsmöglichkeit für die Aspekte in den Elementen zu liegen, obwohl ich die Bedeutung der harmonikalen Theorie, der gegenwärtig die größte Aufmerksamkeit geschenkt wird, auf keinen Fall unterbewerten möchte. Die Quincunx (oder der 150° »inkonjunkt« Aspekt) z. B. wird von den meisten Astrologen als ein schwächerer Aspekt angesehen, der eine gewisse Spannung im Zusammenspiel von zwei planetaren Prinzipien anzeigt. Dieser Aspekt wird auch mit zwanghaftem und von Schuldgefühlen getriebenem Verhalten in Zusammenhang gebracht. Wenn wir diesen Aspekt unter dem Gesichtspunkt der Elemente betrachten, sehen wir, daß man tatsächlich alle Quincunx, die *nicht zusammenpassende Elemente* miteinander verbinden, als ein Zeichen für wichtige Lebensprobleme ansehen kann, da hier eine ständige Irritation und störende Zwanghaftigkeit auftritt, die ein leichtes Ausleben der Planetenprinzipien verhindert. (Anmerkung: 150° Winkel können auch zwischen Planeten in zusammenpassenden Elementen auftreten – z. B. zwischen 1° Widder und 29° Löwe – aber die Wirkung des Aspekts ist dadurch geschwächt.)

Entsprechend müssen wir uns mit zwei Arten von Halbsextilen und Halbquadraten auseinandersetzen, wenn wir die sogenannten schwächeren Aspekte genau beschreiben wollen. Die Halbsextile und Halbquadrate sind besonders streßerzeugend, wenn sie Planeten in nicht zusammenpassenden Elementen verbinden. Bestehen diese Aspekte zwischen zwei Planeten in vereinbaren Elementen, findet man wenig Streß und sogar eher das Potential für eine Produktivität, die mit relativer Leichtigkeit erreicht wird. Die gleichen Deutungsregeln sollte man auch bei der Analyse von Quadraten, Trigonen und den anderen Aspekten anwenden. Ein Trigon zwischen zwei Planeten in unvereinbaren Elementen z. B. wird nicht die gleiche Leichtigkeit der Selbstverwirklichung hervorbringen wie Trigone im gleichen Element. Dennoch wird immer noch eine gewisse Sonderbegabung spürbar sein. Man könnte sagen, daß die Planetenpositionen in den Elementen (ohne Berücksichtigung der Aspekte) die allgemeine Ausrichtung und Färbung der Energieäußerungen eines Menschen darstellen, während jeder enge Aspekt auf einen *dynamischen* Energieaustausch ganz spezifischer Art hinweist.

Man kann viele wichtige Erkenntnisse über ein Horoskop sammeln, indem man einfach die verschiedenen Ausdrucksformen der planetaren Energien in ihrer Elementenprägung einander gegenüberstellt, auch wenn kein Aspekt zwischen ihnen besteht. Dieses Prinzip ist beim Horoskopvergleich sogar noch wichtiger, wo man ja tatsächlich zu untersuchen hat, wie die Energien von zwei Menschen aufeinander reagieren werden. Nach Dr. Stone sind die Elemente wie ein Getriebe, das entweder glatt läuft oder knirscht. Glattes Laufen in völliger Harmonie kann zwar Leichtigkeit des Ausdrucks und gute Gesundheit bringen, führt aber nicht notwendigerweise zu neuen Einsichten oder zu einer durch Schwierigkeiten verursachten Weiterentwicklung. Die Hemmung und Reibung, die in einem Menschen durch die Interaktion von unvereinbaren Elementen entstehen kann, führt auf jeden Fall zu körperlichen Belastungen und psychischen Spannungen, die jedoch eine produktive Wirkung haben können, wenn sie kreativ zum Ausdruck gebracht werden. Die persönliche Integration mag in diesem Fall schwieriger sein, aber auch die Wahrscheinlichkeit zur Weiterentwicklung ist größer, da es nötig wird, das Blickfeld in dem entsprechenden Erfahrungsbereich zu erweitern, um beide an dem Konflikt beteiligten Faktoren miteinbeziehen zu können. Mit anderen Worten, die Integration unserer scheinbar unvereinbaren Qualitäten ist nicht nur möglich, sondern auch potentiell kreativ, da eine solche innere Spannung uns zwingt, sowohl zu handeln und schöpferisch tätig zu werden als auch unsere Bewußtheit über die Komplexität des Lebens zu erweitern. Die Notwendigkeit, zwei unvereinbare Elemente in einer konzentrierten Form der Selbstverwirklichung zusammenzubringen, kann zur Entwicklung eines komplexen Bewußtseins und hochspezialisierter Fähigkeiten führen, wie schon im letzten Kapitel erwähnt wurde.

Es ist richtig, daß die »spannungsreichen« Aspekte zwischen Planeten, besonders das Quadrat (90°), in jedem Fall irgendwie konfliktbeladene und widersprüchliche Motive und Triebe aufzeigen, die gleichzeitig nach Ausdruck drängen und sich gegenseitig behindern. Das Gewicht, das die traditionelle Astrologie auf die destruktiven oder selbstzerstörerischen Möglichkeiten dieser Aspekte gelegt hat, hat jedoch bei vielen Studenten der Astrologie bewirkt, daß sie den Sinn, der hinter solchen Aspekten liegt, und die äußerst positiven Ergebnisse, die sie hervorbringen können, übersehen haben. Für eine gut ausgewogene und durchdachte Darstellung der verschiedenen Aspekte verweise ich den Leser auf C. E. O. Carter, *The Astrological Aspects*. Dieses Buch zeigt deutlich, daß gewisse Trigone meistens auf eine selbstzufriedene, apathische Haltung dem Leben gegenüber hinweisen, und daß viele der »spannungsreichen« Aspekte eine Möglichkeit für größere Kreativität und höheres Bewußtsein anzeigen als ein Trigon zwischen den gleichen Planeten.

Ich möchte noch einmal zusammenfassen, was ich über die Aspekte und die vier Elemente gesagt habe: Obwohl die Aspekte immer auf eine spezifische Dynamik von Energie hinweisen, die ein Mensch annehmen muß, oder die er in Anspruch nehmen kann, kann doch nur der sorgfältige Vergleich der relativen Harmonie der Elemente, in denen Sonne, Mond, Aszendent und andere »persönliche« Planeten stehen, einen umfassenden Eindruck davon geben, wie ein Mensch an das Leben herangeht, und welche Kombination von Kräften er zu verwirklichen sucht. So weist z. B. ein Quadrat zwischen Sonne und Mond in disharmonischen Elementen auf die Tendenz hin, mitten in einem Prozeß der Selbstdarstellung oder des Empfangens plötzlich »den Gang zu wechseln«. Dieser Aspekt ist insbesondere dafür bekannt, daß hier die unbewußten Bedürfnisse (Mond) die Verwirklichung der wesentlichen bewußten Strebungen (Sonne) verhindern können. Wenn dieses Quadrat zwischen nicht zusammenpassenden Elementen auftritt, wie das meistens der Fall ist, entsteht ein deutlicher innerer Kampf in Gestalt zweier herausragender Persönlichkeitsmuster, die um die Vorherrschaft wetteifern. Das führt dazu, daß andere, die mit diesem Menschen umgehen, sich immer wieder fragen, was er eigentlich wirklich will. Wenn dieses Quadrat zwischen den beiden »großen Lichtern« in vereinbaren Elementen besteht, ist der Kampf nicht annähernd so deutlich und intensiv. Aber einige der üblichen Entsprechungen dieses Aspekts werden dennoch auftreten, wie z. B. Schwierigkeiten in engen Beziehungen mit dem anderen Geschlecht und Störungen der ungezwungenen Selbstdarstellung durch unbewußte Verhaltensmuster.

Zur weiteren Darstellung der Anwendungsmöglichkeiten der Elemente in der Horoskopdeutung möchte ich jetzt den Fall eines Mannes annehmen, der Sonne in der Jungfrau und Mond im Löwen hat, zwischen denen aber kein stärkerer oder schwächerer Aspekt besteht. Sonne und Mond sind bei diesem Beispiel in unvereinbaren

Elementen; und obwohl der Konflikt oder die Hemmung nicht so stark ist, wie er bei dem obenerwähnten Quadrat auftreten würde, wird trotzdem ein innerer Zwiespalt und der Versuch, zwei unvereinbare Seinsweisen gleichzeitig auszuleben, spürbar sein. Der Kern seiner wesensgemäßen Selbstverwirklichung wird bei diesem Mann von der Jungfrau, seinem Sonnenzeichen, symbolisiert, und er wird sein Bestes geben und am meisten Energie entwickeln, wenn er sich in jungfraugemäßen Beschäftigungen und fürsorglichem Dienst am Nächsten engagiert. Bescheidenheit wird gut zu ihm passen, und die stärkste Ausstrahlung wird er dann haben, wenn er seine Energie auf das Jungfrau-Typische konzentriert. Sein Löwe-Mond zeigt jedoch, daß er das unbewußte Bedürfnis hat, großen Eindruck auf andere zu machen, sich anderen gegenüber als Herr aufzuspielen und sich bei allen Aktivitäten in den Vordergrund zu drängen. Man könnte sagen, daß die wesenhafte Persönlichkeit seiner Seele von der Jungfrau dargestellt wird, während seine frühere Konditionierung ihn dazu treibt, sich auf Löwe-Art darzustellen, auch wenn das seinen solaren Energiefluß behindert. Die Bescheidenheit und die selbstlosen Qualitäten der Jungfrau lassen sich mit Stolz und selbstherrlichen Gewohnheiten des Löwen nicht vereinbaren, und so stellt diese Kombination ein großes Hindernis auf dem Weg zur persönlichen Integration dar, auch wenn kein Aspekt vorhanden ist.

Auf Grund meiner eigenen Erfahrung bin ich zu der Überzeugung gekommen, daß der erste Schritt bei jeder Horoskopinterpretation darin bestehen sollte, die relative Vereinbarkeit von Sonne und Mond abzuschätzen, welche die Hauptpolarität der Persönlichkeit darstellen und die wichtigsten Indikatoren dafür sind, welche Elemente bei einem Menschen am stärksten energetisch geladen sind. Diese Analyse führt zu Einsichten, die den gebräuchlicheren Methoden astrologischer Interpretation nicht zugänglich sind. Dann kann man als weiteren Schritt die Vereinbarkeit anderer Planetenpaare untersuchen, wie Sonne und Merkur, Venus und Mars, Merkur und Jupiter, Jupiter und Saturn, Sonne und Venus, Mond und Venus usw., um verschiedene Arten der Selbstverwirklichung und Wege zur Lösung innerer Konflikte näher zu bestimmen.

Einige Beispiele für die Gegenüberstellung von zwei Planeten sollen dies verdeutlichen. Nehmen wir z. B. einen Mann, dessen Sonne im Schützen und dessen Merkur im Steinbock steht. Sein Wesenskern kann schützehaft beschrieben werden: ein Wahrheitssucher, unvoreingenommen, idealistisch usw. Merkur zeigt, wie er mit neuen Ideen logisch und gedanklich umgeht. Da der Merkur im

Steinbock für eine ausgesprochen skeptische, vorsichtige und traditionelle Art des Denkens bekannt ist, könnte das bedeuten, daß der Denkstil dieses Mannes ihn auf der *intellektuellen* Ebene daran hindert, die Ideale und Wahrheiten anzunehmen, nach denen er so verzweifelt sucht. Auch wenn er auf vielversprechende neue Ideen zunächst aufgeschlossen reagiert, wird er letztlich für sich entscheiden müssen, was ihm wichtiger ist, seine intellektuelle Sicherheit und Bequemlichkeit oder wesentlichere und tiefere Bedürfnisse.

Jemand, dessen Venus in einem Element steht, das unvereinbar mit dem der Sonne ist, wird einen ähnlichen Zwiespalt erleben. In diesem Falle stehen seine emotional bedingten Vorlieben (Venus) im Gegensatz zu seinen wesentlicheren Bedürfnissen und Werten. Dies kann sich auf vielerlei Weise manifestieren, z. B. in der Neigung, enge Beziehungen zu Menschen zu suchen, die seine wahren Bedürfnisse nicht wirklich erfüllen, oder in dem Versuch, seine Gefühle auf eine Weise auszudrücken, die mit seinen höheren Werten nicht in Einklang steht.

Eine ähnliche Situation kann sich ergeben, wenn Sonne und Mars in unvereinbaren Elementen stehen. Neben wir z. B. den Fall einer Frau, deren Sonne im Wassermann und deren Mars im Stier steht. Sie wird sich auf der physischen Ebene unwillkürlich zu Männern hingezogen fühlen, die dem Bild des Stiers entsprechen. Gleichzeitig aber wird der Lebensstil dieser Männer im Widerspruch zu ihrem wesentlicheren Wassermann-Bedürfnis nach Freiheit in der Selbstverwirklichung stehen. Was wird geschehen? Wird sie die körperliche Anziehung höher bewerten als die wesentlichere Ebene der Harmonie, oder wird sie zu der Einsicht kommen, daß man nicht alles in einer Beziehung haben kann? (Man beachte, daß ein Stier-Planet durch seine Zeichenstellung im Quadrat zum Wassermann steht.)

Ein letztes Beispiel mag genügen, um dieses Verfahren zu erläutern. Wenn ein Mann den Mond in der Waage und die Venus im Krebs hat, wird er durch zwei Komplexe von emotionalen Reaktionen und Einstellungen bestimmt, die nicht miteinander in Einklang stehen. Zeitweilig wird er sich von Menschen (besonders Frauen) angezogen fühlen, welche die Empfindsamkeit und Emotionalität des Krebses verkörpern. Bei diesen Menschen wird er sich frei fühlen, seine Zuneigung und Leidenschaft zum Ausdruck zu bringen. Er wird sich geliebt fühlen und kann viel sinnliches Vergnügen finden. Der Mond stellt jedoch ein tieferes Bedürfnis dar als die Venus, und so kann es sein, daß er mit der Zeit herausfindet, daß dieses Bedürfnis von einem Krebs geprägten

Menschen nicht befriedigt wird. Nehmen wir an, er trifft eine Waage-Frau, bei der er sich sehr wohlfühlt, und mit der er sich sehr gut identifizieren kann. In dem Gefühl, endlich seine Lebensgefährtin, seine »andere Hälfte« gefunden zu haben, heiratet er sie. Wenn bei ihr jedoch keine starke Betonung der Wasserzeichen vorhanden ist, die ihr die Fähigkeit geben könnte, auf seine Venus-Bedürfnisse einzugehen, wird er langsam entdecken, daß ein großer Teil seines emotionalen Lebens unerfüllt bleibt. Und es wird ihm sehr zu schaffen machen, wenn er merkt, wie er sich langsam wieder von den gleichen romantischen Situationen mit Krebs-Frauen (oder zumindest mit wässrigen Frauentypen) angezogen fühlt wie früher. Er befindet sich in einem Zwiespalt (Venus Quadrat Mond in diesem Fall), denn seine Frau befriedigt seine tiefsten Sicherheitsbedürfnisse und unterstützt sein Selbstgefühl und dessen Darstellung nach außen, aber seine mehr romantischen, sinnlichen und emotionalen Sehnsüchte (Venus) werden bei ihr frustriert. Wie kann er mit diesen beiden Bedürfnissen umgehen? Wie kann er beide Wünsche befriedigen, ohne seine Ehe aufs Spiel zu setzen? Das ist das Dilemma und die Herausforderung, an der erarbeiten kann, um eine erweiterte Selbsterkenntnis und emotionale Differenziertheit zu erreichen.

In diesem Beispiel stehen die Planeten in einem traditionellen Aspekt (dem Quadrat), was zu ernsteren Problemen führen kann. Aber die Grundprinzipien kann man genausogut in solchen Fällen anwenden, bei denen Mond und Venus lediglich in unvereinbaren Elementen stehen, ohne irgendwelche engen Aspekte. Bei diesem Verfahren des paarweisen Planetenvergleichs hat man es mit zwei spezifischen Orientierungen zu tun, die sich gegenseitig in der Verwirklichung ihrer fundamentalen Prinzipien behindern können. Es ist, als ob die beiden Planeten sich den Weg verstellen würden; aber dennoch muß der Betreffende auf jeden Fall beide Bedürfnisse befriedigen und beide Triebe zum Ausdruck bringen, wenn er das Gefühl haben will, ein erfülltes Leben zu führen. Dies bedeutet nicht, daß derjenige in seinen Bemühungen, dieses Dilemma zu lösen, *wirklich Erfolg haben wird*, aber allein der Versuch ist eine wichtige Lebensaufgabe, in welcher er sein Verständnis von sich selbst und vom Leben im allgemeinen erweitern kann. Wie Jung sagt, ist ein wirklicher Konflikt niemals auf der gleichen Bewußtseinsebene lösbar, auf welcher er erlebt wird. Man kann ihm nur entwachsen. Wenn das Bewußtsein eines Menschen den Punkt erreicht, an dem beide Seiten des Konflikts gesehen und akzeptiert werden, verliert diese Erfahrung langsam ihren Konfliktcharakter.

# Die Planeten in den Elementen

Will man die im vorigen Kapitel beschriebenen Hintergründe in einer Horoskopdeutung aufdecken, braucht man natürlich genaue und gut anwendbare Ausdrucksmöglichkeiten für die Prägung eines jeden Planeten. Die Deutung wird durch das Verständnis der beteiligten Elemente brauchbarer und zutreffender, da die Stellung der Planeten in den Elementen nicht nur zeigt, wie die verschiedenen Dimensionen der Erfahrung uns prägen, sondern auch, wie wir uns bewußt auf diese Erfahrungen *einstimmen,* und welche Energien uns in der Auseinandersetzung mit diesen Lebensbereichen unmittelbar zur Verfügung stehen. Die Planeten stellen ganz bestimmte Prinzipien des Energieaustausches zwischen einem einzelnen Menschen und der kosmischen Gesamtenergie dar. Jeder Planet weist daher nicht nur auf eine *nach außen drängende* Energie und auf das Streben nach bestimmten *Ausdrucksformen* hin, sondern auch auf ein spezifisches *Bedürfnis* nach Betätigung und Erfüllung, das man auf der Wellenlänge, für die man *empfänglich* ist, befriedigen muß. (Siehe die Grundbegriffe für die Planeten am Ende von Kapitel 9)

### Merkur

Merkur z. B. stellt nicht nur den Drang dar, seine Gedanken anderen mitzuteilen und ihnen durch Sprache und handwerkliches Geschick eine Form zu geben, sondern zeigt auch den Wunsch, von Menschen mit ähnlichen Ideen verstanden zu werden, und sich durch Offenheit für Ideen und Informationen von außen weiterzuentwickeln. Mit anderen Worten, Merkur symbolisiert den Wunsch, Kontakt mit anderen aufzunehmen und eine im Geben und Nehmen ausgewogene Kommunikation herzustellen; die hier beschriebene Art des Energieaustausches ist das Einströmen (durch die Wahrnehmung) und das Ausströmen (durch Sprache, besondere Fähigkeiten und manuelle Geschicklichkeit) von Intelligenz. Das Element des Merkur in einem bestimmten Horoskop zeigt uns, von welchen Energien und Qualitäten die »logischen Fähigkeiten« eines Menschen beeinflußt werden, und auf welcher Wellenlänge er seine

Gedanken zum Ausdruck bringt. Merkur in den Wasserzeichen z. B. weist auf einen Kommunikationsstil hin, der stark von tiefen *Sehnsüchten* und unterbewußten Neigungen beeinflußt wird. Merkur in den Erdzeichen zeigt, daß die Gedanken von praktischen Bedürfnissen und von der Vorliebe für praktisch anwendbare Ideen geprägt werden. Merkur in den Luftzeichen weist darauf hin, daß die Gedanken relativ frei und ungehindert von emotionalen und praktischen Notwendigkeiten fließen, und man daher jedes beliebige Abstraktionsniveau erreichen kann. Mit anderen Worten, da der Grundbegriff für das Luftelement *Gedanke* ist, fühlt sich der Merkur in den Luftzeichen heimisch, weil hier der Intellekt mit relativer Freiheit und Leichtigkeit funktionieren kann. Merkur in den Feuerzeichen weist darauf hin, daß man in seinem Denken durch Ambitionen, Überzeugungen, Hoffnungen und persönliche Pläne beeinflußt wird. Deswegen findet man bei Merkur in Feuerzeichen nicht die gleiche Objektivität des Denkens wie in den Luftzeichen, dafür aber oft eine klare und zielbewußte Art von positivem Denken.

Die Prägung des Merkur, über die wir soeben gesprochen haben, wird besonders deutlich, wenn man sich mit Horoskopvergleichen beschäftigt und sich klarmacht, daß in allen Bemühungen um Kommunikation das gesprochene Wort nicht annähernd so wichtig ist wie die dahinterstehende Energie. Wenn man z. B. durch harmonische Aspekte zwischen Merkur und Merkur einen guten Kontakt zu einem anderen Menschen hat, kann man sich in seine Gedanken hineinversetzen, auch wenn sie nicht sehr deutlich zum Ausdruck gebracht werden. Wenn andererseits der Merkur in Konflikt mit dem eines anderen Menschen ist oder zumindest nicht in harmonischer Beziehung steht, wird man höchstwahrscheinlich Schwierigkeiten haben zu »hören«, was der andere sagt, auch wenn er sich sehr gewandt ausdrücken kann. Diese Schwingungen des Merkur werden zu einem gewissen Grad sogar in schriftlicher Kommunikation deutlich, aber sie sind besonders offensichtlich im direkten Kontakt zwischen zwei Menschen.

Um ein Beispiel zu geben: Eine Frau in einem meiner Astrologiekurse (die ganz hinten im Raum saß, ungefähr in der zwanzigsten Reihe) stellte eines Abends eine Frage über ein Thema, das gerade behandelt wurde. Bevor sie die Frage noch zu Ende formuliert hatte, bemerkte ich, daß ich sie bereits vollständig verstanden hatte. Ich fragte sie, in welchem Zeichen ihr Merkur stehe, und es stellte sich heraus, daß er sich im gleichen Zeichen und nahe dem gleichen Grad von meinem Merkur befand! Dadurch wurde mir sofort klar, warum ich ihre Frage so vollständig und schnell erfaßt hatte; ich hatte nicht nur die Worte verstanden, die sie gebrauchte, um die Frage zu stellen, sondern ich hatte mich auch automatisch auf ihr Bewußtsein eingestimmt und so gleichzeitig alle Nuancen erfaßt, die sie motivierten, die Frage zu stellen. Bei anderen Gelegenheiten habe ich in meinen Kursen auch genau das Gegenteil erlebt: Jemand, auf den ich überhaupt nicht eingestimmt bin, versucht mehr oder weniger verzweifelt, eine Frage so zu formulieren, daß ich sie verstehen kann. In solchen Fällen muß ich zusätzliche geistige Energie aufwenden, um meine eigentliche, natürliche Einstimmung auf den anderen zu verändern, damit ich Gedanken verstehen kann, die in mir fremden Schwingungen ausgedrückt werden.

Diese bewußte Umstellung oder dieser Phasenwechsel, der manchmal notwendig ist, um sich auf einen anderen Menschen einzustellen, gelingt zu einem gewissen Grad auch mit den Energien anderer Planeten. Wenn man z. B. feststellt, daß die Art, in der man seine Zuneigung zum Ausdruck bringt (Venus) jemanden, dem man gefallen will, abstößt, ist es möglich, den Ausdruck der eigenen Venus-Energie zu verändern und darauf abzustimmen, was dem anderen gefällt. Es gibt jedoch eine unwillkürliche Zurückhaltung, seine Ausdrucksebene zu verändern, denn um in dem fremden Erfahrungsbereich operieren zu können, braucht man wesentlich mehr Energie. Nur mit viel bewußter Anstrengung und Konzentration kann man das bewerkstelligen, und es wird einen mit der Zeit unvermeidlich erschöpfen, sich in einer Art auszudrücken, die einem nicht wirklich entspricht. Diese Tatsache ist besonders wichtig bei der Betrachtung von bestimmten Unvereinbarkeiten in Horoskopvergleichen. Darauf werde ich im nächsten Kapitel ausführlicher eingehen.

Bevor wir die anderen Planeten betrachten, sollten wir an dieser Stelle deutlich machen, daß man erst die relative Bedeutung und Intensität der Elemente der verschiedenen Planeten gründlich untersuchen muß, bevor man irgendeine Aussage über die Stärke von Elementen im Horoskop oder über eine bestimmte Unvereinbarkeit im Horoskopvergleich machen kann. Es ist wesentlich leichter, von Zeit zu Zeit die Orientierung oder den Ausdrucksstil von Merkur, Venus, Mars oder Jupiter zu verändern, als das gleiche mit Sonne, Mond oder dem Aszendenten zu versuchen. Da die Sonne-Mond-Polarität und der Aszendent zusammengenommen die Lebenskraft unseres gesamten Daseins bilden, gibt es keine Möglichkeit, diese Energien auf irgendeine förderliche Art grundlegend zu verändern; man kann sie nur abblocken oder unterdrücken. Denn Sonne, Mond und Aszendent zeigen (ihren Elementen entsprechend), von welchen Energien unsere Aufmerksamkeit ständig in Anspruch genommen ist, während die Elemente von Merkur, Venus, Mars und Jupiter eher periodisch und in spezifischeren Situationen zur Geltung kommen.

## Venus

Wie der Merkur stellt auch die Venus ein Ein- und Ausströmen von Energie dar, und ihre Stellung in den verschiedenen Elementen findet ihren Ausdruck im Geben und Nehmen von Liebe, Zuneigung und sinnlichem Vergnügen und in der Anteilnahme an anderen. Das Element der Venus zeigt, wie man Symphatie und Mitgefühl ausdrückt, mit anderen Worten, wie man seine Gefühle mitteilt. Dies ist die Phase des Ausströmens in der Verwirklichung des Venusprinzips, die Phase des Einströmens ist aber genauso wichtig. Hier sehen wir, wieder entsprechend dem Element der Venus-Position, welche Erfahrungen und Ausdrucksmöglichkeiten ein Gefühl von Nähe zu anderen erzeugen und einem die Sicherheit geben, geliebt und anerkannt zu sein. Wenn die Venus eines Menschen z. B. in einem Wasserzeichen steht, hat er ein Bedürfnis nach ständiger emotionaler Zuwendung, mitfühlender Försorge und dauernder Rücksichtnahme auf seine Empfindsamkeit und Verletzlichkeit. Diese Art von Anteilnahme erfordert keine Worte (eines der Hauptausdrucksmittel von Venus in den Luftzeichen), keine großen Gesten (wie bei Venus in den Feuerzeichen) und auch keine sichtbaren Bande (wie bei Venus in den Erdzeichen). Venus in den Wasserzeichen braucht nur einen Austausch von Empfindsamkeit und Liebe, was von Menschen, die anders fühlen, leicht übersehen werden kann.

## Mars

Das Element des Mars zeigt, mit welchen Erfahrungen und Tätigkeiten man seine körperlichen Energien anregen kann, und mit welchen Kräften man versucht, sich durchzusetzen. Menschen mit Mars in den Luftzeichen z. B. wollen sich durch den Ausdruck von Ideen behaupten, während Mars in den Feuerzeichen sich eher in direkten, konkreten Handlungen äußert. Mars in den Wasserzeichen operiert auf einer subtileren Ebene, indem er z. B. emotionale

Macht einsetzt oder sich mit Wünschen durchzusetzen sucht, die unterhalb der Schwelle des Bewußtseins liegen. Mars in den Erdzeichen bedeutet, daß ein Mensch seinen Willen und seine Durchsetzungskraft in konkreten Aufgaben, die Geduld und Ausdauer erfordern, erproben muß.

Man kann die vom Mars dargestellte Art des Energieaustausches auch so beschreiben: Das Element des Mars ist eine Energie, die unser Bedürfnis nach körperlicher Erregung befriedigt, und es stellt eine Stilform dar, in der wir unsere aggressiven Kräfte ausdrücken und unsere Stärke erproben können. Dieses Element beschreibt die spezifischen Methoden, mit denen man seine Ziele erreichen will: Mars in der Luft gebraucht Überredung, Mars im Feuer Macht und Initiative, Mars in der Erde Geduld und Tüchtigkeit und Mars im Wasser Klugheit, Intuition und eine fast unbezwingbare Ausdauer. Mein Bruder z. B. setzt fast seine ganze Kraft und Energie für die Aufzucht von Pflanzen aus Samen ein, obwohl es bei einigen Pflanzen viele Jahre dauert, bevor sie eine verkaufsfähige Größe erreicht haben. Die Geduld und Fürsorglichkeit, die man für eine solche Arbeit braucht, entspricht Mars im Stier sehr gut. Hier haben wir ein Beispiel dafür, wie die Energie des Mars auf eine Weise genutzt wird, die mit seiner ursprünglichen Orientierung in Einklang steht.

## Sonne, Mond und Aszendent

Das Sonnenzeichenelement ist schon in früheren Kapiteln recht ausführlich besprochen worden und bedarf daher an dieser Stelle keiner detaillierten Betrachtung mehr. Man kann zusammenfassend sagen, daß das Element der Sonne die Energie ist, die unser grundlegendes Sinnempfinden und Selbstwertgefühl nährt. Das Element des Aszendenten hat in gewisser Weise eine ähnliche Funktion, aber es beschreibt eine spezifischere und weniger umfassende Art der Lebensbewältigung als das Element der Sonne. Das Element des Aszendenten zeigt die Art, in der jemand sich *durch Handlung* in der Welt darstellt, d. h. den natürlichen und spontanen Umgang mit dem Leben außerhalb von sich selbst. Es enthüllt, was für eine Rolle man im äußeren Leben gerne spielen würde, um sich frei und unbelastet zu fühlen. Aber es gibt oft andere Faktoren im Horoskop, die eine so stark ich-bezogene Lebensauffassung verhindern (insbesondere enge Aspekte auf den Aszendenten). Auf jeden Fall kann man sagen, daß das Element des Aszendenten eine

Art von Selbstdarstellung repräsentiert, die körperlich belebend wirkt, und die einen starken Einfluß auf das Selbstvertrauen und das Gefühl von individueller Freiheit und Einzigartigkeit hat.

Das Element des Mondes stellt eine in der Vergangenheit erworbene Prägung dar, die sich völlig unwillkürlich manifestiert, eine Gefühls- und Lebenseinstellung, auf die man Rücksicht nehmen muß, wenn man sich innerlich sicher und bei sich selbst zu Hause fühlen will. Dieses Element und die damit zusammenhängenden Erfahrungen befriedigen das Bedürfnis nach Übereinstimmung mit sich selbst; denn mit diesen Formen der Selbstverwirklichung entspricht man einem tiefen inneren Bedürfnis, das der gesamten Persönlichkeit Stabilität geben kann. Das Element des Mondes zeigt auch, wie man auf alle Erfahrungen instinktiv reagiert und mit welcher Energie man sich spontan dem Fluß des Lebens anpaßt.

Wenn der Mond z. B. in einem Luftzeichen steht, muß man seine Gedanken anderen mitteilen, um sich gut zu fühlen und den inneren Frieden und die Ruhe zu erreichen, die aus der Befriedigung dieses unbewußten Bedürfnisses entstehen. Entsprechend wird man sich auch dem Leben anpassen, indem man zunächst immer erst versucht, Abstand von einer Erfahrung zu gewinnen, um alles, was einem begegnet, objektiv beurteilen zu können. Mit anderen Worten, jemand mit dem Mond in einem Luftzeichen reagiert immer zuerst mit Denken und handelt dann entsprechend seiner Beurteilung der Situation. Diese Eigenschaft des Vorausdenkens ist bei Menschen mit Mond in Wasser- oder Feuerzeichen meist recht unterentwickelt, bei Mond in den Erdzeichen jedoch ebenfalls ausgeprägt vorhanden.

Der Mond in den Wasserzeichen weist auf eine Reaktionsweise hin, die von intensiven Gefühlen bestimmt wird. Dies kann sich als Furchtsamkeit oder als Gefühl von Verletzlichkeit manifestieren oder einfach als eine unmittelbare und tiefe Beschäftigung mit allen Anforderungen des Lebens. Dieser Mensch wird sich unvermeidlich mit seinen früheren Konditionierungen und alten Verhaltensmustern anfreunden müssen, als tägliche Voraussetzung für seine Bemühungen, sich den wechselnden inneren und äußeren Umständen anzupassen.

Mond in den Feuerzeichen findet man im Horoskop eines Menschen, der auf einen Wechsel von Bedingungen oder Umständen mit Enthusiasmus und unmittelbarem Handeln reagiert. Er neigt dazu, sich ohne Überlegung in etwas hineinzustürzen. Einen Mangel an Entschlossenheit kann man ihm wohl kaum nachsagen.

Ungeduld wird jedoch oft zum Problem, besonders wenn der Mond im Widder oder im Schützen steht.

Mond in den Erdzeichen läßt einen Menschen erkennen, der auf eine sehr gesetzte, stetige und sachliche Weise reagiert. Bei Menschen mit einem Stier- oder Steinbock-Mond ist die Reaktion sogar so zurückhaltend, daß andere oft denken, es habe überhaupt gar keine stattgefunden! Menschen mit Mond in der Jungfrau sprechen jedoch meistens recht deutlich und nervös auf jeden Reiz an. Ich möchte noch besonders erwähnen, daß es jemandem mit Mond in der Jungfrau oder im Steinbock sehr schwer fällt, mit sich selbst zufrieden zu sein; ob er sich akzeptieren kann oder nicht, hängt für ihn meistens von der Menge und der Qualität der praktischen Arbeit ab, die er geleistet hat, und seine Fähigkeit, sich dem Leben anzupassen, hängt ganz von seiner Rolle in der Arbeitswelt ab.

In diesem Bereich fühlen sich Menschen mit dem Mond in den Zeichen der »Arbeit« *zu Hause*.

## Jupiter und Saturn

Das Element des Jupiter zeigt uns, welche Erfahrungen und welche Tätigkeiten ein Gefühl von Glauben und Vertrauen in einem Menschen hervorrufen. Anders ausgedrückt, wenn man sich auf der vom Jupiter-Element angezeigten Ebene bewegt, wird man das Gefühl erleben, auf dem richtigen Wege zu sein, denn man steht im Einklang mit einer höheren Macht oder einem höheren Plan. Im Gegensatz dazu zeigt das Element des Saturn, auf welcher Ebene der Selbstverwirklichung man sich meistens gehemmt fühlt, und wo der Energiefluß blockiert oder eingeschränkt ist. Diese innere Blokkierung entsteht dadurch, daß man dieser Erfahrungsebene *zuviel* Gewicht gibt. Daher neigt man dazu, sich in diesem Lebensbereich in lauter Probleme zu verstricken und den Energiefluß zu hemmen, indem man entweder *zu heftig* versucht, diesen Bereich zu verwirklichen oder indem man ihn ganz und gar vermeidet und unterdrückt. Diese Überbetonung führt zu einer Haltung der Ängstlichkeit und Furcht gegenüber dieser Art von Erfahrungen, bis man gelernt hat, sich zu entspannen, loszulassen und sich auf das Vertrauen und den Glauben, die von Jupiter symbolisiert werden, einzulassen. Saturn und Jupiter lassen sich sehr gut als Gegenüberstellung von komplementären Prinzipien verdeutlichen: Saturn stellt die Anstrengung dar, Jupiter die Gnade. Anstrengung ohne

Gnade läßt keine Freude oder Heiterkeit mehr aufkommen, und man ist nicht fähig, die Früchte seiner Arbeit zu genießen. Gnade ohne Anstrengung ist jedoch im allgemeinen auch kein sehr konstruktiver Weg, das Leben zu meistern; denn obwohl man mit einem starken Glauben und Optimismus gesegnet sein mag, bringt man doch meistens sehr wenig zustande, und es kann zu einer Flucht vor direkt anstehenden Pflichten werden, wenn man sich zu sehr auf die Gnade verläßt.

Das Element des Saturn in einem Horoskop deutet meistens (besonders wenn die Saturn-Aspekte spannungsreich sind) auf Schwierigkeiten hin, die entsprechende Ebene der Erfahrung vorbehaltlos und ohne Angst zu akzeptieren. Diese Angst entsteht oft aus einem überkommenen Lebensmuster, das jetzt unerträglich starr und unterdrückend geworden ist. Zu einer bestimmten Zeit jedoch (z. B. in früheren Leben) mag diese Vorsicht und Selbstdisziplin durchaus sinnvoll gewesen sein. Sie kann auch jetzt noch eine äußerst wichtige Rolle für die Entwicklung eines Menschen spielen, aber nur dann, wenn er sie als eine Herausforderung zu einer *beharrlicheren* Anstrengung versteht, sich in diesem Lebensbereich ganz konkret zu verwirklichen. Anstrengung ist notwendig, um dem natürlichen Fließen der Energie einen Weg zu bahnen, aber dieses Fliessen erzwingen zu wollen, ist genauso selbstzerstörerisch, als wenn man versucht, es völlig zu blockieren.

Saturn in einem Wasserzeichen z. B. ist oft ein Hinweis auf die Angst, seine Gefühle auszudrücken. Einige Autoren vertreten den Standpunkt, daß diese Saturn-Position einen Menschen kalt und gefühlsarm mache; das Gegenteil jedoch ist wahr. Menschen mit Saturn in einem Wasserzeichen sind emotional *über*empfindlich, denn sie sind zu verbissen mit der Verteidigung ihrer empfindsamen Gefühle gegenüber den Bedrohungen der Außenwelt beschäftigt. Von daher ist es verständlich, daß sie sehr zurückhaltend sind, ihre Gefühle offen zu äußern, denn das würde sie verletzbar machen. Saturn in den Wasserzeichen kann auf ein ernstes Maß an Gefühlsunterdrückung hinweisen, aber das heißt noch lange nicht, daß dieser Mensch nichts fühlt! Menschen mit dieser Saturn-Position müssen sich sehr anstrengen, um mit Hilfe von Disziplin, Konzentration und Selbstannahme ihren Gefühlen Ausdruck zu verleihen. Solange man in seine Probleme verstrickt ist, wird man weiter auf alles und jedes überempfindlich reagieren, genauso wie ein nervöser, ängstlicher Mensch beim leisesten Geräusch aufschreckt. Aber wenn man gelernt hat, sich aus ihnen zu befreien, loszulassen und sich selbst zu akzeptieren, wird man wieder fähig, all die Energie, die vorher durch Ängste und negative Einstellungen blockiert war, bewußt zu lenken.

Man kann oft beobachten, daß Menschen das Element ihrer Saturn-Position in ihrer Arbeit ausdrücken, denn das ist eine Möglichkeit, diesen Energien auf eine konkrete Art und Weise einen Platz im Leben einzuräumen. Menschen mit Saturn in den Wasserzeichen fühlen sich daher oft zu Berufen hingezogen, in denen sie ihre Emotionen und ihr Mitgefühl für andere ausleben können, z. B. in der Heilkunde oder im Umgang mit Menschen, die auf irgendeine Art leiden. Durch ihre Arbeit können sie eine unerschütterliche emotionale Stärke aufbauen, und die Saturn-Position kann zu einem echten Gewinn für ihren Charakter werden, statt lähmende Fessel zu sein. Entsprechend wollen wir Saturn in den anderen Elementen kurz darstellen. Menschen mit Saturn in den Luftzeichen haben oft das Bedürfnis, ihrer Fähigkeit zur *Verständigung* eine feste Grundlage zu verschaffen, und sie werden deshalb versuchen, ihr Wissen und ihre Offenheit für andere in die tägliche Arbeit zu integrieren. Saturn in den Feuerzeichen zeigt das Bedürfnis, die eigene *Identität* zu festigen, und Menschen mit dieser Stellung des Saturn finden oft ihre eigentliche Aufgabe darin, neue Formen für ihre kreative Selbstverwirklichung zu schaffen, z. B. im künstlerischen oder geschäftlichen Bereich. Menschen mit Saturn in den Erdzeichen brauchen eine Konsolidierung ihrer Effektivität, und es ist wichtig für sie, Verläßlichkeit und Genauigkeit in ihrer täglichen Arbeit zu beweisen.

Während das Saturnelement in jedem Geburtshoroskop eine Art von Energie darstellt, die von der Anlage her (zumindest in der Jugend) ziemlich eingeschränkt ist, symbolisiert das Jupiterelement eine Quelle der Vitalität, die ganz natürlich und reichlich fließt. Um ein Beispiel für den Unterschied der Funktion dieser beiden Planeten zu geben, möchte ich beide im Zeichen Löwe vorstellen. Jupiter im Löwen zeigt, daß jemand eine dramatische, feurige und ziemlich bombastische Art der Selbstdarstellung braucht, um ein Gefühl von Glauben und Vertrauen zu entwickeln. In ähnlicher Weise beschreibt auch Saturn im Löwen jemanden, der zumindest unbewußt einen solchen Stil der Selbstdarstellung anstrebt; aber dieser Wunsch ist meistens zu starr selbstzentriert, zu sehr um die eigene Ich-Identität besorgt und erzeugt so Angst vor Verletzbarkeit und Versagen, die das Selbstvertrauen lähmen kann. Aus dieser Angst heraus neigt man dazu, sich in diesem Bereich einzuschränken oder zu stark zu disziplinieren, und dieses Bemühen verschärft dann nur noch den schon bestehenden Teufelskreis der Frustration. Wenn ein

Mensch jedoch die Tatsache anerkennt, daß die Äußerung dieser Energie, auch wenn es ihn eine ungeheure Anstrengung kosten mag, eine Lebensnotwendigkeit für ihn ist, dann ist der erste Schritt getan, um diese Energie wieder zum Fließen zu bringen. Aber dieser Schritt ist nicht möglich ohne die Erkenntnis, daß dieses so heftig empfundene Bedürfnis aus dem Drang des Lebens nach Ausdruck entsteht und nicht einfach nur aus einem persönlichen »Komplex«. Das Element des Saturn zeigt, in welchem Bereich man Vertrauen in eine Macht entwickeln muß, die höher ist als das Ego. Beide, Jupiter wie auch Saturn, zeigen in ihrem jeweiligen Element ein starkes Bedürfnis, diese Ebene auszudrücken, aber die Qualität der Energiefreisetzung ist sehr verschieden. Das Element des Jupiter hat die Tendenz (falls es nicht vom Saturn gehemmt wird), frei und spontan, manchmal sogar exzessiv zu fließen, während das Saturnelement nur durch gewissenhaftes Bemühen, geduldige Arbeit und selbstdiszipliniertes Handeln verwirklicht werden kann.

## Die »kosmische Qualität« der Planeten

Bei der Deutung der verschiedenen Planeten in den Elementen braucht man ein recht tiefgehendes Verständnis des spezifischen funktionalen Prinzips, um sich die möglichen Einsichten in vollem Maße zu erschließen. Wenn man durch jahrelanges Studium und geduldiges Üben an Hunderten von Horoskopen dieses Verständnis erlangt hat, erhalten viele der alten astrologischen Ideen eine höhere Bedeutung. So wird man z. B. die Vorstellung von Erhöhung, Würde, Fall und Exil nicht mehr als überholte Relikte eines archaischen Systems betrachten, wie das einige Autoren getan haben, sondern man erkennt ihre höchst praktische Bedeutung. Eine solche Klassifizierung von Planetenpositionen beruht im wesentlichen auf der Harmonie zwischen dem Wesen des Planeten und der Eigenart eines bestimmten Elements. Obwohl jeder Planet in einem bestimmten Element gewisse allgemeine Ausdrucksqualitäten darstellt, ist es notwendig, jede *Zeichen*stellung eines Planeten für sich zu betrachten, wenn man die Bedeutung solcher Vorstellungen wirklich erfassen will.

Um ein Beispiel zu geben: Wenn ein Planet in einem Zeichen steht, welches seinem Wesen nicht ganz entspricht, hat das zur Folge, daß *die Eigenart dieses Zeichens die reine Verwirklichung seines Prinzips »beeinträchtigt«*. Wenn jemand z. B. Merkur im Schützen hat, besteht die Tendenz, daß seine Überzeugungen und

Hoffnungen (Schütze) das Funktionieren seines logischen und rationalen Denkens (Merkur) beeinträchtigen. Dies bedeutet nicht, daß es ihm unbedingt an Intelligenz oder klarer Wahrnehmung mangelt, sondern eher, daß seine Ideen ständig von anderen Faktoren als von reiner Vernunft und Faktenanalyse beeinflußt werden. Wenn man ihn fragt, warum er eine bestimmte Aussage gemacht hat, wird er sich wahrscheinlich eher auf Überzeugungen, Ideale oder Hoffnungen berufen, als konkrete Tatsachen zu nennen, um seinen Gedanken zu untermauern. Wir sehen also, daß das »Exil« des Merkur im Schützen nicht etwas »Schlechtes« ist oder notwendigerweise eine Beeinträchtigung bedeutet (wie das Exil oft interpretiert wird), sondern daß es einfach auf eine persönliche Schwierigkeit hinweist, das eigentliche Wesen dieser Planetenfunktion zum Ausdruck zu bringen. Das Ausmaß der tatsächlich erfahrenen Schwierigkeiten hängt von den Aspekten auf diesen Planeten und von der Bewußtseinsebene des einzelnen ab.

Ein weiteres Beispiel mag genügen, um dem Leser die Richtung zu weisen, wie man diese überlieferten Prinzipien konstruktiv anwenden kann. Wenn jemand die Venus im Skorpion hat (ebenfalls ein »Exil«), dann werden die Ansprüche, die unersättlichen emotionalen Bedürfnisse und die intensiven Leidenschaften des Skorpion wahrscheinlich den Ausdruck von Zuneigung und die *freie* Begegnung in Liebe mit einem anderen Menschen stören. Das heißt nicht, daß dieser Mensch keine Liebe oder Zuneigung ausdrücken kann. Aber wahrscheinlich wird es ihn emotional sehr beunruhigen, wenn er sieht, wie die reine Liebe bei ihm ständig von Leidenschaften, sexuellen Begierden und emotionalen Forderungen gefärbt wird. Wie ein Mensch mit diesen Gegebenheiten umgehen wird, steht nicht im Geburtshoroskop, denn die gleiche Energie kann sich auf viele Arten manifestieren (siehe positive-negative Entsprechungen der Planetenprinzipien am Ende von Kapitel 9). Die Stellung der Planeten in bestimmten Zeichen enthüllt in jedem Fall ganz bestimmte Triebe und Bedürfnisse, aber wie bewußt sich ein Mensch dieser inneren Motivationen ist, kann nicht allein aus dem Horoskop bestimmt werden. Wie gut ein bestimmtes Verlangen oder Bedürfnis ausgedrückt oder befriedigt werden kann, zeigen die Aspekte zu den entsprechenden Planeten, wobei die spannungsreichen Aspekte eine Steigerung oder Blockierung des jeweiligen Elements andeuten.

# Die Elemente im Horoskopvergleich

Die Elemente sind der Schlüssel zu einem umfassenden Verständnis der Kunst des »Horoskopvergleichs«, der sogenannten Synastrie. Beim Vergleich zweier Horoskope muß man, viel stärker noch als bei der Beschäftigung mit individuellen Horoskopen, die relative Harmonie der Planetenpositionen, wie sie sich in den Elementen zeigt, in Erwägung ziehen, zusätzlich zur Analyse der spezifischen Aspekte zwischen den Planeten der einen und den Planeten der anderen Person. Wie schon früher erwähnt, sind die genauen Aspekte ein Hinweis auf einen dynamischeren Energieaustausch als ihn die Elemente allein erkennen lassen. Eine gründliche Analyse der gegenseitigen Vereinbarkeit der Planeten von zwei Menschen anhand der Elemente gibt dem geübten Astrologen jedoch die Möglichkeit, viele wichtige Erkenntnisse und feine Differenzierungen zu entdecken, die selbst die exaktesten Aspekte nicht so deutlich hervortreten lassen.

Auf der Ebene der alltäglichen Erfahrung kann man jede Beziehung als die Interaktion von zwei Energiefeldern betrachten. Obwohl man viele Verfeinerungen mit ins Spiel bringen kann, besteht die Kunst des Horoskopvergleichs doch im wesentlichen darin, den Energieaustausch zwischen zwei Menschen zu analysieren. Das soll nicht heißen, daß es hinter dem sichtbaren Spiel der Energien keine tieferen Bedeutungen, wie z. B. Karma aus früheren Leben, gibt. Da jedoch die Wahrnehmungsfähigkeit der meisten Astrologen auch nur begrenzt ist, ist die relative Vereinbarkeit der Energien die nächstliegende Tatsache, mit der sie sich auseinandersetzen müssen. Eine Analyse der Harmonie der Elemente im Horoskopvergleich zeigt auf, wo und inwieweit zwei Menschen sich gegenseitig ihr Energiefeld aufladen können, aber auch, wo beide sich in ihrem Energiefluß blockieren und sich damit gegenseitig frustrieren. Wenn eine wesentliche Blockierung vorhanden ist, erleben sie in der Beziehung entweder sehr viel Frustration oder eine ernstliche Erschöpfung der Energien, manchmal auch beides. Wenn der gegenseitige Energieaustausch harmonisch verläuft, äußert sich das in einem Gefühl von Befriedigung, Belebung und Vollständigkeit. Natürlich werden in den meisten Beziehungen beide Arten des Energieaustauschs vorkommen, aber eine Grundtendenz wird meistens dominieren. Die Bereiche des harmonischen Austauschs zwischen zwei Menschen sind eine Kraftquelle, aus der sie die nötigen Energien schöpfen können, um mit den problematischen Seiten ihrer Beziehung fertig zu werden. Wenn jedoch Spannung und Mißklang im Energieaustausch zweier Menschen überwiegen, ist es nur eine Frage der Zeit, bis einer oder beide die Beziehung, wenn nicht aus anderen Gründen, dann doch schließlich aus purer Erschöpfung beenden wollen.

Ich habe davon gesprochen, daß Menschen sich gegenseitig ihr Energiefeld »aufladen« können. Um zu verdeutlichen, was ich damit meine, möchte ich mich auf ein Zitat aus dem Buch *Born to Heal* stützen. Der Heilkundige Mr. A., den ich schon früher erwähnt habe, hebt die Bedeutung des Sonnenzeichenelements als eines der wichtigsten Merkmale in der Untersuchung einer Beziehung hervor:

> »Es gibt vereinbare, neutrale und negative Arten von Energie. Der Kontakt von vereinbaren oder zusammenpassenden Energien erzeugt belebende Energie für den magnetischen Kraftstoff.«

Als vereinbar sieht Mr. A. die Energien an, die vom gleichen Element, aber von verschiedenen Zeichen stammen. Die »negativen« Energien sind die unvereinbaren Elemente, wie z. B. Wasser und Feuer. Ihr »Zusammenwirken verursacht auf verschiedenen Ebenen eine Erschöpfung des magnetischen Feldes, das dadurch die Anziehungskraft auf die menschliche Energie verliert, die man durch die Lungen aufnimmt.« Neutrale Energien sind für Mr. A. die des gleichen Sonnenzeichens ohne die Unterstützung von anderen vereinbaren Energien. Sie können sich normalerweise nicht besonders gut gegenseitig regenerieren und neigen dazu, miteinander zu verschmelzen und »wie ein Element zu handeln«.

Daher erleben Menschen, die die Sonne im gleichen Zeichen und keine andere energetisch aufladende Elementenbetonung haben, oft ein langsames »Aushungern« des Nervensystems. Sie müssen nicht unbedingt Streit miteinander haben, aber es wird einfach keiner von beiden gut »aufgeladen«, wie das durch eine leicht verschiedene und dadurch belebende Schwingung des gleichen Elements geschieht.

Die Kombination von anderen, »harmonischen« Elementen, wie z. B. Luft und Feuer oder Wasser und Erde, hält Mr. A. für weniger positiv als die von verschiedenen Zeichen des gleichen Elements, aber für wesentlich verträglicher als die Kombination der von ihm als »negativ« bezeichneten Energien.

Mr. A. sagt außerdem, daß unser Nervensystem über unser magnetisches Feld von jedem Menschen, mit dem wir in Kontakt kommen, beeinflußt wird: »Wenn unsere eigene Energieerzeugung stark ist, werden diese Störenergien wenig oder keine Wirkung auf unsere Nerven ausüben. Wenn wir aber erschöpft oder geschwächt sind, wird eher eine Reaktion auftreten.« Außerdem weist er darauf hin, daß ein Kind sich unwillkürlich zu dem Elternteil hingezogen fühlt, der sein magnetisches Feld am besten auflädt. Wenn die Energien beider Eltern in einem dissonanten Verhältnis zum Energiemuster des Kindes stehen, wird es als Folge davon ein schwieriges und reizbares Verhalten zeigen, und sein Wesen wird für seine Eltern ein Buch mit sieben Siegeln bleiben. In meiner Praxis ist mir dieses Phänomen viele Male begegnet. Ein Beispiel fällt mir ein von einem Mädchen, dessen Eltern Krebs und Stier vom Sonnenzeichen her sind. Sie selbst ist ein Löwe mit Mond im Widder. Sie wurde, besonders während ihrer Pubertät, von ihren Eltern als Problemkind angesehen, und für jemanden mit so viel feuriger Energie war sie äußerst nervös und unsicher. In den zwei Jahren, nachdem sie ihr Zuhause nach Abschluß der höheren Schule verlassen hatte – unnötig zu sagen, daß sie dies so schnell wie möglich getan hatte – fand eine große Veränderung mit ihr statt. Nachdem sie ihr eigener Herr war und nicht mehr täglich gegen den Strom der Energien ihrer Eltern anschwimmen mußte, entwickelte sie schnell das sichere Auftreten und das Selbstvertrauen, das man normalerweise von einem Menschen ihrer Prägung erwarten würde. Mit anderen Worten, *sie* war nicht das Problem, sondern ihre *Beziehung* zu ihren Eltern. Welcher Psychologe hätte ohne die Hilfe der Astrologie dieses Dilemma ausfindig machen können?

Das Element der Sonne stellt zwar die primäre Energiequelle eines Menschen dar, aber auch die Elemente von Mond und Aszendent sind in jedem Fall stark energetisch geladen. Auch die Elemente der anderen persönlichen Planeten, insbesondere die »Herrscher« des Sonnen- und Aszendentenzeichens, müssen, wie schon ausführlich erläutert, bei jedem Horoskopvergleich mit in Betracht gezogen werden. Jeder Mensch hat in einem gewissen Maß Anteil an allen Elementen, aber die eben aufgezählten Hauptfaktoren des Geburtshoroskops repräsentieren die Einstellung, die am dynamischsten und bewußtesten hervortritt. Besonders die Elemente der Sonne-Mond-Polarität sind stark energetisch geladen, und daher hat man den besten Kontakt zu solchen Menschen, die etwas von dieser Einstimmung mit einem teilen. Es gibt zwar viele Ehen, in denen die Elemente von Sonne und Mond des Mannes mit den Elementen von Sonne und Mond der Frau unvereinbar sind, aber die überwiegende Mehrzahl dieser Ehen dauert entweder nicht lange oder wird nur auf Kosten ständiger Frustration von einem oder beiden der Ehepartner aufrechterhalten. Ich vertrete nicht den Standpunkt, daß jede Art von Beziehung unbedingt auf ein harmonisches Verhältnis zwischen den Elementen von Sonne und Mond beider Partner angewiesen ist (wie oben erwähnt, sind auch noch andere Faktoren zu beachten), aber ich bin fest davon überzeugt, daß eine wirklich harmonische und allumfassende Übereinstimmung ohne einen gewissen Anteil dieses fließenden Energieaustauschs nicht zustande kommen kann. Die Harmonie zwischen z. B. der Sonne des einen Partners und der Sonne oder dem Mond des anderen ist ein Zeichen für den reinsten Ausdruck und das unmittelbarste Zusammenfließen der Lebensenergien zweier Menschen.

Die Wichtigkeit solcher Betrachtungen hängt natürlich von der Art der zu untersuchenden Beziehung, vom Grad der Intimität, von der Enge der Verbindung und von der miteinander verbrachten Zeit ab. Eine entfernte Geschäftsverbindung wird die Vereinbarkeit nicht so stark auf die Probe stellen wie die Beziehung zwischen Ehepartnern oder zwischen Eltern und Kind. Die Harmonie zwischen Sonne und Mond zweier Menschen führt zu einer gegenseitigen Identifikation und zu einem unmittelbaren Bewußtsein von ihrer Einheit. Sie ermöglicht ein Verschmelzen der Identität, eine gegenseitige Belebung und eine natürliche Ermutigung des wesensgemäßen Selbstausdrucks beider Partner. Mit anderen Worten, in einer solchen Beziehung kommt eine der höchsten Formen der Liebe zum Ausdruck, eine Art von gegenseitiger Annahme und Empfänglichkeit, die wesentlich dauerhafter und befriedigender ist als Beziehungen, die nur auf harmonischen Venus-Venus, Venus-Mars, Venus-Sonne oder Venus-Mond-Aspekten beruhen.

Als ein Beispiel für das, was ich hier deutlich machen möchte, lassen Sie uns den Fall eines verheirateten Paares untersuchen. Die Frau hatte Sonne im Löwen, Mond im Widder, Venus in der Jungfrau, Mars im Stier und einen Krebs-Aszendenten (es handelt sich hier um eine andere Frau als diejenige, die wir schon früher in diesem Kapitel erwähnt haben). Ihr früherer Ehemann hatte Sonne im Steinbock, Mond in der Jungfrau, Mars in den Zwillingen, Venus im Schützen und ebenfalls einen Krebs-Aszendenten. Da sich dieses Buch nicht in erster Linie mit dem Horoskopvergleich beschäftigt, werde ich den Vergleich nicht bis in alle Einzelheiten analysieren. Aber auf einige kritische Faktoren möchte ich hinweisen, um die Rolle der Elemente im Horoskopvergleich zu verdeutlichen. Beide Partner haben einen Krebs-Aszendenten, und beide haben zwölf Jahre lang gemeinsam zwei Kinder großgezogen. Heim und Familie waren für beide ein Hauptschwerpunkt ihrer Energie, und diese ähnliche Orientierung war es, die ihnen dabei geholfen hat, die Ehe so lange aufrechtzuerhalten (zwölf Jahre). Bei beiden Partnern dominiert also der Mond, aber ihre Monde stehen in unvereinbaren Elementen. Weder ihre Sonnen noch ihre Monde sind in Harmonie miteinander. Das Hauptelement der Frau ist Feuer, das des Mannes Erde. Sie leben in verschiedenen Welten, sie funktionieren auf eine völlig verschiedene und disharmonische Art und Weise; ganz unterschiedliche Dinge sind für sie wichtig, und was für den einen *wirklich* ist, hat für den anderen überhaupt keine Bedeutung. Weder Venus noch Mars der Frau harmonieren mit Venus und Mars des Mannes, und sie hatte – wie sie selbst sagte – schon seit Jahren aufgehört, sexuell etwas für ihren Mann zu empfinden.

Was führte diese Menschen nun, astrologisch gesehen, zusammen? Was hatte ihnen nur das Gefühl gegeben, daß sie zusammenpassen, daß sie sogar glücklich miteinander werden könnten? Die Venus der Frau steht in der Jungfrau in enger Konjunktion mit seinem Mond und im Trigon zu seiner Sonne. Ihr Mars ist im Trigon zu seiner Sonne und seinem Mond. Seine wesentliche Sonne-Mond-Energie erregte also ihre romantischen, sexuellen und erotischen Energien gleich auf den ersten Blick. Seine Erdhaftigkeit ist gut vereinbar mit ihrer eigenen Erdhaftigkeit und ganz besonders mit dem Reiz, den erdhafte Männer auf der körperlichen Ebene auf sie ausüben (Mars im Stier). Aber seine Erdhaftigkeit ist nicht vereinbar mit ihrer *wesentlichen* feurigen Natur! Entsprechend steht seine Venus im Schützen im Trigon zu ihrer Sonne und ihrem Mond, und sein Mars im Sextil zu den beiden Lichtern. Wiederum erregt ihre wesentliche Sonne-Mond-Vitalität seine emotionalen und sexuellen Energien. Ihre feurige Energie paßt gut zu seiner Feuerzeichen-Venus (Anziehungskraft von feurigen Frauen) und harmonisiert mit seinem Luftzeichen-Mars. Aber als ein im wesentlichen erdhafter Menschentyp kann er zwar ihr Feuer reizvoll finden, aber er kann sich niemals wirklich auf ihren Lebensstil einstimmen. Nach der Bearbeitung von Horoskopvergleichen für viele verheiratete oder verliebte Menschen scheint mir dies der am häufigsten vorkommende Faktor zu sein, der zu einer langsamen Auflösung der Beziehung beiträgt; während die Partner sich in vieler Hinsicht mögen und oft auch emotional und sexuell stark aufeinander ansprechen, erkennen beide doch allmählich, daß sie in der Beziehung einfach nicht völlig sie selbst sein können, daß sie ihr innerstes Selbst – wie sehr sie sich auch darum bemühen – nicht miteinander teilen können.

Denn wenn man auf ein bestimmtes Element nicht sehr stark eingestimmt ist, dann ist es praktisch unmöglich, vollwertig an diesem Lebensbereich und an dieser Bewußtseinsqualität teilzuhaben. Zwei auf diese Weise beschriebene Menschen werden entdekken, daß sie sich immer mehr voneinander entfernen, da sie auf verschiedenen Wegen voranschreiten, sich entwickeln und individualisieren. Je stärker sie ein Bewußtsein ihrer wesentlichen Individualität entwickeln, desto mehr werden sie sich mit der Tasache abfinden müssen, daß sie niemals eine Gemeinsamkeit in der Tiefe erreichen werden, wie sie es sich wünschen. Der Grad der Unzufriedenheit hängt natürlich davon ab, welche Erwartungen jeder Partner in die Beziehung hat, wie abhängig er in seiner Selbstverwirklichung von der Beziehung ist, und welches Maß von *persönlicher* Intensität er in der Beziehung sucht. Ein sehr unpersönlicher Steinbock z. B. mag mit einer Ehe zufrieden sein (einfach weil sie ein sicherer und bequemer Rahmen ist), die für eine Waage äußerst frustrierend wäre.

Mir scheint, daß der Grund für die steigende Scheidungsrate in der westlichen Welt darin liegt, daß immer mehr Menschen sich ihrer Individualität bewußt werden und immer stärker darauf bestehen, sie auch zum Ausdruck zu bringen. Dieser Trend ist von dem Transit des Uranus durch die Waage nur beschleunigt worden. Das Tempo des Lebens, der Zusammenbruch der traditionellen Werte, die Entwurzelung der meisten amerikanischen Familien, all das hat zu dieser Entwicklung beigetragen; aber dieser gesellschaftlicher Trend hat auch eine positive Seite, die meistens übersehen wird: Bei weit mehr Menschen als in früheren Jahrzehnten rückt die Wichtigkeit einer bewußten und erfüllten Zweierbeziehung ins Zentrum ihrer Aufmerksamkeit. Diese neue und ständig zunehmende Betonung der persönlichen Freiheit und Individualität hat natürlich auch zu einigen Extremen geführt, da die Menschen immer dazu neigen, übers Ziel hinauszuschießen, wenn sie mit alten Traditionen oder restriktiven Lebensformen brechen. Wenn diese neue Freiheit jedoch (nochmals stark hervorgehoben durch den vollen Eintritt des Wassermannzeitalters) erst einmal angenommen und mit spirituellen Werten verbunden ist, werden m. E. die Umwälzungen, die wir heute in den Beziehungsstrukturen erleben, ein Ende finden. Pluto wird mit seinem Transit durch die Waage möglicherweise letzte Hand anlegen an die Revolution, die Uranus in Gang gebracht hat, und vielleicht werden wir in nicht allzu vielen Jahren feststellen, daß die gesamten Strukturen von Ehe und engen zwischenmenschlichen Beziehungen auf einer neuen und bewußteren Ebene wiederauferstanden sind.

Mit besonderem Nachdruck möchte ich darauf hinweisen, daß man bei der Deutung von Horoskopvergleichen auf keinen Fall die astrologischen Daten als absolut determinierende Indikatoren für »Glück« oder »Unglück« in einer bestimmten Beziehung verstehen sollte. Der richtige Gebrauch der astrologischen Informationen soll die Selbsterkenntnis fördern und dem einzelnen zu einem bewußten Leben verhelfen, und nicht als Entschuldigung für das Ausweichen vor Verantwortlichkeiten herhalten oder Illusionen von absoluter Glückseligkeit nähren. Die Bewußtseinsebene der beiden beteiligten Menschen ist immer der entscheidende Faktor. Die Art, in der sie mit möglichen Konflikten oder mit ihren Persönlichkeitsstrukturen umgehen werden, ist immer nur in dem Maße vorhersagbar, in dem sie unbewußt handeln. Wenn die Partner sehr bewußte Menschen sind und/oder gewisse spirituelle oder ethische Ideale haben, die sie in ihrem Leben verwirklichen wollen, können sie die Fähigkeit haben, auch mit solchen Schwierigkeiten konstruktiv umzugehen, die eine Beziehung zwischen weniger bewußten Menschen zerstören würde.

Man fühlt sich oft von anderen Menschen angezogen, die stark von einem Element geprägt sind, das bei einem selbst unterbetont ist. Einige Autoren, die über Horoskopvergleiche geschrieben haben, halten diese Situation für ideal, da sich diese Menschen ja gegenseitig »ergänzen«, indem jeder etwas hat,was dem anderen fehlt. Dies ist eine der vielen astrologischen Aussagen, die sich auf dem Papier gut anhören, aber in der Praxis oft nicht zutreffend sind. Es ist tatsächlich so, daß uns oft Menschen faszinieren und anziehen, die Qualitäten oder Fähigkeiten verkörpern, mit denen wir nicht ausgestattet sind. Meiner Erfahrung nach ist es jedoch äußerst selten, daß wir mit einem solchen Menschen in wirklich *engem Kontakt* und über einen längeren Zeitraum gut auskommen können. Man kann diese Art von Beziehung eher konstruktiv gestalten, wenn man sie als zeitlich begrenztes, die eigene Entwicklung vorantreibendes Abenteuer betrachtet, und nicht als Langzeitvertrag wie in der Ehe oder im geschäftlichen Bereich. Einige Autoren behaupten sogar, die ideale Beziehung sei dann gegeben, wenn die Elemente zwischen zwei Menschen völlig ausgewogen verteilt sind, der eine also z. B. von Feuer und Erde und der andere von Wasser und Luft geprägt ist. Doch auch dies hört sich in der Theorie besser an, als es erfahrungsgemäß funktioniert, denn diese Menschen werden oft so verschieden sein, daß die bewußtseins- und erfahrungsmäßige Kluft zwischen ihnen von Jahr zu Jahr größer wird. Sie müssen meistens feststellen, daß ihnen, je länger die Beziehung dauert, die Teilhabe an der Welt des anderen immer weniger gelingt.

Wie bei den meisten Regeln gibt es natürlich auch hier Ausnahmen, und der praktizierende Astrologe wird gelegentlich auf eine Beziehung stoßen, die erfolgreich zu sein scheint, obwohl die Elemente der beiden Partner nicht besonders gut aufeinander abgestimmt sind. Aber in diesem Fall wird ganz sicher ein sehr starker Kontakt durch Aspekte zwischen den beiden Horoskopen bestehen, der die Partner motiviert, mit ihren Schwierigkeiten fertig zu werden. Denn obwohl die Elementenbetonung bei Horoskopvergleichen von überragender Bedeutung ist, müssen doch die spezifischen Aspekte zwischen den Horoskopen systematisch und in allen Einzelheiten bei jeder gründlichen Untersuchung einer Beziehung in Betracht gezogen werden.

Einige der Methoden des Horoskopvergleichs, die in verschiedenen Artikeln und Büchern vorgestellt werden, sind ziemlich radikale Simplifizierungen dieser äußerst komplexen Kunst, und ein Astrologe, der sich auf diese halbherzigen Methoden verläßt, kann nicht erwarten, in seinem Verständnis von Beziehungen besonders weit zu kommen.

Ich betone hier nicht die Bedeutung der Elemente, um damit die traditionellen Methoden der Analyse der Aspekte von Horoskop zu Horoskop zu verdrängen, sondern ich möchte lediglich die tieferen Grundlagen dessen beleuchten, was in einer Beziehung auf der energetischen Ebene abläuft. Denn obwohl genaue Aspekte im Horoskopvergleich immer auf eine bestimmte Art des Energieflusses oder der Energieblockierung hinweisen, haben doch zwei Menschen, die von den Elementen her harmonisch aufeinander eingestimmt sind, eine wesentlich bessere Chance, mit den Problemen ihrer spannungsreichen Aspekte konstruktiv umzugehen.

Auch wenn wir Beziehungen mit Menschen eingehen, deren dominantes Element uns selbst fehlt, können wir viel lernen. Wenn uns unsere eigene Unzulänglichkeit und Entwicklungsbedürftigkeit bewußt geworden ist, können wir die Qualitäten dieser Menschen schätzenlernen und sie für ihre Fähigkeit bewundern, sich in einem Bereich auszudrücken, der uns selbst fremd ist. Das mag einen gewissen Abstand erforderlich machen, heißt aber auf keinen Fall, daß in solchen Beziehungen Erfüllung und tiefe Befriedigung unmöglich sind.

Aus dem vorhergehenden können wir schließen, daß auf jeden Fall eine wichtige und harmonische Verbindung zwischen zwei Menschen besteht, wenn z. B. die Sonne des einen im gleichen Zeichen (oder auch nur im gleichen Element) wie der Mond des anderen steht, unabhängig davon, ob sie durch einen genauen Aspekt verbunden sind. Entsprechend deutet ein Mars-Trigon zur Venus des Partners – obwohl Mars-Venus-Trigone traditionell als besonders harmonische Aspekte für Liebe und Sexualität gelten – nicht unbedingt auf eine besonders gute Vereinbarkeit hin, *wenn* die Planeten in unvereinbaren Elementen stehen. Wer eine umfassende und genaue Interpretation der einzelnen Aspekte im Horoskopvergleich sucht, dem möchte ich das Buch von Lois H. Sargent *How to Handle Your Human Relations* wärmstens empfehlen (veröffentlicht von der American Federation of Astrologers).

Da die meisten Grundregeln, die bei der Betrachtung der Interaktion und Kombination von Elementen eine Rolle spielen, in diesem Buch schon abgehandelt sind, brauche ich sie hier nicht zu wiederholen (Kapitel 10 enthält einiges Material darüber, wie die Menschen der verschiedenen Elementenprägungen aufeinander reagieren). Um jedoch ein Gefühl dafür zu bekommen, wie diese Energien sich miteinander verbinden, sollte der Leser einmal versuchen, sich vorzustellen, was geschieht, wenn die materiellen Manifestationen der Elemente aufeinandertreffen. Wie verhält sich Wasser, wenn es mit Erde zusammenkommt? Wie verhält sich Luft, wenn sie mit Wasser zusammenkommt? Welche Wechselwirkungen entstehen zwischen diesen Elementen? Wenn man sich einmal über die wesentliche Natur eines Elements klargeworden ist, kann man seine Interaktionen mit anderen Elementen relativ leicht verstehen. Eine solche bildhafte Vorstellung trägt nicht nur zu einem tieferen Verständnis der psychologischen Dynamik bei, sondern verschafft uns auch Einsichten darüber, wie Menschen sich durch ihr bloßes Zusammensein in ihrer Gesundheit gegenseitig beeinflussen.

Es geschieht nicht selten, daß ein Mann und eine Frau, obwohl sie sich gegenseitig sehr gern mögen, feststellen müssen, daß sie sich immer dann in ihrer Vitalität beeinträchtigen, wenn sie zuviel Zeit zusammen verbringen. In anderen Fällen wirkt die Interaktion der Energiefelder zweier Menschen derartig belebend, daß einer oder beide das Gefühl haben, diesen Grad der Intensität nicht aushalten zu können. Es ist, als wären sie elektrisch überlastet, als würden sie ihr Nervensystem kurzschließen und dadurch dauernd die Sicherungen durchbrennen. Beide Arten von Beziehungen können nur auf der Ebene der Elemente verstanden werden. Wenn z. B. ein Krebs mit einem Zwilling zusammenlebt, kann es sein, daß der Krebs sich wie »ausgetrocknet«, verdörrt, leblos vorkommt. Der Zwilling mag sich wie erstickt fühlen, hat Schwierigkeiten, morgens aus dem Bett zu kommen und entwickelt vielleicht sogar Atembeschwerden. Es ist, als ob der Zwilling versuchen würde, unter Wasser zu leben und der Krebs in der Luft. Beiden Energiefeldern wird die Lebenskraft entzogen, und sie werden wahrscheinlich überrascht sein, wie erleichtert und gekräftigt sie sich fühlen, wenn sie sich getrennt haben.

Um den entgegengesetzten Fall zu verdeutlichen, nehmen wir einmal an, daß ein Schütze mit Mond im Löwen und ein Zwilling mit Mond im Wassermann zusammenleben. Dies könnte eine positive und harmonische Beziehung sein, wenn beide den Grad der Intensität aushielten. Der übrige Teil des Horoskopvergleichs könnte uns darüber aufklären. Da aber sowohl die Sonnen als auch die Monde von beiden in Opposition zueinander stehen, (und viele Oppositionen bedeuten im Horoskopvergleich viel eher eine enorme *Stimulation* des Energieflusses als eine Frustration oder Hemmung) ist möglicherweise die Intensität so überwältigend, daß keiner von beiden im Umkreis der magnetischen Anziehungskraft des anderen funktionieren kann. Sie würden sich zueinander hingezogen fühlen (absolut polarisiert in den Schwingungen von Sonne und Mond), aber wahrscheinlich genauso das Bedürfnis verspüren, sich voneinander loszureißen, um ihre eigene energetische Integrität und Funktionstüchtigkeit zu erhalten.

Das Klima des Zusammenlebens und die Gesundheit der Partner können oftmals verbessert werden, wenn beide in verschiedenen Schlafzimmern schlafen. Besonders wenn beide eine radikal verschiedene Einstimmung haben, ist dies eine sehr hilfreiche Veränderung. Dies ist vielleicht nicht besonders romantisch, aber dennoch eine Wohltat für viele Beziehungen. Der Grund dafür ist der: Wenn zwei Menschen im gleichen Zimmer schlafen (und ganz besonders, wenn sie im gleichen Bett liegen), befinden sich ihre Energiefelder die ganze Nacht hindurch in einer ununterbrochenen Wechselwirkung und haben einen entweder belebenden oder erschöpfenden Einfluß auf das Energiereservoir des anderen. Wenn man seine Energie mit derjenigen eines anderen für acht aufeinanderfolgende Stunden verschmelzen läßt, dann hat das einen außerordentlich mächtigen Einfluß auf den Gesundheitszustand von beiden, und zwar zum Guten oder zum Schlechten; und es wäre doch dumm, um einer romantischen Vorstellung willen auf dieser Gewohnheit zu beharren, wenn sie die Vitalität der Partner beeinträchtigt. Ich kenne persönlich viele Menschen, die sich darüber beklagt haben, wie entkräftend es auf sie wirke, mit ihrem Partner in einem Zimmer zu schlafen. Ihre Energie nahm bedeutend zu, wenn sie dazu übergingen, in verschiedenen Zimmern zu schlafen. Auf der anderen Seite kenne ich aber auch Menschen, die während der Nacht eine derartig belebende Wirkung aufeinander ausüben, daß sie nur noch sechs Stunden Schlaf brauchen und sich dabei blendender Gesundheit erfreuen.

Die Wirkung, die das sehr enge Zusammenleben mit jemand anderem auf die Gesundheit eines Menschen hat, wird weitgehend unterschätzt und von Medizinern und Psychologen ignoriert. Aber die Tatsache bleibt bestehen, daß wir durch die Gegenwart eines Menschen, der ein besonders starkes Energiefeld hat, mehr als wir vielleicht erkennen, beeinflußt werden, sogar wenn sich derjenige nicht im gleichen Zimmer, sondern nur in demselben Haus aufhält. Einem Freund von mir, dessen Sonne in den Fischen steht und der einen Skorpion-Aszendenten hat (beides sehr empfindsame Wasserzeichen!) wurde einmal ein Büro zusammen mit einem Mann mit Sonne im Skorpion zugewiesen. Jeder Student der Astrologie weiß, daß das magnetische Feld eines Skorpiongeborenen meistens von überwältigender Stärke ist, und daß einen die Gegenwart eines solchen Menschen nicht unbeeinflußt lassen kann. Mein Freund mußte bald erkennen, daß er nicht die geringste Arbeit erledigen konnte, solange der Skorpion im Raum war. Schließlich richtete er sich so ein, daß er abends und an Wochenenden arbeitete, wenn er alleine im Büro war. Diese Art von Erfahrung kann man nicht als Paranoia, Überempfindlichkeit oder Projektion »wegerklären«, wie das viele Psychologen versuchen würden. Es ist eine Erfahrung, die auf der realen Wechselwirkung der Energiefelder zweier Menschen beruht, einer Ebene des Geschehens, in der alle psychologischen und körperlichen Phänomene wurzeln.

Um wirklich gesund sein zu können (die Wörter »healthy« – gesund – und »heal« – heilen – stammen von einem altenglischen Wort ab, welches *ganz* bedeutet), muß man alle Ebenen beachten. Alle vier Elemente oder Körper muß man ernähren: den emotionalen, mentalen, physischen und spirituellen. Jeder Aspekt unseres Wesens, der nicht genügend Nahrung bekommt, fängt sehr bald an zu verkümmern. So wie ein hungernder Mensch nach kurzer Zeit verzweifelt und bereit ist, für etwas Nahrung fast alles zu tun, so fängt jeder Aspekt des vierfältigen menschlichen Wesens an zu rebellieren und nach Nahrung zu schreien, wenn er vernachlässigt wird. Um ein ausgewogenes Leben zu führen, muß der Mensch all seinen Grundbedürfnissen gewissenhafte Aufmerksamkeit schenken; und im Geburtshoroskop können wir erkennen, wo unsere Einstimmung im Ungleichgewicht ist, welche Bedürfnisse vernachlässigt werden (Mangel eines Elements), welche Dimensionen des Lebens überbetont sind (zuviel von einem Element) und welche Aspekte unseres Wesens der Verfeinerung oder Transformation bedürfen (besonders die spannungsreich aspektierten Planeten in einem bestimmten Element).

Ich möchte nicht den Eindruck erwecken, als wäre die unreflektierte Forderung nach Erfüllung aller Triebe die Antwort auf alle Probleme und der Schlüssel zu guter Gesundheit. Wichtig ist der Grad der Verfeinerung, den wir bei der Versorgung unserer Energien erreichen. Je weiter man sein Bewußtsein entwickelt, desto feiner und sublimierter kann man die Bedürfnisse der verschiedenen Energien befriedigen. Durch Erfahrung kann man lernen, sich auf seine wesentlichen energetischen Bedürfnisse einzustimmen und die auf einfache und direkte Art zu erfüllen, im vollen Bewußtsein davon, was man warum tut. Jeder braucht z. B. eine gewisse Menge materieller Nahrung; aber die meisten Menschen essen viel mehr, als sie benötigen und eine qualitativ viel schlechtere Nahrung, als der Körper für eine gesunde Ernährung braucht. Meistens essen sie in solcher Eile und Aufregung, daß die Nahrung gar nicht richtig verdaut werden kann. Wenn man den wirklichen Nahrungsbedürfnissen des Körpers einmal einige Aufmerksamkeit schenkt und sich mit dem Prozeß der Verdauung und Nahrungsaufnahme beschäftigt, wird man in der Lage sein, den physischen Körper mit einer einfachen, reinen und ökonomischen Diät gesund zu erhalten.

Entsprechend braucht jeder in regelmäßigen Abständen einen gewissen emotionalen Input. Aber wie können diese emotionalen Bedürfnisse wirklich befriedigt werden? Je verfeinerter und konzentrierter die emotionale Erfahrung abläuft, desto befriedigender ist sie für unser inneres Wesen. Wenn man sich sein Verhalten von den emotionalen Bedürfnissen zwanghaft diktieren läßt, ist das ein sicherer Weg, seine Energien zu vergeuden, seine Lebensstrukturen zu zerstören, und führt letztlich zu einem emotionalen Aushungern. Die Struktur der modernen Zivilisation führt zu einem vollständigen Verkümmern der wesentlichen menschlichen Bedürfnisse; dieser Zustand des konstanten Energieentzugs ist ohne Zweifel der Hauptgrund für das verzweifelte und hysterische Verhalten, das wir so oft erleben. In der städtischen Zivilisation findet der Mensch, wenn er voll an den kulturellen Mustern von Lebensstil,

Arbeit und Essensgewohnheiten teilnimmt, einfach nirgendwo mehr die physische, emotionale, mentale und spirituelle Substanz, die ihn in einem Zustand der Ganzheit erhalten könnte. Die heutigen Zeiten machen es erforderlich, daß jeder Mensch die Verantwortung für seine Bedürfnisse selbst übernimmt, und das Wissen um die vier Elemente und ihre Funktionen ist ein ganz persönlicher Zugang zu den Wirkungsweisen der wesentlichen Kräfte des Lebens.

Anmerkung: Eine detaillierte Analyse der Anwendung der Elemente im Horoskopvergleich sowie viele andere Faktoren, die für eine gründliche Arbeit im Horoskopvergleich wichtig sind, werden in dem Buch des Autors mit dem vorläufigen Titel *Person-to-Person Astrology: Compatibility, Sexuality, and Emotional Fulfillment* behandelt. Dieses Buch ist zur Zeit in Arbeit. Das Anliegen des Autors ist es, mit diesem Buch eine umfassendere Behandlung dieses Themas anzubieten, als sie bisher zur Verfügung steht.

# Die Elemente und die Häuser: Ein System von Grundbegriffen

In diesem Kapitel gehe ich von der Annahme aus, daß der Leser mit der traditionellen Bedeutung der Häuser, wie man sie in jedem astrologischen Einführungsbuch findet, schon ein wenig vertraut ist. Einem Anfänger in der Astrologie mag die volle Bedeutung dieses Systems von Grundbegriffen nicht sofort klar sein, da ihm noch die Erfahrung fehlt, die Notwendigkeit eines solchen Ordnungsmusters für die Prinzipien der Häuser einzusehen. Aber ich würde jedem Anfänger empfehlen, sich dieses System von Grundbegriffen einzuprägen als Grundlage für ein tieferes Verständnis der traditionellen Vorstellungen, denen er im Laufe seiner Studien begegnen wird, und als Leitfaden für seine ersten Versuche in der Horoskopdeutung.

Da sich dieses Buch hauptsächlich auf die vier Elemente als Ausdruck der lebendigen Energien des Geburtshoroskops konzentriert, möchte ich hier darauf hinweisen, daß die Beziehung zwischen den Elementen und bestimmten Häusern in diesem Kapitel als rein symbolisch angesehen wird. Da die Häuser per definitionem die Bereiche der Erfahrung darstellen, in denen die tatsächlichen Energien (oder Elementenprägungen) der Zeichen und Planeten wirksam werden, sollten sie auf keinen Fall als Manifestationen der vier Elemente angesehen werden. Die primären Energien des Horoskops werden immer in der Stellung der Zeichen und Planeten angezeigt. Da es jedoch eine regelhafte und bewährte Beziehung zwischen den zwölf Zeichen und den zwölf Häusern als zwei verschiedenen, aber parallel laufenden Sequenzen von Entwicklungsprinzipien gibt, habe ich hier – der Tradition entsprechend – Widder mit dem ersten Haus, Stier mit dem zweiten usw. in Beziehung gesetzt. Aber dennoch sollten Zeichen und Häuser immer als zwei unterschiedliche und getrennte Faktoren des astrologischen Alphabets angesehen werden.

In Dutzenden von Kursen, die ich in den letzten Jahren auf allen Stufen der astrologischen Ausbildung gehalten habe, konnte ich feststellen, daß viele Studenten beim Verständnis der Häuser mehr Schwierigkeiten haben als bei jedem anderen Aspekt der astrologischen Symbolik. Die meisten erfaßten die Bedeutung der Zeichen und Planeten sehr schnell, aber sobald die Häuser zur Sprache kamen, war ich mit einer Vielzahl von konfusen Fragen und verworrenen Aussagen konfrontiert. Auch solche Studenten, denen das Wissen eines Grundkurses nur so zuzufliegen schien, schrieben mir oft Monate später einen Brief mit der Bitte, ihnen ein gutes Buch über die Häuser zu empfehlen, da sie in ihrem Versuch, diesen wichtigen Teil der astrologischen Sprache zu verstehen, auf viele Hindernisse stießen.

Die Ursache für die Schwierigkeiten, die Bedeutung der Häuser zu erfassen, scheint mir darin zu liegen, daß die meisten astrologischen Texte nicht den Versuch machen, das Grundprinzip eines jeden Hauses herauszustellen, von dem sich die endlosen Assoziationen und Verzweigungen, die jedem Haus zugeordnet werden, ableiten. Die meisten Bücher legen das Hauptgewicht auf die traditionellen Inhalte der Häuser unter Vernachlässigung der subtileren und umfassenderen Prinzipien. Der Grund dafür liegt darin, daß die meisten Astrologen sich immer noch mit Umweltereignissen und der äußeren Situation befassen statt mit der inneren Erfahrung des Menschen. (Dane Rudhyars jüngstes Buch *The Astrological Houses* ist eine seltene und erfreuliche Ausnahme.) Die meisten Autoren weisen nicht darauf hin, daß die Häuser – und im Grunde das gesamte Horoskop – den inneren Zustand und die persönliche Erfahrung eines Menschen sehr viel deutlicher zeigen als seine Umweltbedingungen. Dies ist auch der Grund, warum so viele astrologische Voraussagen nicht eintreffen: sie gehen einfach von der Annahme aus, daß das Horoskop zeigt, »was sich *ereignen* wird«. In Wirklichkeit zeigt das Horoskop nur sicher, »was man *erfahren* wird«. Zwischen diesen beiden Auffassungen von Astrologie besteht ein wichtiger Unterschied, der in den Werken von Rudhyar und anderen personenzentriert arbeitenden Astrologen ausführlich erklärt wird.

Es ist ein schwieriges Unterfangen, eine symbolisch-kosmische Sprache wie die Astrologie mit den Mitteln unserer begrenzten und unzulänglichen Sprache zu interpretieren. Dies wird völlig unmöglich, wenn wir den Häusern starre Bedeutungen zuschreiben. Dann müssen wir oft unsere Deutungen »dehnen«, damit sie auf die spezifische Situation eines Menschen zutreffen. Solch eine Methode astrologischer Praxis bestätigt viele Menschen nur noch in ihrer herablassenden Haltung allen Astrologen gegenüber. Um ein Beispiel zu geben: Nehmen wir an, jemand hat Saturn im fünften Haus seines Geburtshoroskops. Bei dieser Stellung von Saturn ist eine Vielfalt von Einstellungen und Erfahrungen möglich. Was können wir also demjenigen sagen, der diesen Faktor in seinem Geburtshoroskop hat? Würde es ihm helfen, wenn man ihm sagt, daß er wahrscheinlich »Schwierigkeiten mit Kindern« hat? Wer hat denn nicht mal Schwierigkeiten mit Kindern, könnte man fragen. Eine solche Interpretation ist völlig sinnlos. Wäre es sinnvoll, ihm zu sagen, daß er nicht so kreativ sein kann, wie er gerne wäre? Auch diese Interpretation ist ohne Bedeutung und sogar falsch; haben doch einige der größten Künstler und Schriftsteller unserer Zeit diese Saturnstellung. Ich könnte noch viele Beispiele anführen, die zeigen, wie völlig irreführend astrologische Arbeit sein kann, wenn wir versäumen, zur *wesentlichen* Bedeutung bestimmter Horoskopfaktoren vorzudringen. Wenn wir andererseits das Grundprinzip, in diesem Falle des fünften Hauses, als den Erfahrungsbereich zusammenfassen können, in dem jemand nach »Sicherheit für seine Identität sucht«, können wir zum Kern der Erfahrungen eines Menschen vordringen, ob sie nun im Umgang mit Kindern, in der Liebe, in kreativer Arbeit, im Spiel oder wo immer gemacht werden. Wenn man das Grundprinzip erkannt hat, kann man die spezifischen Ausdrucksformen relativ leicht einordnen.

Die Notwendigkeit, die wesentliche psychologische Bedeutung der Häuser zu erhellen, hat mich veranlaßt, das in diesem Kapitel beschriebene System von Grundbegriffen zu entwerfen. Viele der hier verwendeten Wörter kommen auch bei anderen Autoren vor, jedoch in einem anderen Kontext. Ich arbeite seit drei Jahren mit diesem System und bin bis jetzt sehr zufrieden. Es ist nicht nur ein sehr nützliches Hilfsmittel bei der Deutung von Geburtshoroskopen und Transiten, sondern führt auch zu einem tieferen Verständnis der gesamten Struktur der Astrologie. Obwohl einige der Grundbegriffe zunächst unbeholfen oder verwirrend zu sein scheinen, bin ich mir sicher, daß diejenigen, die sich die Zeit nehmen, sich in das System zu vertiefen und es beharrlich anwenden, für ihre Geduld belohnt werden.

## Klassifizierung der Häuser

Eine der gebräuchlichsten Methoden, die einzelnen Klassen der Häuser zu definieren, teilt sie ein in Eckhäuser, nachfolgende und fallende Häuser. Den Eckhäusern schreibt man eine aktivierende Qualität und eine direkte Einwirkung auf das Lebensmuster eines Menschen zu. Der Grundbegriff für die Eckhäuser ist daher HANDLUNG. Mit den nachfolgenden Häusern assoziiert man die individuellen Wünsche und die Bereiche, die jemand kontrollieren und beeinflussen möchte. Dieser Wunsch nach Kontrolle wird durch unser Bedürfnis nach SICHERHEIT motiviert. Damit haben wir auch den Grundbegriff für diese Häuser. Die fallenden Häuser sind die Abschnitte des Horoskops, in denen man Gedanken und Beobachtungen aufnimmt, austauscht und weitergibt. Also ist der Grundbegriff für diese Häuser LERNEN. Das Aufeinanderfolgen der Häuser vom Eckhaus über ein nachfolgendes und ein fallendes wiederum zu einem Eckhaus symbolisiert den Fluß der Lebenserfahrung: Wir handeln, wir konsolidieren die Ergebnisse unserer Handlungen, um Sicherheit zu erlangen; wir lernen aus dem, was wir getan haben, werden uns bewußt, was uns zu tun bleibt und handeln darum von neuem. Jeder nimmt an diesem Lebenszyklus teil, aber das einzelne Geburtshoroskop zeigt, welche Phase dieses Zyklus in diesem Leben dominant ist.

Die Häuser sind auch in Dreiergruppen eingeteilt, entsprechend dem Element der Zeichen, denen sie zugeordnet sind. Die drei Häuser, die den Wasserzeichen zugeordnet sind (4, 8, 12) bilden die sogenannte »psychische Trinität« oder die »Trinität der Seele«. Der Kürze und Einfachheit halber nenne ich diese Häuser die »Wasserhäuser.« Jedes dieser Häuser hat mit der Vergangenheit zu tun, mit konditionierten Reaktionen, die mittlerweile instinktiv erfolgen und über Gefühle wirksam werden. Planeten in diesen Häusern zeigen uns, was auf den unterbewußten Ebenen geschieht, und weisen auf einen Bewußtwerdungsprozeß hin, in dem das Wesentliche der Vergangenheit *assimiliert* wird, während gleichzeitig die nutzlosen Erinnerungen und Ängste, die uns an Vergangenes binden, aufgegeben werden können. Die »Wasserhäuser« können uns zu emotionalem Frieden verhelfen, indem sie uns aus der Fixierung an die Vergangenheit befreien.

Auf ihrer tiefsten Ebene symbolisieren diese Häuser die geheimsten *Sehnsüchte* der Seele; denn sie bringen uns in Kontakt mit dem Prozeß, in dem man sich von den emotionalen Fesseln der Vergangenheit befreit, damit die Seele zu einem klaren und aktiven Selbstausdruck finden kann. Die Grundbegriffe für die Wasserhäuser sind daher EMOTIONAL und SEELISCH.

Den Erdhäusern (2, 6, 10 – oft auch die »Trinität des Besitzes« genannt) wird die Erfahrungsebene zugeordnet, auf der wir versuchen, unsere grundlegenden *Bedürfnisse* in der Welt der praktischen Notwendigkeiten, wie z. B. Besitz, Geld, Beruf, Gesundheit, Ansehen usw. zu befriedigen. Der Grundbegriff für diese Häuser ist MATERIELL, denn in den Erdhäusern geht es hauptsächlich um die Belange der materiellen Welt.

Die Feuerhäuser (1, 5, 9 – oft als »Trinität des Lebens« bezeichnet) werden in Verbindung gebracht mit der Einstellung, die jemand zum Leben selbst hat, mit der Erfahrung von Lebendigkeit. Sie repräsentieren unsere Energieausstrahlung in die Welt und die Hoffnungen und Ideen, die uns dabei motivieren. Der Grundbegriff, der die wesentliche Bedeutung der Feuerhäuser zusammenfaßt, ist IDENTITÄT; denn unser Lebensgefühl, unser Gefühl für Identität bestimmt unsere Einstellung zum Leben insgesamt. Mit anderen Worten, wenn wir uns in uns selbst wohlfühlen, haben wir auch ein gutes Gefühl dem Leben gegenüber und entwickeln daher das Vertrauen, daß dieses Leben eine grundsätzlich positive Erfahrung sein wird.

Die Lufthäuser (3, 7, 11 – die »Trinität der Beziehungen«) haben sowohl mit sozialen Kontakten und Beziehungen aller Art zu tun, als auch mit *begrifflichen Vorstellungen*. Die Bereiche der sozialen und intellektuellen Aktivitäten sind untrennbar, denn es sind unsere Ideen, die uns motivieren, nach gleichgesinnten Menschen zu suchen, und die einen Großteil dessen ausmachen, was zwischen zwei Menschen an Gemeinsamkeit besteht. Die Grundbegriffe für die Lufthäuser sind deshalb SOZIAL und INTELLEKTUELL.

Im Folgenden eine Zusammenstellung dieser Grundbegriffe:

| *Art des Ausdrucks* | *Ebene der Erfahrung* |
|---|---|
| Eckhäuser: Handlung | Wasser: Seelisch & emotional |
| Nachfolgende Häuser: Sicherheit | Erde: Materiell |
| | Feuer: Identität |
| Fallende Häuser: Lernen | Luft: Sozial & intellektuell |

## Die Wasserhäuser

Wie wir oben gesehen haben, besteht die Gemeinsamkeit der Wasserhäuser darin, daß sie Erfahrungen auf der emotionalen und seelischen Ebene darstellen. Anhand der drei Arten des Ausdrucks, wie sie von den Grundbegriffen angedeutet werden, wird das Verhältnis dieser Häuser zueinander deutlich.

## Das vierte Haus

Das vierte Haus ist der Bereich der direkten HANDLUNG auf der EMOTIONALEN und SEELISCHEN Ebene. Jede Handlung auf dieser Erfahrungsebene wird notwendigerweise von Faktoren, die außerhalb unserer Kontrolle liegen, bestimmt. Traditionell wird das vierte Haus u. a. mit Heim und Familie in Verbindung gebracht. In welchem Lebensbereich handeln wir so sehr auf der Grundlage von Gewohnheiten und Emotionen wie im Umgang mit unseren Familienmitgliedern?

Das vierte Haus stellt auch unser Bedürfnis nach Privatsphäre dar, nach einer Umgebung, in der wir uns geborgen fühlen und uns so, ohne Druck von der äußeren Welt, nach innen wenden, uns entspannen, erholen und über uns selbst nachdenken können. Menschen mit der Sonne im vierten Haus verbringen meist viele Jahre mit dem bewußten oder unbewußten Versuch, sich von den Konditionierungen, die in früheren Lebenserfahrungen entstanden sind, zu befreien. Anders ausgedrückt haben Menschen mit einer starken Betonung des vierten Hauses das Bedürfnis, auf tiefster emotionaler Ebene zu *handeln*, um dadurch ihre Erfahrungen aus Kindheit und Jugend zu verarbeiten. Sie haben Sehnsucht nach Frieden für das *individuelle Selbst*, und so brauchen sie oft eine räumliche Distanz von ihren Eltern, um von den Emotionen, die von deren Gegenwart ausgelöst werden, Abstand gewinnen zu können.

## Das achte Haus

Das nachfolgende Wasserhaus stellt das Bedürfnis dar, EMOTIONALE SICHERHEIT und SEELISCHE SICHERHEIT zu finden. Menschen, bei denen dieses Haus im Geburtshoroskop betont ist, werden sich auf jeden Fall bei Aktivitäten engagieren, die ihnen gefühlsmäßig diese Art von tiefer innerer Stabilität vermitteln können. Die Sexualität, die mit diesem Haus in Verbindung gebracht wird, ist nicht nur vom Instinkt geleitet, sondern auch von dem Bedürfnis, durch das Verschmelzen mit einem anderen Menschen höchste emotionale Sicherheit zu erfahren. Viele Menschen versuchen, dieses Gefühl der Sicherheit durch das Ausüben von Macht und Einfluß über andere zu erreichen. Diese Macht beziehen sie z. B. aus Reichtum oder aus der Beteiligung an großen gesellschaftlichen Projekten, manchmal aber auch aus ihrem Wissen über okkulte Gesetze und aus paranormalen psychischen Fähigkeiten. Andere Bereiche des achten Hauses, wie z. B. Versicherungen und Gemeinschaftsfinanzierungen, haben ebenfalls eine deutliche Beziehung zu emotionaler Sicherheit. Die Tatsache, daß das achte Haus auch das »Haus des Todes« genannt wird, erklärt, warum die Gedanken vieler Menschen, die eine Betonung dieses Hauses haben, so sehr um Tod, Wiedergeburt, spiritistische Phänomene und Erbschaften kreisen. Sie beschäftigen sich mit diesen Dingen, weil sie in sich eine Sehnsucht nach seelischer Sicherheit spüren (auch wenn sie diese nicht als solche erkennen), nach einer Garantie dafür, daß ihre Seele »gerettet« wird.

Obwohl Menschen mit einer Betonung des achten Hauses ihre Sicherheit häufig in materiellen Werten, in Macht, Sexualität oder parapsychologischen Fähigkeiten suchen, kann ein wirkliches Gefühl von emotionaler und seelischer Sicherheit nur dann entstehen, wenn die aufwühlenden emotionalen Konflikte, die in diesem Haus immer zu finden sind, langsam abklingen. Dies kann nur geschehen, wenn die Menschen die wahre Natur ihrer Sehnsüchte erkennen. Die Beschäftigung mit dem Okkulten, wie man sie mit diesem Haus in Verbindung bringt, ist in erster Linie förderlich, um diesen inneren Frieden zu erlangen, weil man dadurch ein Wissen von den tiefsten Gesetzen des Lebens gewinnt. Die Sexualität des achten Hauses drückt den Wunsch aus, wiedergeboren zu werden durch die Vereinigung mit einer höheren Macht. Kurz, dieses Haus symbolisiert die Sehnsucht nach einem *Zustand des emotionalen Friedens,* der nur durch eine Befreiung von Begierden und triebhafter Willkür erreicht werden kann.

## Das zwölfte Haus

Das fallende Wasserhaus ist der Bereich des LERNENS auf der EMOTIONALEN und SEELISCHEN Ebene. Dieses Lernen geschieht in der allmählichen Erweiterung des Bewußtseins, die als Folge von Einsamkeit und tiefem Leid entsteht, im selbstlosen Dienen oder durch Hingabe an ein höheres Ideal. Das zwölfte Haus stellt Einflüße und Erfahrungen dar, die völlig außerhalb unserer Kontrolle liegen, die jedoch in der Ausrichtung unserer Energien auf Selbsterkenntnis und spirituelle Werte transzendiert werden können. Es zeigt uns die Phase der Evolution, in der die Erfahrungen und Verantwortlichkeiten aus allen früheren Leben verarbeitet werden müssen. Und auf der tiefsten Ebene bedeutet dieses Haus das Streben nach *Frieden für die Seele* durch das Sich-Aufgeben in einer höheren Einheit, durch Verehrung eines transzendenten Ideals und durch Befreiung von den Geistern vergangener Taten und Gedanken.

## Die Erdhäuser

### Das zehnte Haus

Im Eckhaus der Erde geht es um HANDLUNG auf der MATERIELLEN Ebene. Nach der Tradition soll dieses Haus das Ansehen, die Stellung in der Welt und den Beruf eines Menschen darstellen. Das Ansehen eines Menschen beruht auf den Taten, die er in der materiellen Welt vollbringt, und er wird von der Öffentlichkeit entsprechend seiner Beschäftigung eingeordnet: als Bäcker, Verkäufer, Arzt usw.

Die Grundbegriffe verdeutlichen auch den Bezug, den das zehnte Haus zu den besonderen Zielen hat, die jemand in der Welt verwirklichen möchte.

### Das zweite Haus

Der Grundbegriff des nachfolgenden Erdhauses ist MATERIELLE SICHERHEIT. Dies erklärt, warum mit dem zweiten Haus Geld, Einkommen, Besitz und das Streben nach Kontrolle über Dinge und Menschen in Verbindung gebracht werden. Aber der Grundbegriff verdeutlicht auch das allgemeinere Prinzip, das diesen Neigungen zugrunde liegt, denn viele Menschen mit einer starken Betonung des zweiten Hauses sind nicht so sehr am Geld interessiert als vielmehr an einer Absicherung in der materiellen Welt durch einen Überschuß, auf den sie jederzeit zurückgreifen können. Und so kommt es, daß viele dieser Menschen z. B. Münzen sammeln, Land kaufen, in Aktien und Immobilien investieren, alles in dem Versuch, ihre Sicherheit zu festigen.

Mir ist auch aufgefallen, daß Menschen mit der Sonne im zweiten Haus meist ziemlich mit ihrer Zeit geizen (besonders, wenn die Sonne in einem Fixzeichen steht), denn sie haben das Gefühl, daß alle ihre Tätigkeiten in irgendeiner Form auch ihr Einkommen vermehren müssen.

Mit dem fallenden Erdhaus werden Arbeit, Gesundheit und Pflichten assoziiert. Wenn wir davon ausgehen, daß dem sechsten Haus das Prinzip LERNEN durch direkte Erfahrungen im MATERIELLEN Bereich zugrunde liegt, können wir leicht die Motivation erkennen, die hinter diesen Aktivitäten steht. Wir lernen die Bedürfnisse und Begrenzungen unseres materiellen Körpers hauptsächlich durch Probleme mit der Gesundheit kennen. (Diese entstehen oft durch schlechte Gewohnheiten, zu starke Belastungen durch Arbeit oder Pflichten oder übertriebene Selbstkritik und negatives Denken – alles Entsprechungen des sechsten Hauses). Wir gewinnen auch wichtige Einsichten über uns selbst in der täglichen Verrichtung unserer Arbeiten und Pflichten. All diese Erfahrungsbereiche unterstützen uns dabei, Bescheidenheit zu lernen, unsere Grenzen zu akzeptieren und die Verantwortung für unsere körperliche und geistige Gesundheit zu übernehmen. Erst wenn wir verstanden haben, daß das sechste Haus eine Phase der Reinigung durch eine unmittelbare Auseinandersetzung mit der materiellen Ebene der Erfahrung symbolisiert, können wir dieses Haus richtig und positiv interpretieren.

## Die Feuerhäuser

### Das erste Haus

Das Eckhaus des Feuers stellt unsere IDENTITÄT in der HANDLUNG dar, die Entwicklungsstufe des Lebens, in der man sich mit spezifischen, selbst-bestimmten Handlungen identifiziert. Menschen mit einer starken Betonung des ersten Hauses suchen immer ungeduldig nach Handlungsmöglichkeiten, denn sie verlieren ihr Gefühl von sich selbst, wenn sie sich aus der aktiven Auseinandersetzung mit der äußeren Welt zurückziehen. Traditionell werden diesem Haus auch die Vitalität und das Erscheinungsbild des physischen Körpers zugeordnet; und mit Hilfe der Grundbegriffe können wir sehen, daß unser Körper tatsächlich Identität in der Handlung *ist*. Es ist die charakteristische Art unserer körperlichen Bewegung und unseres körperlichen Ausdrucks, durch die andere Menschen uns erkennen, und durch die sie sich von uns beeinflussen lassen. Wenn die Eigenschaften der Planeten des ersten Hauses oder des Aszendenten unterdrückt oder behindert werden, fühlt man sich, als ob einem die Lebenskraft entzogen würde.

## Das fünfte Haus

Das nachfolgende Feuerhaus bedeutet die Suche nach SICHERHEIT der IDENTITÄT. Menschen mit einer Betonung dieses Hauses suchen nach einem sicheren Gefühl von sich selbst, indem sie sich mit Dingen oder Menschen identifizieren, in denen sie sich gespiegelt finden. Diese Menschen wollen auf irgendeine Art *bedeutsam sein*, nicht einfach nur *sein* wie auf der Stufe des ersten Hauses. Eine Betonung dieses Hauses kann auf eine selbstzentrierte Einstellung zum Leben hinweisen, aber auf einer tieferen Ebene enthüllt sie die emotionale Haltung und die religiösen *Gefühle* zum Leben überhaupt. Das Streben nach Bedeutsamkeit und die Suche nach einem sicheren Identitätsgefühl kommen in allen Entsprechungen, die diesem Haus im allgemeinen zugeordnet werden, zum Ausdruck. Auf Kinder z. B. werden oft die eigenen Wünsche nach sicherer Identität projiziert. Es werden nicht nur viele Kinder nach ihren Eltern benannt (besonders Söhne nach dem Namen ihres Vaters), sondern es ist auch allgemein bekannt, daß viele Eltern ihre eigenen Wünsche nach Anerkennung und Erfolg ihren Kindern aufbürden. Ein Mensch mit einem starken schöpferischen Trieb (fünftes Haus) weiß, daß er produktiv sein *muß*, um mit sich selbst zufrieden sein zu können.

Das Reizvollste an einer Liebesbeziehung (eine andere Entsprechung des fünften Hauses) – die doch oft sehr unvernünftig und zerstörerisch sein kann, liegt vielleicht darin, daß uns eine solche Beziehung eine kurze Erfahrung unseres Selbstwertes vermittelt, einfach weil uns ein Mensch seiner Liebe für wert erachtet. In einer intensiven Verliebtheit wird unser Gefühl von Identität gestärkt; wir sehen uns selbst in dem anderen Menschen, und da wir uns selbst besser fühlen, erscheint uns auch das Leben im allgemeinen in einem freundlicheren Licht. Zusammenfassend kann man sagen, daß eine Betonung des fünften Hauses einen Menschen zeigt, der eine starke Ausstrahlung in die Welt braucht, und der seine kreativen Fähigkeiten verantwortlich und beharrlich anwenden muß, um das Gefühl von Freude und Sicherheit zu erlangen, dessen er so dringend bedarf.

## Das neunte Haus

Das fallende Feuerhaus stellt das LERNEN auf der Ebene der IDENTITÄT dar, mit anderen Worten den Lernprozeß, in dem man erkennt, wer man wirklich ist. All die religiösen und philosophischen Fragen, Einstellungen und Aktivitäten, die mit diesem Haus in Verbindung gebracht werden, entstehen aus diesem Grundprinzip. Die Motivation, die hinter allen religiösen und philosophischen Spekulationen steht, ist das Bedürfnis, seine wahre Identität zu finden. Die Frage »Wer bin ich?« ist die Quelle, aus der jede religiöse Suche entspringt. Deshalb fühlen sich Menschen mit einer Betonung dieses Hauses zu Aktivitäten hingezogen, die den Horizont ihrer Selbsterkenntnis erweitern, an denen sie sich weiterentwickeln können, und die ihnen zu tieferer Einsicht in das Wesen des Menschen verhelfen. Weite Reisen und höhere geistige Studien sind die Anfangsstufen bei dieser Suche. Auf der nächsten Stufe identifiziert sich der Suchende mit einer Religion, einer Philosophie oder einer metaphysischen Lehre, um sich schließlich als Schüler ganz einem Lehrer oder einer Organisation anzuvertrauen, den oder die er für die Verkörperung der Wahrheit hält.

## Die Lufthäuser

Diese Häuser stellen das gesamte Spektrum der persönlichen Beziehungen dar. Sie zeigen nicht nur den Stil, in dem man sich in den verschiedenen Arten von Beziehungen verhält, sondern auch die sozialen Motivationen und intellektuellen Bedürfnisse, die ein bestimmtes Verhalten in diesem Bereich hervorbringen.

## Das siebte Haus

Das Eckhaus der Luft symbolisiert HANDLUNG auf der SOZIALEN und INTELLEKTUELLEN Ebene. Zweierbeziehungen sind der wesentliche Inhalt des siebten Hauses. Da alle sozialen Strukturen und Aktivitäten sich auf dieses Beziehungsmuster zurückführen lassen, ist es klar, daß das Eckhaus der Luft sich auf diesen Erfahrungsbereich konzentriert. Alle höherentwickelten Gesellschaften gründen sich auf die »Ehe« als kleinste Einheit, und die Lebensfähigkeit der sozialen Ordnung hängt in einem großen Maß von der Stabilität und Funktionsfähigkeit dieser sozialen Einheit ab. Auf der individuellen Ebene hat die Qualität der Hauptbeziehung eines Menschen einen so starken Einfluß, daß sie alle anderen Lebensbereiche, wie z. B. Gesundheit, Finanzen, Kinder, Sexualität, beruflicher Erfolg usw. durchdringt. (Es gibt soziologische Forschungsergebnisse, die darauf hinweisen, daß die Karriere eines Menschen oft darunter leidet, wenn seine Ehe auseinandergeht.)

Der intellektuelle Aspekt dieses Hauses wird deutlich, wenn wir sehen, wie erfolgreich Menschen mit einem stark betonten siebten Haus ihre Ideen in der Öffentlichkeit darstellen können. Ihrer intellektuellen Kompetenz und Objektivität wegen werden diese Menschen auch oft als Berater in allen möglichen Lebensbereichen aufgesucht.

## Das elfte Haus

Das nachfolgende Lufthaus stellt die Suche nach SOZIALER und INTELLEKTUELLER SICHERHEIT dar. Menschen, in deren Geburtshoroskop der Schwerpunkt auf dem elften Haus liegt, neigen sehr stark dazu, sich mit anderen zusammenzutun, die ihre Ideen und Ziele teilen. Der Grund dafür ist, daß sie sich sozial und intellektuell unsicher fühlen und es für sie daher sehr tröstlich ist zu wissen, daß andere Menschen sie so akzeptieren und verstehen können, wie sie sind. Diese Menschen beteiligen sich oft an Gruppen oder schließen sich mit Freunden zusammen, bei denen sie Gemeinsamkeit in den intellektuellen Neigungen finden, auch wenn sie in Einzelfragen gar nicht mit ihnen übereinstimmen. Ihre Suche nach intellektueller Sicherheit motiviert sie auch, sich riesige Gedankengebäude aufzubauen, ob sie nun politischer, metaphysischer oder wissenschaftlicher Art sind. Diese Menschen haben einen ausgesprochen förderlichen Einfluß auf Gruppenaktivitäten, Projekte des sozialen Wandels und auf die »Führung« großer Menschenmassen.

Der geistige Dogmatismus, den man bei diesen Menschen so häufig findet, liegt in ihrer intellektuellen Unsicherheit begründet. Daher scheuen sie vor geistigen Veränderungen zurück, wenn sie erst einmal Ideen gefunden haben, die sie befriedigen. (Es ist interessant, daß ein Wassermann-Präsident F. D. Roosevelt das System der »sozialen Sicherheit« entworfen hat; das elfte Haus ist dem Wassermann zugeordnet). Am ehesten findet der Mensch mit einem betonten elfte Haus die Sicherheit, die er sucht, wenn er ein starkes Gefühl von individueller *Sinnerfüllung* entwickelt, das nicht nur seinen persönlichen Bedürfnissen dient, sondern auch *mit den Bedürfnissen der Gesellschaft als Ganzes in Übereinstimmung ist.* Um den Starrsinn und die dogmatischen Eigenschaften dieses Hauses zu vermeiden, wäre es gut für ihn, sich auf den Sinn zu konzentrieren, statt auf vereinfachende Begriffe, die angeblich die absolute Wahrheit sein sollen. Auf diese Weise könnten seine Ideen konkret zur Verbesserung der Gesellschaft beitragen.

### Das dritte Haus

Das fallende Lufthaus ist der Bereich des LERNENS auf der INTELLEKTUELLEN und SOZIALEN Ebene. Es stellt daher alle Formen des Informationsaustauschs dar, wie z. B. grundlegende Fähigkeiten der Kommunikation, Medienarbeit, Werbung, Handel usw. Menschen mit einer Betonung des dritten Hauses haben ein unstillbares Bedürfnis nach Kommunikation und die Fähigkeit, mit Menschen der verschiedensten Charaktere und Interessensrichtungen ungezwungen und freundlich umzugehen. Sie haben eine regelrechte Sucht nach Menschen und neuen Ideen. Durch diese Neugierde machen sie sehr viele Zufallsbekanntschaften und entwickeln einen weiten, flexiblen intellektuellen Hintergrund. Einfache Tatsachen und abstrakte Ideen sind ihnen gleich wichtig, auch wenn sie diese Informationen isoliert von jedem »Bedeutungs«-Zusammenhang bekommen. Während das Lernen im neunten Haus durch inspirierte Intuition zustande kommt, beruht es im dritten Haus auf dem Gebrauch von Logik und Vernunft.

### Astrologie: Ein Weg zur Selbsterkenntnis

Wenn man das System der Grundbegriffe eine Zeitlang angewendet hat, wird deutlich, daß es nicht nur brauchbar ist, um das Grundmuster eines Lebens anhand des Geburtshoroskops zu verstehen, sondern daß es auch die Bedeutung der gegenwärtigen und zukünftigen Entwicklungen und Zyklen deutlicher und psychologisch durchschaubarer macht. Wie kann man es z. B. erklären, daß ein bestimmtes Geburtshoroskop von der Zeichenstellung der Planeten her einen Mangel des Elements Luft aufweist, der Geborene sich jedoch sehr stark für Menschen interessiert und sich ständig in sozialen Aktivitäten engagiert? Eine Betonung der Lufthäuser wird darauf hinweisen, daß er auch ohne eine *energetische Einstimmung* auf dieses Element einen Teil seiner wässrigen, feurigen oder erdhaften Energien in sozialen, intellektuellen und kommunikativen *Aktivitäten* einbringen wird. Oder führen wir uns eine Frau vor Augen, der die Einstimmung auf das Element Feuer fehlt. Wie kommt es, daß sie die kühnen und optimistischen Eigenschaften zu verkörpern scheint, die ihr doch angeblich fehlen? Eine Betonung der Feuerhäuser in ihrem Horoskop zeigt uns, daß sie, obwohl sie keine energetische Einstimmung auf das Element Feuer hat, dennoch ihre luftigen, wässrigen und erdhaften Energien auf Erfahrungsbereiche mit einem inspirierenden, kreativen und idealistischen Charakter ausrichtet.

Bei den oben beschriebenen Fällen wird diesen Menschen die Einstimmung auf ein bestimmtes Element immer noch fehlen, und einige der mit diesem Mangel assoziierten Probleme werden ihnen trotzdem zu schaffen machen. Aber da die Häuser für einen gewissen Ausgleich der Einseitigkeit bei den Elementen sorgen, erleben diese Menschen meistens die zu erwartenden Probleme in abgeschwächter Form. Nur durch eine geduldige und detaillierte Untersuchung des gesamten Geburtshoroskops kann der Astrologe beurteilen, wie weit ein Ungleichgewicht durch einen anderen astrologischen Faktor kompensiert wird. Wenn bei einem Menschen jedoch beispielsweise weder Wasserzeichen noch Wasserhäuser betont sind, kann man sicher sein, daß dadurch ein ernstzunehmendes Problem angezeigt wird.

Im Bereich der Transite, Progressionen, Schlüsselzyklen und ähnlicher Projektionstechniken wird es der Astrologe, der dieses System von Grundbegriffen verwendet, nicht mehr nötig haben, aus den vielen möglichen Bedeutungen (z. B. für die Transite von Jupiter oder Saturn durch ein bestimmtes Haus) eine mehr oder weniger beliebige auszuwählen mit der Gefahr, das Wesentliche total zu verfehlen. Statt dessen wird er darauf vertrauen können, daß seine Ratschläge und Erklärungen dem Klienten helfen werden, bei sich selbst nach der Bedeutung eines bestimmten Zeitabschnitts zu suchen und sich nicht auf irgendein triviales oder nicht existierendes Ereignis zu konzentrieren. Indem der Astrologe das Grundprinzip einer bestimmten Phase der Lebenserfahrung erklärt, ein Prinzip, das dieser Situation immer zugrunde liegt, ungeachtet der oberflächlichen Bedingungen, von denen der Klient vielleicht spricht, kann er viel von dem üblichen Ratespiel weglassen und es vermeiden, sich durch die Selbsttäuschung oder den Mangel an Einsicht des Klienten in die Irre führen zu lassen. Kurz, die Anwendung dieses Systems von Grundbegriffen kann in der Praxis ein Schritt dahin sein, die Astrologie zu dem zu machen, was sie sein sollte: ein Mittel zur Förderung der Selbsterkenntnis.

# Anhang A

Wissenschaftliche Daten

Im Folgenden werde ich eine Reihe von Forschungsberichten und Experimenten wiedergeben, die in direktem oder indirektem bezug zu astrologischen Annahmen stehen. Obwohl man keines dieser Experimente als einen schlüssigen Beweis für die Gültigkeit der Astrologie ansehen kann, dokumentieren die hier angeführten Ergebnisse doch eine von seiten der Wissenschaft ständig zunehmende Bestätigung der traditionellen astrologischen Beziehungen zwischen der irdischen und der kosmischen Sphäre.

1. Nach der modernen Auffassung der Physik existiert die Materie in vier Aggregatzuständen: fest, flüssig, gasförmig und als Plasma. Das entspricht exakt den astrologischen Elementen: Erde, Wasser, Luft und Feuer.

2. Der tschechische Psychiater und Gynäkologe Dr. Eugen Jonas hat seit 1956 daran gearbeitet, eine genaue Beziehung zwischen der Zeit der höchsten Empfängnisbereitschaft einer Frau und der Mondphase während ihrer Geburt aufzustellen. Außerdem hat er herausgefunden, daß für ein Kind, das während der Opposition irgendeines größeren Planeten zur Sonne (i. e. wenn die Sonne und der Planet in einem Abstand von 180° Länge zueinander stehen) empfangen wurde, eine wesentlich größere Wahrscheinlichkeit für Geburtsschäden, Fehlgeburt, geistige Behinderung und andere Faktoren, die seine Gesundheit beeinträchtigen, besteht. Ein genauer Bericht über die Arbeit von Dr. Jonas findet sich in dem Buch *Astrological Birth Control* von Sheila Ostrander und Lynn Schroeder (Englewood Cliffs, N. J.: Prentice-Hall, 1972).

3. Wissenschaftler von den Sandia Laboratories in Albuquerque, New Mexico, haben eine Veröffentlichung mit dem Titel »Intriguing Accident Patterns Plotted Against a Background of Natural Environment Features« herausgegeben, in der sie zu dem Schluß kommen, daß Unfallraten – und wahrscheinlich auch andere Formen menschlichen Verhaltens – von den

Mondphasen, solaren Zyklen und anderen Naturphänomenen beeinflußt werden. Durch weitere Forschungen entdeckte man, daß die Veränderungen des magnetischen Feldes in dem Gebiet von Albuquerque offensichtlich in einem engen Zusammenhang mit dem Steigen und Fallen der Unfallrate standen. (Bericht in der *Time* vom 10. Januar 1972)

4. Die zweiwöchentlich erscheinende Zeitschrift der Knoll Pharmaceutical Company, *Hospital Focus*, berichtet:

... Die Himmelskörper üben einen wahrnehmbaren Einfluß auf biologische Substanz aus. Beim gegenwärtigen Wissensstand ist diese Aussage überprüfbar geworden und ist anscheinend, wenigstens in groben Zügen, bewiesen.

Der Beweis des kosmischen Einflusses ruht auf mehreren Pfeilern: Man kann aufzeigen, daß es eine Beziehung zwischen elektromagnetischen Phänomenen und biologischen Prozessen gibt; das elektromagnetische Umfeld der Erde unterliegt Veränderungen, die von anderen elektromagnetischen Ereignissen im Sonnensystem hervorgerufen werden.

... Was die geomagnetischen Veränderungen verursacht, ist noch nicht vollständig geklärt, aber die neuere Forschung bringt sie, neben der Aktivität der Sonne, mit den Mondphasen in Verbindung. Sieht man einmal von Zweifeln und statistischen Problemen ab, kann man schon fast sicher sein, daß man irgendwann einmal genau aufzeigen kann, wie die magnetischen Felder in der biologischen Substanz mit den magnetischen Feldern in ihrer Umwelt interagieren.

Man weiß noch nicht, was die solaren Veränderungen hervorruft, aber eine Möglichkeit ist, daß die Störungen von den Planeten verursacht werden. Alle elf Jahre ist der Winkel zwischen Jupiter–Sonne–Saturn in etwa 0° bzw. 180°, ungefähr synchron mit einem größeren solaren Zyklus (*Hospital Focus*, 15. Februar 1965).

5. Prof. Frank A. Brown, Morrison Professor für Biologie an der Northwestern University, hat nachgewiesen, daß Pflanzen und Tiere die Fähigkeit haben, auf Veränderungen im Magnetfeld der Erde zu reagieren, und diese Veränderungen werden von der Sonne, dem Mond und möglicherweise auch von den Planeten verursacht. Zwar hat die Wissenschaft den »Mechanismus« noch nicht herausgefunden, mit dem die geomagnetischen Signale aufgenommen und interpretiert werden, aber

Brown weist darauf hin, daß auch die Funktionsweise des Geruchsinns von der Wissenschaft bisher noch nicht erklärt werden konnte. Brown sagt, daß die Reaktionen auf innere »kosmische Uhren« oder biologische Uhren von »der kontinuierlichen Reaktion des lebendigen Organismus auf die rhythmischen Veränderungen seiner geophysikalischen Umwelt« herzuleiten sind (»Living Clocks«, *Science*, CXXX 1959, 1535). Brown meint sogar, daß »Lebewesen nicht ohne Zeitgeber aus dem Weltraum leben können« (ibid.). Er fand weiterhin heraus, daß Austern und Ratten auch dann auf die kosmische Umwelt reagierten, wenn jeder direkte Kontakt mit ihr unterbunden war. Er entdeckte z. B., daß Ratten, die in einem verdunkelten Raum gehalten werden, am aktivsten waren, wenn der Mond unter dem Horizont, und am wenigsten aktiv, wenn der Mond über dem Horizont war. Nach den Arbeiten von Brown müssen wir einsehen, daß es unmöglich ist, »kontrollierte« Laborbedingungen herzustellen (aus *Today's Health*, Oktober 1971, »How the Heavens Influence Our Lives« von Martin Cohen).

6. Russische Wissenschaftler haben das Ausmaß von Grippe-Epidemien in der ganzen Welt mit dem Elfjahreszyklus der Sonnenfleckentätigkeit, der in Abs. 4 erwähnt wurde, in Beziehung gesetzt (Bericht aus der *London Sunday Times* vom 18. Juli 1971).
7. In der Januar-Ausgabe 1971 der Zeitschrift *Kosmobiologie* berichtet H. E. Parker, daß Forscher am Forschungsinstitut für kosmische Strahlung in Indiana entdeckt haben, daß nicht nur die Sonnenflecken, sondern auch gewisse energetische Bedingungen im Kosmos und deren Strahlung einen Einfluß auf Leben und Gesundheit, Tod und Krankheit haben können. Darüber hinaus hat jeder Monat seine eigenen Rhythmen, die – so schlägt man vor – auf jedem Kalender vermerkt werden sollten, damit jeder davon profitieren kann. Professor Dylhusen, ein dänischer Forscher in den USA und ein Spezialist für die Erforschung kosmischer Strahlung, hat bestätigt, daß bisher unbekannte Faktoren bei der Regenerationsfähigkeit des Körpers eine Rolle spielen! Wenn die Gesundheit z. B. durch Überanstrengung Schaden genommen hat, wirken anscheinend gewisse kosmische Strahlen dabei mit, für genügend Ruhe und Schlaf zu sorgen.
8. Dr. Bureau und Dr. Craine behaupten, daß sie eine genaue Beziehung zwischen den Rhythmen des Sonnenfleckenzyklus

und komplizierten Kombinationen der Umlaufzeiten der vier größten Planeten Jupiter, Saturn, Uranus und Neptun aufstellen können. Sie weisen darauf hin, daß viele verschiedene Ereignisse auf der Erde, wie z. B. gute Getreideernten, Grippeepidemien, Konjunkturschwankungen etc. mit dem Sonnenfleckenzyklus in Verbindung gebracht werden können (*Nature*, 12. Mai 1970, S. 984).

9. Edgar R. Wagner, Ph. D., ein Forscher der Chemie, der die Astrologie mehr als fünfzig Jahre studiert hat, schreibt:

   Die Erde erscheint also im Raum nicht nur als ein isolierter Planet mit einem festen Kern, sondern auch als ein komplexer, lebendiger Zusammenhang all der Aktionen von und Reaktionen auf diese Einflüsse, umgeben von einer Aura unsichtbarer, aber genau abgegrenzter Hüllen elektrischer, magnetischer und korpuskulärer Natur. Es ist daher nicht nur nicht verwunderlich, sondern gar nicht anders möglich, daß diese sensible kosmische Struktur, in der alle Arten von Energie pulsieren, direkt oder indirekt auf planetare Kräfte reagiert (*Kosmos*, Bd. 1, Abs. 9, August 1970, S. 15).

10. Der international bekannte Geophysiker von der Universität München, Prof. Rudolf Tomaschek, schreibt:
    Im Zusammenhang mit der Bezeichnung »Wissenschaftler« betone ich das Adjektiv »modern«, um nicht die Vorstellung aufkommen zu lassen, daß es sich dabei lediglich um jemanden handelt, der in der Lage ist, Naturvorgänge objektiv zu beobachten, sondern um jemanden, der auch den materialistischen Standpunkt überwunden und erkannt hat, daß das Wesen der Natur, soweit es von den Naturwissenschaften erforscht werden kann, eine aus Kraftfeldern zusammengesetzte Struktur ist, deren Energie letztendlich wahrscheinlich ein dynamisches Netzwerk von Frequenzen ist, deren Träger unbekannt und undefinierbar bleibt... Daraus folgt, daß die Oberfläche der Erde ununterbrochen unter dem Einfluß eines sich ständig wandelnden Stromes von elektrischen, magnetischen und Gravitations-Feldern steht, die sowohl von außen, von der Sonne, dem Mond und den Planeten, als auch von dem eigenen elektro-magnetischen Feld der Erde ausgehen (aus der Monographie »Cosmic Force Fields and Astral Influence«).

11. Der klinische Psychologe Vernon Clarke hat im Jahre 1959 und in den frühen 60er Jahren einige interessante und weiterfüh-

rende Tests für die Astrologie und für Astrologen entwickelt. Eine Gruppe von zwanzig Astrologen und eine Kontrollgruppe von zwanzig Psychologen und Sozialarbeitern nahmen an der Testserie teil. Der erste Test verlangte von den Teilnehmern, ein richtiges von einem falschen Horoskop zu unterscheiden. Die Astrologen erzielten Ergebnisse, die durch Zufall nur einmal in 1000 Versuchen auftreten würden. Drei Astrologen hatten nur richtige Ergebnisse, achtzehn hatten überzufällige Werte, zwei hatten Werte auf dem Zufallsniveau, und keiner lag darunter. Die Kontrollgruppe hatte fast genau zufällige Werte (Bericht im *Aquarian Agent*, Bd. 1, Nr. 9, August 1970, S. 22).

12. Die Vorhersage von Sonneneruptionen hat für das Raumfahrtprogramm lebenswichtige Bedeutung bekommen. Daher hat Dr. Richard Head von dem Electronics Research Center der NASA nach einem Bericht in der »Technology Weekly« vom 15. Mai 1967 eine elektronische Computertechnik entwickelt, um mit Hilfe der Schwerkraftvektoren von Merkur, Venus, Jupiter und Saturn die Sonneneruptionen vorherzusagen. Diese Sonneneruptionen beeinflussen unser Wetter und vielleicht auch andere Dinge.

13. John H. Nelson, ein für die Wettervorhersage zuständiger Mitarbeiter von RCA Communications, Inc., gab im März 1951 bekannt, daß er nach fünf Jahren Forschung eine Technik entwickelt hatte, um Störungen in der Radio-Kommunikation mit Hilfe der Winkelfiguren der Planeten vorherzusagen. Obwohl Nelson zugibt, daß er nicht weiß, welche Kräfte von den Planeten die Erdatmosphäre beeinflussen, sind seine Vorhersagen auf Monate im voraus doch zu über 85 % zutreffend. Seine praktische Anwendung der planetaren Winkel ist die überzeugenste gegenwärtig existierende Bestätigung des wichtigen astrologischen Konzepts von den »Aspekten« zwischen den Planeten. (Details findet man in Nelsons Buch *Cosmic Patterns*. Es ist 1974 von der American Federation of Astrologers herausgegeben worden.)

14. Das American Institute of Medical Climatology in Philadelphia hat in Zusammenarbeit mit Polizei, Feuerwehr, großen Krankenhäusern, mehreren großen Industriefirmen und der Universität von Pennsylvania Medical School ein dreijähriges Forschungsprojekt (von 1959 bis 1961) über die menschlichen

Reaktionen auf die Phasen des Mondes durchgeführt. Sie kamen zu dem Ergebnis, daß sich Fälle von Mord, Raub, schweren Überfällen und Brandstiftung sehr oft während Vollmondperioden ereignen. Ihre Entdeckungen weisen auch darauf hin, daß ein direkter Zusammenhang zwischen Himmelsereignissen wie Vollmond, Finsternissen oder einfachen Konjunktionen von Planeten und dem Ionengehalt in der Atmosphäre, dem Luftdruck, der Luftfeuchtigkeit und anderen irdischen Faktoren, von denen man noch nicht sehr viel weiß, besteht. (Über ähnliche Entdeckungen wird berichtet in: A.D. Pokorny, »Moon Phases, Suicide, and Homicide«, *American Journal of Psychiatry*, 121, Juli 1964, S. 66–67 und in S. F. Bauer, »Lunar Effekts on Mental Illness: The Relationship of Moon Phase to Psychiatric Emergencies«, *American Journal of Psychiatry*, 125, November 1968, S. 696–97).

15. Die Chirurgen Dr. Carl S. McLemore und Dr. Edson Andrews sammelten die Kurven von Bluterkranken über einen Zeitraum von acht Jahren. In *The Journal of the Florida Medical Association* berichten sie, daß die Blutungen ein monatliches Tief bei Neumond hatten und einen Höhepunkt, wenn der Mond der Sonne gegenüberstand (Vollmond).

16. Sehr viel wichtige Forschungsarbeit wurde von Dr. Robert O. Becker geleistet, einem orthopädischen Chirurgen an der State University of New York's Upstate Medical Center in Syracuse. Zunächst einmal fand er heraus, daß die Häufigkeit psychiatrischer Einweisungen mit der Intensität des geomagnetischen Feldes hoch korrelierte. In der britischen Wissenschaftszeitschrift *Nature* wurde über seine Forschung berichtet, nachdem er über 28000 Einweisungen untersucht hatte. Die Korrelation war in diesem Fall so deutlich, daß die Wahrscheinlichkeit ihres zufälligen Auftretens geringer als 1 zu 10000 war. In anderen Forschungsvorhaben hat er gezeigt, daß biologisches Gewebe (und insbesondere das Nervensystem) sich in vieler Hinsicht wie ein festes System von Halbleitern verhält. Becker schreibt:

    Jeder Organismus, einschließlich des menschlichen Organismus', weist Zyklen biologischer und mental-emotionaler Aktivität auf, die in engem Zusammenhang mit geomagnetischen Kraftfeldmustern und noch komplexeren Kraftfeld-Zusammenhängen von planetaren und solar-terrestrischem Ausmaß stehen. Das menschliche Verhalten wird über das zentrale Nervensystem vom Magnetfeld der Erde, von solaren und planetaren Bedingungen und von sowohl hoch energetischer als auch schwach energetischer kosmischer Strahlung beeinflußt. Gegenwärtig können wir nur eine allgemeine Beziehung zwischen der Gesamtheit der menschlichen Rasse und der Gesamtheit des elektro-magnetischen Phänomens, das von der Sonne, anderen Sternen und Galaxien gebildet wird, vermuten.

Berichte über Dr. Beckers Arbeit finden sich in:

1) Becker, Bachmann und Friedman: »Relation Between Natural Magnetic Field Intensity and the Incidence of Psychiatric Disturbances in the Human Population«, vorgestellt auf der internationalen Konferenz über hochmagnetische Felder; Cambridge, Mass., 16. Juni 1961.
2) Becker, R. O.: »Relationship of Geomagnetic Environment to Human Biology«, *New York State Journal of Medicine*, 63, 2215 (1. August 1963).
3) Becker, R. O.: »The Physiologic Mechanism of Action of Magnetic Fields on Neural Structures«, vorgestellt an der New York Academy of Sciences, 12. November 1962.

17. In einer statistischen Untersuchung über astrologische Hinweise auf die Harmonie zwischen Ehepartnern konnte die Psychologin und Astrologin Leslie Furze-Morrish (in *Search*, Herbst 1959) aufweisen, daß eine deutliche Beziehung zwischen harmonischen Paaren und einem Überwiegen von 120° und 60° Aspekten zwischen den Planeten beider Horoskope bestand. Die 120° und 60° Winkelbeziehungen zwischen zwei Planeten sind schon vor Ptolemäus unter den Astrologen dafür bekannt gewesen, daß sie eine gegenseitige Harmonisierung der Energien und Qualitäten anzeigen. Weiter fand man heraus, daß die Planeten Venus und Jupiter (die traditionellen »wohltätigen« Planeten der alten Astrologie) in diesen Horoskopvergleichen stärker hervortraten als andere Planeten. Ebenso berichtet Furze-Morrish über eine entsprechende Beziehung zwischen disharmonischen Paaren und dem Überwiegen von 180° und 90° Aspekten zwischen den Planeten der beiden Horoskope, Winkelbeziehungen, die nach der Tradition am meisten Spannung und Mißklang erzeugen. Außerdem fand man, daß der Mars eine herausragende Position in diesen Horoskopen hatte und konnte damit die astrologische Annahme bestätigen, daß Mars (in der Antike der Gott des Krieges) Streit, Konflikt und

Auseinandersetzungen hervorbringt bzw. ihnen entspricht. Wenn man die Forschungsergebnisse von Nelson am RCA und von Jonas aus der Tschechoslowakei (die darauf hinweisen, daß Embryonen nicht lebensfähig sind, wenn ihre Empfängnis während eines 180° Winkels zwischen zwei Planeten stattfand) zusammennimmt, ergibt das eine überzeugende Bestätigung der astrologischen Theorie über die »Aspekte« zwischen den Planeten, eine Theorie, welche die Grundlage für die Bestimmung der »Stärke« oder »Schwäche« eines Planeten im individuellen Horoskop bildet.

18. Dem Leser seien noch empfohlen: West und Tooner, *The Case for Astrology* (in dem andere wichtige Daten aufgezählt werden) und Michel Gauquelins Bücher *Cosmic Clocks, The Scientific Basis of Astrology* und *Cosmic Influences on Human Behavior.*

# Anhang B

Astrologie und moderne Forschung im energetischen Bereich

Die Forschung in vielen Bereichen (besonders in der Physik, Psychologie und Medizin) beschäftigt sich in steigendem Maße mit dem »energetischen« Aspekt des Lebens und des individuellen Menschen. Auch wenn wir uns dafür entscheiden, Astrologie »nur« als eine symbolische Sprache anzusehen, müssen wir zugeben, daß Symbole genau deshalb *Symbole* sind, weil sie sich auf eine Realität beziehen, die anders nicht ausgedrückt oder vom menschlichen Bewußtsein verstanden werden kann. Die eher transzendente Realität, auf die sich die astrologischen Symbole beziehen, ist »Energie«, ein Begriff, der schwer zu definieren ist, obwohl jeder davon spricht, und jeder sie erfährt. Nicht nur Physiker, sondern auch aufgeschlossene Vertreter der Heilberufe stützen sich immer mehr auf die Energie als der fundamentalen Realität, die allen differenzierteren Phänomenen zugrunde liegt. Astrologie ist die vollständigste und genaueste symbolische Sprache, sowie das beste diagnostische Instrument in der Heilkunst und in der Lebensberatung, weil sie im wesentlichen eine *Sprache der Energie* ist und damit den Praktiker in diesen Bereichen befähigt, genau zwischen den verschiedenen Energien differenzieren zu können, die im psycho-physischen Organismus des Menschen wirksam sind. Als die umfassendste dem Menschen bekannte energetische Sprache kann die Astrologie für die Heilkunst das sein, was das periodische System für die Chemie ist. Und im Bereich der parapsychologischen Forschung kann sie uns helfen, die Erkenntnis von so verschiedenen Phänomenen wie die Aura, ASW und veränderten Bewußtseinszuständen zu vereinheitlichen.

Im Folgenden werde ich verschiedene Aspekte der gegenwärtigen Erforschung der »energetischen« Dimension des Lebens aufzählen, und ich glaube, daß jeder Versuch, die Ergebnisse aus so unterschiedlichen Bereichen zu vereinheitlichen, es erforderlich machen wird, eine umfassende und genaue Sprache der Energie, wie es die Astrologie ist, zu verwenden.

1. Zitat aus der April-Ausgabe 1971 von ARE News:
   Der neue Schwerpunkt der Medizin liegt auf der Elektrophysiolo-

gie. In der Case Western Reserve University werden zur Zeit elektrische Impulse für die Behandlung von Rückenschmerzen und Sklerose und zur Verringerung der Schmerzen bei Krebs im Endstadium verwendet.

Elektrizität wird im Körper durch die Bewegung der Muskeln erzeugt. Im menschlichen Blut ist so viel Elektrizität, daß wir sie einfangen und einen Motor damit treiben können! Wissenschaftler haben herausgefunden, daß ein Strom fließt, wenn man zwei feine Elektroden in einen Behälter mit menschlichem Blut taucht.

2. Dr. Lloyd Graham vom Grants Pass, Oregon, der bei der Behandlung von Krankheiten und Verletzungen Magnetismus anwendet, schreibt:
Der menschliche Körper ist ein wunderbares und geordnetes Arrangement von elektromagnetischen Lichtwellen-Schwingungsmustern in einer Schwerkrafts- und einer Austrahlungsbewegung (Goodavage, J., *Astrology: The Space Age Science*, New York: Signet, 1967, S. 137).

3. Wolf vertritt den Standpunkt (in: Disease as a way of life: Neural integration in systemic pathology. *Perspectives in biological medicine*, 1961, 4, 288–305), daß Gesundheit und Krankheit Aspekte des Lebensstils eines Menschen sind. Krankheit ist also nicht irgendein Sonderfall oder eine vorübergehende Störung, sondern Teil des menschlichen Daseins. Diese Auffassung betrachtet Symptome als zeitweilige Ausbrüche oder Intensivierungen von kontinuierlichen Energie-Prozessen in einem Individuum. Dies ist vergleichbar mit der Art, in der astrologische Transite Intensivierungen von Erfahrungen, Energieströmen oder Widersprüchen hervorbringen (oder anzeigen), die im Geburtshoroskop als Möglichkeiten angezeigt sind. Sehr viele Untersuchungen haben tatsächlich gezeigt, daß körperliche Krankheit besonders in Zeiten mit mentalem oder emotionalem Stress auftreten.

4. Jüngste Forschungen in der Sowjetunion weisen auf die Existenz eines »unbekannten Energiefaktors« hin, außerhalb der elektromagnetischen Energie. Verschiedene Experimente in der SU, die sich mit ASW und Hellsehen (unter dem Begriff »biologische Radio-Kommunikation«) befassen, stützen »die Hypothese..., daß telepathische Übertragung von einer Art Energiefaktor ermöglicht wird, der uns bisher nicht bekannt ist, der jedoch zu der

höchsten Stufe in der Entwicklung der Materie gehört...« (berichtet in: R. Schaffranke, Telepathy: A Science of the Future. ARE Journal, 1970, 5 (6), S. 215–20). Die sowjetische Forschung hat entdeckt, daß diese Energie (1.) unabhängig von der Entfernung ist, (2.) ohne den Gebrauch der Sinne erreicht wird, (3.) keine erkennbare Beziehung zu elektromagnetischen Wellen hat und (4.) dem »Gesetz« der Kausalität widerspricht.

Ein anderer Bericht (Jackson, J.H., *Pictorial Guide to the Planets*, New York: Crowell) führt aus, daß man durch den Vorbeiflug von Mariner II an der Venus entdeckt hat, daß dieser Plant wenig oder gar kein magnetisches Feld hat. Dadurch wird die Annahme nahegelegt, daß man die planetare Verursachung der Sonnenfleckentätigkeit weder durch die Schwerkraft noch durch den Magnetismus völlig erklären kann. Diese beiden Berichte weisen auf einen Energiefaktor hin, der möglicherweise für eine Erklärung der astrologischen »Beeinflussung« herangezogen werden kann, und der vielleicht die Grundlage für eine Dimension ist, die die bekannten Gesetze von Schwerkraft, Magnetismus, Elektrizität und raum-zeitlicher Kausalität transzendiert.

5. Zwei Bücher von Sheila Ostrander und Lynn Schroeder (*Psychic Discoveries Behind the Iron Curtain* und *Astrological Birth Control*) beinhalten viele Berichte über die Erforschung der energetischen Dimension von physikalischen, psychologischen und parapsychologischen Phänomenen. Obwohl sie zu zahlreich sind, um hier alle genannt zu werden, möchte ich im Folgenden eine Vorstellung davon vermitteln, wie weitgefächert dieser neue Forschungsbereich mittlerweile ist. (Beide Bücher enthalten ausführliche Bibliographien von der Erforschung der menschlichen Energiefelder.)

   a) Dr. Harold Burr, Professor für Neuroanatomie an der Northwestern University, »hat 1935 bewiesen, daß alles Lebendige, von einem kleinen Samen bis zum Menschen, von elektrodynamischen Feldern umgeben und kontrolliert wird, die ihrerseits vom Mond und von der Sonne beeinflußt werden... Burrs Entdeckungen legen den Schluß nahe, daß beim Eisprung die elektrodynamischen Felder des gesamten Körpers mitbeteiligt sind«. Seit Jahrtausenden behaupten die chinesischen Akupunkteure, daß Faktoren aus der Umwelt, einschließlich Sonne und Mond, tiefgreifende Wirkungen auf die Energiefelder haben (S. 70; ABC).

b) Am Institut für klinische Physiologie in Kiew, Rußland, hat man aufgezeigt, daß die Bioenergien, die an diesen Akupunkturpunkten zirkulieren, direkt auf Vorgänge auf der Sonne, wie z. B. solare Eruptionen, reagieren. Im gleichen Moment, in dem die Eruption stattfindet, steigt das elektrische Potential an den Akupunkturpunkten auf der Haut. Die Haut reagiert praktisch simultan mit dem Ereignis auf der Sonne, *bevor* noch die kosmischen Partikel, die bei der Explosion freigesetzt werden, die Erde einen Tag später erreichen (S. 71; ABC).

c) Burr und seine Kollegen, besonders Dr. Leonhard Ravitz, haben ein neues Modell vom Lebewesen als »einem elektrischen System in stabilem Zustand« entworfen. Sie sprechen von elektrischen Gezeiten in der Atmosphäre, die von Sonne und Mond verursacht werden, und von ihrem Einfluß auf den stabilen Zustand der Organismen. In einem Artikel unter dem Titel »Periodic Changes in Elektromagnetic Fields« (Annals of the New York Academy of Science, LCVIII, 1960, 1181) schreibt Ravitz über seine Entdeckung, daß die Veränderungen von Sonne und Mond das Energiefeld, das jeden Menschen umgibt, beeinflussen. Ähnliche Entdeckungen finden wir in dem Bericht von Dr. Becker (siehe Anhang A) über die Wirkungen, die feine Veränderungen im Magnetfeld der Erde (verursacht durch Sonne, Mond und Planeten) auf das Kraftfeld des menschlichen Körpers haben, das seinerseits wiederum das Nervensystem beeinflußt.

In der Ausgabe vom April 1979 des *American Journal of Clinical Hypnosis* schreibt Ravitz: »... der lebendige Organismus pulsiert in rhythmischen Variationen mit einem individuellen Timing. Deren Intensität, Elastizität und Richtung werden amplifziert, kondensiert, beschleunigt, verlangsamt und umgekehrt in Übereinstimmung mit anderen Frequenzen. Hinter all diesen brausenden Ebben und Fluten der Energie bleibt der Mond in stiller Entfernung, selbst getrieben... entlang unsichtbarer Bahnen... von den gleichen Kräften, die von innen und von außen auf das Leben einwirken.« (S. 72; ABC)

d) Ein Abschnitt in *Psychic Discoveries* behandelt die Entdeckung und die Möglichkeit der fotografischen Dokumentation von spezifischen »Energieformen« oder »Energiemustern«, die das eigentliche Leben in jeder organischen Ganzheit ausmachen. Die Tatsache, daß die materielle Form eines Lebewesens, die wir mit den Sinnen wahrnehmen können, von diesem grundlegenden Energiemuster determiniert wird, bestätigt die Annahme, daß jedem Lebewesen ein unsichtbares Organisationsmuster angeboren ist, genau wie L. L. Whyte das in seinem Buch *Accent on Form* (siehe Kap. 4) beschreibt. Es handelt sich dabei um das, was Dane Rudhyar schon vor Jahren das »Keim-Muster« genannt hat und das im Geburtshoroskop dargestellt ist. Die Astrologie enthüllt genau dieses Organisationsmuster in jedem Menschen und stellt es in einer symbolischen Zeichnung dar.

e) »Dr. Gustaf Stromberg, ein weltbekannter amerikanischer Astronom, war einer der ersten, der sich mit dieser Vorstellung von Rhythmen und Frequenzen beschäftigt hat. Er vertrat die Idee, daß die Struktur von lebendigen Organismen von ›Schwingungssystemen‹ oder pulsierenden ›elektrodynamischen Feldern‹ bestimmt wird. Diese Felder scheinen die Matrix zu sein, die lebendiger Substanz Gestalt und Form gibt, indem sie die Moleküle zu den komplexen Formen von Pflanzen, Tieren und Menschen organisiert. Wunden heilen und beschädigte Organe regenerieren sich selbst zu ihrer ursprünglichen Symmetrie. Dies macht die Annahme eines stabilisierenden Energiemusters erforderlich, das für die Formung des lebendigen Gewebes verantwortlich ist.« (S. 125; ABC)

»›Wir können ein lebendiges Feld mit einer Melodie vergleichen‹, sagt Stromberg. Eine Melodie ist eine zeitliche Abfolge von Frequenzen. Die Melodie ist immer die gleiche, ob sie langsam oder schnell, laut oder leise gespielt wird. In gleicher Weise behalten die lebendigen Felder eines wachsenden Embryo immer die gleichen Frequenzmuster bei, während starke Größenveränderungen mit ihm vorgehen, und er schließlich zu einem erwachsenen Menschen heranwächst. Stromberg vertrat die Vorstellung, daß diese Felder in der menschlichen Eizelle in extrem kontrahierter und ruhender Form, in einer gleichsam vorphysischen Potentialität, vorhanden sind.« In Strombergs Sichtweise ist der physische Körper eines Lebewesens nicht die *Ursache* für die Energiefelder, sondern deren *Resultat* (S. 125–26; ABD).

f) Dr. Eugen Jonas aus der Tschechoslowakei sagt, »daß ein Individuum im Moment seiner Konzeption einen grundlegenden Impuls aus dem Universum empfängt, eine Art Schwingungsspektrum, das in bezug auf seinen Organismus mehr oder weniger dauerhaft sein wird. Mit anderen Worten, wenn das Sperma und das Ei sich vereinigen, um ein neues Leben zu schaffen, werden die organisierenden Kraftfelder des befruchteten Eis von den Frequenzen, welche die energetischen Schwingungsmuster des Universums in genau dem Zeitmoment aufweisen, in Zirkulation versetzt. Wenn die Muster ungewöhnlich günstig sind, wird das Individuum extrem vital sein... Jonas nimmt an, daß die Konfigurationen im Kosmos Teil der Wirkkräfte sind, welche die Frequenzmuster eines Menschen zu Beginn seines Lebens formen.« (S. 127; ABC)

g) »Akupunkteure glauben, daß die Vitalenergie im Körper den Menschen mit dem Kosmos verbindet. Wenn im Universum und in der Umwelt eine Veränderung auftritt, entsteht eine *Resonanz* in der Vitalenergie des Körpers, die wiederum den physischen Körper beeinflußt.« (*Psychic Discoveries*, S. 229)

h) Der Einfluß, der von der modernen parapsychologischen Forschung in der Sowjetunion ausgeht, besteht vor allem darin, daß wir anerkennen müssen, daß das menschliche Energiefeld »auf Gedanken, Gefühle, Klänge, Licht, Farben, magnetische Felder und jede subtile Veränderung in der Umwelt reagiert, angefangen vom Gras, auf dem wir gehen, bis zu den Planeten, von denen wir selten Notiz nehmen.« (S. 234, PD)

6. Das gegenwärtige Interesse an Energiefeldern hat wahrhaftig kein neues Phänomen zum Gegenstand. Indische Yoga-Systeme beziehen sich seit Jahrtausenden auf die *Kundalini* (eine Art Libido, die physische, psychische und potentiell spirituelle Energie umfaßt) und auf die *Chakren* (Zentren von wirbelnder Energie im Menschen), und viele Hellseher haben berichtet, die »Aura« eines Menschen zu sehen, von der sie seinen psychologischen und physischen Gesundheitszustand ableiten können. Die Hellseherin Eileen Garrett schreibt:
Ich bin davon überzeugt, daß der lebende Organismus seine eigene Art von äußerem Dasein hat, mit der er mit anderen Energien in Kontakt tritt... So ist dieses »magnetische« Netz wie eine Landkarte, auf der Krankheiten des Körpers und des Geistes von Menschen, die seine Prinzipien und Funktionen verstehen, ausfindig gemacht und untersucht werden können (*Adventures in the Supernormal*, New York: Creative Age Press, 1949, S. 173).

Da das magnetische Feld den physischen Körper völlig durchdringt und sich auch ausdehnt, um sich mit anderen Energien im Universum zu verbinden, kommt der Mensch durch sein magnetisches Feld in engen Kontakt mit allen kosmischen Kräften, die auf unseren Planeten einwirken (ibid., S. 174).

Das letzte Zitat scheint sich auf denselben Tatbestand zu beziehen, auf den die sowjetische Forschung vor einiger Zeit gestoßen ist. Aus diesem Gedanken könnte man folgern, daß das astrologische Geburtshoroskop die spezifische Einstimmung eines Menschen auf die kosmischen Kräfte symbolisiert und somit bei der Geburt die grundlegende Frequenz, den Rhythmus und die Resonanz seines Energiefeldes festlegt. Garrett schreibt, daß »die ›Geburt‹ einer jeden Substanz ihre Natur und natürliche Bestimmung kennzeichnet, und im Fall von angefertigten Dingen ihre Herstellung und den Zweck, zu dem sie hergestellt wurden.« (ibid., S. 175)

7. Zahlreiche Heilsysteme benutzen heute keine anderen Hilfsmittel als die tatsächlichen Energien des Heilers und des Patienten. (Der Unterschied zwischen »Medizin« und »Heilen« wird deutlich, wenn wir uns klarmachen, daß die Wörter »heal« und »whole« den gleichen ethymologischen Ursprung haben. Das heißt, daß ein wirkliches Heilsystem sich darum bemüht, den Patienten wieder zu einem Zustand der Ganzheit zu führen, während man in der modernen Medizin den Aspekt der Ganzheit häufig ignoriert und sich auf die oberflächlichen Symptome konzentriert.) Das folgende Zitat von Arthur Ford erläutert, wie bestimmte Heilsysteme funktionieren:

Daß der menschliche Körper Strahlung aussendet, ist seit 1923 wissenschaftlich bewiesen, nachdem der Leningrader Wissenschaftler Alexander Gurwitsch dies gemessen hat. George W. Crile demonstrierte im Jahre 1934, daß das Gehirngewebe Strahlen im sichtbaren, unsichtbaren und ultravioletten Bereich abgibt. Die stärksten menschlichen Strahlungen – das berichtete der Cornell-Forscher Dr. O. H. Rahn – senden die Fingerspitzen der rechten Hand aus... (*Unknown but Known*, 1974, S. 61).

Diese Tatsache mag erklären, warum das »Handauflegen« in vielen Kulturen und Religionen eine anerkannte Heilmethode gewesen ist, und auch, warum die rechte Hand gewöhnlich als die »positive« Hand angesehen wird. Dr. Randolph Stone, dessen Heilsystem nur die beiden Hände und die Energien der beiden Menschen gebraucht, schreibt:

Unsere Forschung im Bereich der Psychiatrie könnte großen Nutzen daraus ziehen, wenn wir dieses Durcheinander von mental-emotionalen Impulsen des Menschen auf eine *exakte Wissenschaft von der mental-emotionalen Anatomie, koordiniert mit der physischen Anatomie,* reduzieren könnten. So könnte eine vernünftige Psycho-Physiologie und sogar eine Pathologie dieser sehr feinen Energiefelder geschaffen werden. Dies wäre ein großer Schritt vorwärts bei dem Versuch, das Geheimnis des komplexen menschlichen Seins zu erkennen, das sich allen existierenden, vom Menschen erdachten Regeln und Feststellungen entzieht.

# Anhang C

## Astrologie und Polaritätstherapie

In allem ist ein Austausch von Energie, ein rhythmisches Pulsieren von Kontraktion und Ausdehnung, das uns erkennen läßt, daß eine Pflanze, ein Tier oder ein Mensch »lebendig« ist. Sogar die Zähne und Knochen sind in diesen vitalen Austausch von Energien mit den universellen Energiequellen einbezogen. Alle Substanz ergibt sich aus der unbegrenzten Kombination von Energiefrequenzen, und die grundlegenden Energien, die dabei wirksam sind, hat man als die vier Temperamente, die vier Elemente oder zusammengenommen je nach Kultur als Qi, Prana, Mana, Vitalkraft usw. bezeichnet. Jede lebendige Pflanze, jedes Tier und jeder Mensch *ist* ein komplexes Energiefeld, das zur gleichen Zeit auf vielen Ebenen tätig ist, und jeder muß seine eigene Frequenz erhalten, um wachsen und sich weiterentwickeln zu können. Bei der Geburt wird mit dem ersten Atemzug unsere direkte Energieversorgung, unsere Lebensader zur universellen Kraft und unsere direkte Einstimmung auf den Kosmos installiert. Solange unser individuelles Energiemuster fest begründet ist und ohne Behinderung fließt, sind wir in Kontakt mit der universellen Quelle der Lebenskraft und erleben diesen Zustand als vollkommene Gesundheit und emotionales Wohlbefinden. Aber aufgrund von physischen, mentalen oder emotionalen Schocks, falscher Ernährung oder negativen emotional-mentalen Mustern leben die meisten von uns in einem ständigen Zustand von Anspannung und haben das Gefühl, mit sich und der Welt unzufrieden zu sein. Mit anderen Worten, die Energieströme, die uns beleben, werden blockiert, sind unausgewogen, geraten aus dem Takt, und die Folge davon ist, daß wir Schmerzen haben, uns krank, müde oder depressiv fühlen.

Natürlich gibt es kein Leben ohne Spannung; niemand kann mit der materiellen Welt fertig werden, ohne Streß zu erfahren. Die Polaritätstherapie beruht nicht auf der Illusion, daß man einen Zustand immerwährender Entspannung erreichen kann, in dem alle Konflikte ein Ende haben. Statt dessen geht sie davon aus, daß die meisten Menschen ihre Energien effektiver einsetzen könnten, daß sie eine Menge Energie in dem Bemühen vergeuden, den Ausdruck einiger Energien zu blockieren, und daß sie ihre konflikthaften Erfahrungen mit mehr Bewußtsein und Konzentration durcharbeiten könnten, als sie das in der Vergangenheit getan haben. Die Polaritätstherapie geht davon aus, daß Körper, Geist und Gefühle zusammenwirken und sich wechselseitig beeinflussen. Auf der einen Seite beeinflussen Emotionen und Gedanken den Körper, auf der anderen Seite haben aber auch die Ernährung, die physikalische Umwelt und der allgemeine Gesundheitszustand eine enorme Wirkung auf das psychische Befinden. Während der Behandlung bei einem qualifizierten Polaritätstherapeuten wird möglichst alles mit einbezogen: Gefühle, Gedanken, Ernährung, körperliche Betätigung, Lebensgewohnheiten und spirituelle Neigungen; die Behandlung ist holistisch, und das Geburtshoroskop ist natürlich von unschätzbarem Wert für ein Verständnis der Ganzheit des Klienten, seiner ganz besonderen Bedürfnisse, Sehnsüchte, Konflikte, physischen Schwächen usw.

Das menschliche Energiefeld wird mittlerweile von der Wissenschaft als Tatsache angesehen, da sie von der Akupunktur, der Kirlian-Fotografie und anderen Forschungsergebnissen dazu gezwungen wurde. Dieses Konzept vom Menschen als lebendiges Energiefeld ist natürlich nichts Neues. Medial Begabte haben seit Jahrtausenden »Auren« gesehen und haben anhand der Aura physische, mentale und emotionale Probleme diagnostiziert. Heutzutage machen wir leider so viel »Erziehung« durch, daß wir schon sehr früh im Leben vergessen, was wirklich ist. Unser Geist wird mit so viel nutzlosen Informationen und so viel toten intellektuellen Konzepten vollgestopft, daß wir Jahre brauchen, um unsere ursprüngliche Empfänglichkeit für die Energien, die sich in allem Leben manifestieren, wiederzugewinnen. Die Polaritätstherapie ist eine Methode, direkt mit den Lebensenergien zu arbeiten, eine Einführung in das Wissen über die Funktionen der Lebenskräfte und gleichzeitig ein enorm wirkungsvolles therapeutisches Instrument. Der Kern der Polaritätstherapie ist elegant in seiner Einfachheit, obwohl die Oberfläche dem Neuling als eine beeindruckende Wissenschaft für sich erscheint, die er niemals glaubt bewältigen zu können. Darin ist sie der Astrologie ähnlich: ein System, das so einfach und einheitlich in seinem Kern ist, daß man Jahre der Praxis braucht, um seine Einfachheit zu erkennen.

Die Polaritätstherapie ist eine Methode, mit den fundamentalen Energien des Lebens zu arbeiten und diese Ströme (Luft, Feuer, Erde und Wasser) in einen Zustand des Gleichgewichts zu bringen, indem man die Hindernisse beseitigt, die sich ihrem freien Fließen durch das gesamte Energiefeld entgegenstellen. Die Polaritätstherapie ist eine der sehr wenigen Methoden in der Heilkunst, die es dem Praktiker ermöglichen, direkt mit den Energien zu arbeiten, die vom individuellen Geburtshoroskop symbolisiert werden. Indem man es ermöglicht, daß sich dieser Zustand eines fließenden Gleichgewichts herstellt, versetzt man die Energien wieder in die Lage, jeden nötigen Heilungsprozeß selbst in Gang zu setzen. Der Therapeut ist nicht der Heiler; er regt nur die eigenen Heilkräfte des Klienten an, sich durchzusetzen. Der ausgewogene Zustand, der durch die Polaritätstherapie entsteht, gibt dem Klienten die Erfahrung einer ausgesprochen tiefen Entspannung und ein erweitertes Bewußtsein seiner grundlegenden Bedürfnisse, Energien und Wachstumsmöglichkeiten.

Bevor wir uns im einzelnen mit den Techniken und Implikationen der Polaritätstherapie beschäftigen, möchte ich kurz auf den historischen Hintergrund eingehen. Die Polaritätstherapie wurde in ihrer gegenwärtigen Form von Dr. Randolph Stone, einem Osteopathen und Chiropraktiker mit über sechzigjähriger Praxis, entwickelt und zusammengestellt. In den 40er Jahren dieses Jahrhunderts begann Dr. Stone die Prinzipien der Polaritätstherapie zu formulieren, indem er Inspiration, tiefe Einsicht, mediale Empfänglichkeit und persönliche Unterweisungen von vielen Ärzten, Heilern und spirituellen Lehrern aus der ganzen Welt (aber besonders aus Indien) miteinander verband. Er veröffentlichte zahlreiche Bücher über das Thema (die alle aus privaten Quellen noch erhältlich sind, aber kaum in Buchhandlungen geführt werden) und lehrte die Polaritätstherapie in Seminaren bis zu seinem Rückzug in den Ruhestand 1973 im Alter von 84 Jahren. Das Einzigartige an der Polaritätstherapie ist, daß sie anknüpfen kann an Akupunktur, Shiatsu, Yogaheilmethoden, ayurvedischer Medizin, Zonen-Therapie und Reflexologie, den Kern all dieser Systeme umfaßt und in vollkommener Übereinstimmung mit spirituellen Disziplinen und astrologischen Faktoren ist.

Die Hellseherin Eileen Garrett hat in ihrem Buch *Awareness* Energiezentren im menschlichen Körper beschrieben, die mit den Chakren der Yoga-Tradition und den Konzepten, die Dr. Stone in seinen Büchern vorstellt, identisch sind. Sie schreibt: »Obwohl es viele Therapien gibt, gibt es nur eine Art des Heilens. Ob man einen Menschen von seinem physischen Organismus oder von seinem psychologischen Zustand her zu behandeln versucht, immer strebt man nach der Reintegration der Kräfte des Lebens.« Diese Lebenskräfte werden von Dr. Stone in den vier Elementen gesehen, die die

Grundlage der gesamten astrologischen Theorie bilden. Die Elemente haben eine Beziehung zu bestimmten physischen und psychologischen Funktionen und ebenso zu gewissen Energiezentren (Chakren) im Gesamtenergiefeld. Nach Dr. Stone sind die vier Elemente (im Sanskrit »tattvas«) »das Feld und die strukturellen Gewebe der Anatomie. Sie stützen den Lebensatem des ›prana‹, der durch unseren Körper fließt«. Sie sind die unsichtbaren Erbauer aller Lebensstrukturen und müssen in Harmonie zusammenwirken, wenn der Mensch eine gute Gesundheit haben soll. Diese Energien sind nach Dr. Stone »eine feine Spielart der wesensmäßigen Substanz des Geistes und der Gefühle in ihren verschiedenen Funktionen«. Er fährt fort:

> Ebenso wie die planetarischen Körper in gewisser Weise einen Einfluß aufeinander ausüben, so stimulieren oder behindern ihre entsprechenden elektromagnetischen Felder auch im menschlichen Körper die Vitalfunktionen eines Individuums. Im Makrokosmos verkörpern die Zeichen und Planeten Schlüsselnoten der atomaren Kräfte, die sich in Polarität und Wirkung unterscheiden... Sie beeinflussen uns durch die gleichen Schwingungsenergien, die in uns selbst vorhanden sind, und auf die wir daher reagieren können. Es gibt in uns ganz bestimmte Zentren, die mit bestimmten Zentren im Universum korrespondieren. Die Sendeaktivität feiner Energien im Universum erhält, wie die Luft, die wir atmen, unseren physischen Körper. Wir haben eine festgelegte Beziehung zu diesen Kräften, aber wir haben im Außen keine Kontrolle über sie.

## Die vier Elemente

In der Polaritätstherapie (und auch in der Ayurvedischen Medizin) werden dem Element *Luft* das Nervensystem, geistige Prozesse, Wahrnehmung und Ausdruck zugeordnet. *Feuer* ist das wärmende, energiespendende Prinzip des Kreislaufsystems. Der Strom des Feuers manifestiert sich als das Licht der Augen, die Hitze des Gehirns (Widder), das Feuer der Verdauung im Solar-Plexus-Bereich (Löwe) und die motorische Energie in den Schenkeln (Schütze). Das Strömen der Luft ist besonders aktiv in den Lungen und drückt sich als Intelligenz durch die Hände aus (Zwillinge), im Bereich der Niere (Waage), und es lädt den Körper in der Knöchelgegend elektrisch auf (Wassermann). *Wasser* ist das glättende, kühlende, heilende und nährende Prinzip, das in allen Sekretionsdrüsen und Schleimhäuten seinen Ausdruck findet (Krebs z. B. regiert traditionell die Brüste, Skorpion die Nase und Genitalien und Fische das Lymphsystem). Das Element *Erde* bezieht sich auf die grobstoffliche Substanz des Körpers, auf die körperliche Erscheinung eines Menschen und auf die Aufnahme und Ausscheidung irdischer Materie, die für die Aufrechterhaltung des physischen Körpers benötigt wird. Traditionell regiert Steinbock Knochen, Zähne und die Haut; Stier hat mit den greifbaren Formen aller irdischen Dinge zu tun, und die Jungfrau ordnet man den Eingeweiden zu.

Dr. Stone sagt, daß ein Verständnis für die fundamentalen Energien »die Grundlage für das Geheimnis der Verbindung zwischen Bewußtsein und Materie sei.« Er erläutert, daß die allgemeine medizinische Praxis in ihren Prinzipien und ihrer Anwendung heute viel mehr grob physikalisch als atomar begründet sei. Aber wie die Astrologie deutlich macht, beginnt der tatsächliche Lebenszyklus einer jeden Kreatur als ein Prozeß von spezifischen Kraftlinien, spezifischen Energieprägungen, die, entsprechend einem bestimmten Keimmuster, freigesetzt werden. Dr. Stones Kritik an der modernen mechanischen Medizin ließe sich gleichermaßen auf die allgemeine Praxis der medizinischen Astrologie anwenden, denn die meisten, die in diesem Bereich tätig sind, neigen dazu, spezifische Organe, Körperzonen und »Krankheits«bezeichnungen zu isolieren, was in Wirklichkeit nur wenig nützt. Ein konstruktiver Ansatz in der medizinischen Astrologie und in der Praxis der Heilkunst wäre es, wenn man sich auf die gestörten *Funktionen* und *Prozesse* konzentrierte.

So wird uns z. B. das Wissen, daß Waage die Nieren »regiert«, nicht viel nützen und uns nicht helfen, Nierenstörungen zu verhindern. Aber wenn man erkannt hat, daß das Zeichen Waage und die Nieren mit dem Energiestrom der Luft assoziiert werden, und wenn man weiß, daß diese Energien stimuliert, umgewandelt oder in eine andere Richtung gelenkt werden können, kann man sich einer ganz neuen Auffassung vom Heilen öffnen, einer Auffassung, die sich mit den fundamentalen Energien befaßt, die die gesamte Schöpfung mit Leben erfüllen. Eine solche Auffassung kann uns zu einer ganzheitlichen und holistischen Theorie von Gesundheit, Krankheit (»dis-ease«) und Heilen verhelfen. Krankheit ist nicht ein besonderer Zustand, sondern vielmehr Bestandteil des menschlichen Seins; man könnte sie als zeitweiligen Ausbruch oder Intensivierung vorhandener Prozesse betrachten. Eine medizinische Astrologie, die auf der energetischen Ebene arbeitet, kann ein Schlüssel zu den kontinuierlichen Vorgängen sein, die jeden von uns mit Leben erfüllen; und die Astrologie stellt eine Sprache dar, mit der wir verschiedene Arten von Energie und ihre spezifische Dynamik beschreiben können.

Es ist unmöglich, die Vielzahl von Techniken und Verfahrensweisen, deren man sich in der Polaritätstherapie bedient, genau zu beschreiben. Alle Praktizierenden der Polaritätstherapie machen ihre Ausbildung in Kursen, die so aufgebaut sind, daß ihnen die zahlreichen Techniken zunächst demonstriert werden, und sie diese dann an vielen verschiedenen Menschen erproben, um ein wirkliches Verständnis für die zugrundeliegenden Prinzipien zu gewinnen. Wenn wir nun den obengenannten Fall von »Nierenstörungen« als Beispiel nehmen, wird ein Polaritätstherapeut die Person als Ganzes betrachten und sie über ihre Essensgewohnheiten, ihre gegenwärtige Situation, ihren psychologischen Zustand und andere wichtige Punkte befragen. Zweifellos wird das Strömen der Luft blockiert sein mit den dazugehörigen Symptomen wie Schmerzen in den Nieren (Waage), vielleicht geschwollenen oder vernarbten Knöcheln (Wassermann) und höchstwahrscheinlich auch einer Beeinträchtigung des Zwerchfells und der Lungen (Zwillinge), die dem Patienten vielleicht noch nicht einmal richtig bewußt sind. Der Therapeut kann dann direkt auf diese Körperbereiche einwirken, indem er bestimmte Techniken benutzt, um das Strömen der Luftenergie freizusetzen. In vielen solcher Fälle wird er jedoch feststellen, daß auch das Fließen des Wassers blockiert ist, daß es das Luftelement regelrecht erstickt, und daß der Patient in dieser Zeit bestimmte emotionale Konflikte erlebt. Ein Blick auf die laufenden Transite und Progressionen wird gewöhnlich sehr genau anzeigen, welcher Art diese Konflikte sind, und wenn man mit dem Patienten darüber spricht und gleichzeitig die manipulativen Techniken anwendet, kann es ihm völlig bewußt werden, auf welche Art er seinen Energiefluß blockiert hat. Im Verlauf der Behandlung wird der Therapeut wahrscheinlich das leichtere Strömen des Atems, tiefe Seufzer, Gähnen, Rekeln und andere Anzeichen für das Freiwerden des Luftstroms bemerken.

Ich möchte noch ein anderes Beispiel geben. Nehmen wir einen Klienten an, der im Geburtshoroskop viele schwierige Aspekte auf Planeten im Skorpion hat, die zur Zeit durch Transite und Progressionen noch aktiviert werden, was eine Blockierung des Wasserenergiestroms und ernste emotionale Probleme zur Folge hat. In diesem Fall wird man nicht nur mit der Beckengegend des Körpers arbeiten, sondern auch den Füßen (Fische), dem gesamten Verdauungsbereich (Krebs) und bestimmten anderen Stellen des Körpers, die mit dem Fließen der Emotionen zu tun haben, besondere Aufmerksamkeit schenken. Mit dem Freiwerden des Wasserstroms wird der Patient dem Ausdruck von Gefühlen wieder freien Lauf lassen, durch Seufzen, Weinen, indem er über seine Schmerzen spricht, oder einfach durch das Loslassen des Verlangens und der Erwartungen, die ursprünglich die Spannung erzeugt haben. Das übliche physische Symptom für die Freisetzung des reinigenden und glättenden Wasserenergiestroms sind starke Schweißausbrüche. Wenn dann die Energieströme einigermaßen fließen, kann man damit beginnen, die Energiefelder durch die Anwendung anderer Techniken zu polarisieren. Die Grundpolaritäten, mit denen man arbeitet, werden von den Paaren der Oppositionszeichen im Tierkreis angezeigt. Bei einem Klienten z. B., dessen Skorpion-Planeten aktiviert sind, wird man das Kreuzbein (Skorpion) mit dem Nacken (Stier) polarisieren, indem man auf beide Bereiche des Körpers eine Hand legt und so lange in dieser Position bleibt, bis eine Balance erreicht ist. Bei jemandem mit Lungen- oder Luftenergieblockaden (angezeigt z. B. von spannungsreichen Aspekten auf Zwillinge-Planeten) wird man Hüfte, Gesäß und Schenkelgegend (Schütze) mit der Schultergegend (Zwillinge) polarisieren. (Diese besondere Polarität wird übrigens besonders in dem Buch von Dr. Louis Moos *Acupuncture and You* behandelt, in dem er diese beiden Gegenden als ganz spezifische »Auslöserzonen« für die Behandlung von Arthritis durch Akupunktur nennt.)

Obwohl jemand, der die Polaritätstherapie von außen beobachtet, denken könnte, daß man nur mit dem physischen Körper arbeitet, ist es tatsächlich so, daß das Energiefeld des Therapeuten gleichermaßen die physischen, geistigen und emotionalen Energiefelder des Klienten aktiviert. Alle Ebenen des Daseins sind bei seiner Behandlung mit einbezogen, obwohl Menschen, die sehr unbewußt sind, diesen Aspekt der Behandlung nicht erkennen. Die meisten Menschen werden jedoch auf sehr tiefen Ebenen eine unmittelbare Reaktion auf die Behandlung erfahren; und wieweit sie davon profitieren können, wird ganz von ihrer Offenheit für die Erfahrung und ihrem Grad der Selbsterkenntnis abhängen. Es sollte noch darauf hingewiesen werden, daß die meisten Polaritätstherapeuten keine Astrologen sind. Dr. Stone kannte die Astrologie sehr gut und hat an ihr einige seiner Einsichten gewonnen, aber er war kein praktizierender Astrologe. Von daher ist den meisten Polaritätstherapeuten nicht bewußt, ein wie wertvolles Werkzeug die Astrologie sein kann. Sie alle haben in ihrer Ausbildung Bekanntschaft mit den vier Elementen und ihren Funktionen gemacht, aber mehr auch nicht. Um fair zu sein, muß ich jedoch sagen, daß einige der besten Therapeuten überhaupt kein Wissen von der Astrologie haben; man sollte also nicht davon ausgehen, daß dies notwendigerweise den Wert der Arbeit dieser Leute schmälert. Die Polaritätstherapie ist ein System von immenser Kraft und großem Wert, und ein zusätzliches astrologisches Wissen wird es dem Therapeuten einfach leichter machen, sich auf den Menschen, mit dem er arbeitet, einzustellen, und er kann umfassender wahrnehmen, was dieser Mensch durchlebt, und wie lange es andauern wird.

Entsprechend wertvoll ist es für praktizierende Astrologen, die Polaritätstherapie zu erlernen. Vor allen Dingen wird ein Astrologe, der eine gewisse Meisterschaft in dieser Therapieform erreicht hat, Klienten mit ernsthaften Problemen nicht mehr nur mit guten Ratschlägen, einem Schulterklopfen und philosophischer Ermunterung abspeisen müssen. Statt dessen kann er direkt mit den vitalen Energien arbeiten, dem Menschen helfen, mit spannungsreichen Perioden schneller fertig zu werden und seinen Klienten eine unmittelbare Erfahrung davon geben, wie die Lebenskräfte in ihm wirken. Ein weiterer Vorteil der Polaritätstherapie liegt darin, daß durch einige wenige Behandlungen ein Mensch, der eine sehr spannungsreiche Periode durchgemacht hat (angezeigt durch verschiedene Transite, Zyklen etc.), sein Gleichgewicht schneller wiederfinden und die psychischen und physischen Nachwirkungen auflösen kann, die sonst Jahre andauern können. Tatsache ist, daß die meisten Menschen Reste von Spannungen und emotionale Narben aus vergangenen Schockerlebnissen mit sich herumtragen, die sie schon vor Jahren hätten hinter sich lassen können. Die Polaritätstherapie ist eine Methode, diese Art von Entwicklungen zu ermutigen.

Obwohl die meisten Polaritätstherapeuten keine Doktoren der Medizin sind, kenne ich persönlich zwei Dres. med., die dieses System in ihrer täglichen Praxis anwenden. Außerdem haben Dutzende von Chiropraktikern an Workshops und Seminaren von Dr. Stone teilgenommen, von denen einige diese Techniken in die chiropraktische Arbeit integriert haben. Die übliche Vorgehensweise bei einer polaritätstherapeutischen Behandlung sieht so aus, daß eine Serie von mindestens drei Terminen verabredet wird, und daß man während dieser Zeit eine von Dr. Stone festgesetzte Reinigungsdiät macht. Die kumulative Wirkung dieser Diät *und* der Serie von Behandlungen ist wesentlich größer, als wenn man nur eine Behandlung bekommt und dann auf eine Wunderheilung hofft. Dieses System hat absolut nichts mit Glaubensheilung, spiritueller Heilung oder medialer Heilung zu tun. Es ist eine eigene Wissenschaft, deren Anwendung den Therapeuten nicht erschöpfen muß, da er nur die *eigenen* Energien des Patienten stimuliert und nicht seine Energien überträgt, um den Erschöpfungszustand des Klienten auszugleichen.

Wenn erst einmal die besondere Verteilung der Elemente in einem Horoskop festgestellt ist, kann man auch leicht eine Diät entwerfen, die mit den Bedürfnissen dieses Menschen in Übereinstimmung ist. Dr. Stone hat den Elementen bestimmte Nahrungsmittel zugeordnet, indem er die darin enthaltenen Energie-Essenzen bestimmt hat. Dies ist durchaus keine neue Erfindung, denn in der indischen ayurvedischen Medizin wird dies seit Jahrtausenden gemacht. Eine vollständige Ausführung von Dr. Stones Diätgrundsätzen findet man in seinen Büchern, die alle von folgender Adresse zu beziehen sind: Cycles Research and Consulting Services; 231 E Street, Suite 8, Davis, California 95616. Bei der gleichen Adresse kann man auch Auskunft über Polaritätstherapie-Kurse erhalten. Zusammengenommen bilden die Astrologie und die Polaritätstherapie die genaueste und wirkungsvollste Methode, die ich kenne, um mit den Herausforderungen des Lebens zu arbeiten und eine dauerhafte Gesundheit und Ganzheit zu erlangen.

Polarity-Kontaktadresse:

Pierre Pannetier Polarity Center
401 N. Glaswell
Orange, CA 92666
USA

# Bibliographie zu Teil I


## Kapitel 1

Einstein, A. *Ideas and opinions.* New York: Crown Publishers, 1954
Freud, S. Quoted in Unitarian-Universalist Psi Symposium Transcripts, 1970
Kepler, J. *Somnium.* Madison: Univer. of Wisconsin Press, 1967
Marrone, R. L. *Consciousness and evolution: A radical introduction to psychology.* (Unpublished manuscript, Sacramento State College) 1971
Oppenheimer, R. Lecture at American Psychological Association Convention, 1971
Rudin, J. *Psychotherapy and religion.* South Bend, Ind., Notre Dame University Press, 1968
Smith, H. Editorial in *The Cooperator,* 1971, 1, pp. 1–4
Stossel, H. *Cosmobiology,* 1959, July 25
Whyte, L. L. *Accent on form.* New York, Harper & Bros., 1954

## Kapitel 2

Goethe, J. *Faust.* Trans. by Bayard Taylor. New York, Modern Library, 1950
Goodavage, J. *Astrology: The space age science.* New York, Signet, 1967
Jeans, J. *The mysterious universe.* New York, Macmillan, 1932
Laucks, I. Editorial in *The Cooperator,* 1971, 1, p. 5
Mowrer, O. H. "Sin," the lesser of two evils. In M. Zax & G. Stricker (Eds.), *The study of abnormal behavior.* (2nd ed.) New York, Macmillan, 1969
Rudin, J. *Psychotherapy & religion.* South Bend, In., Notre Dame Univer. Press, 1968

## Kapitel 3

Crebo, Anna. Creativity, psychology, and the cosmos. *The Journal of Astrological Studies,* 1970, 1, 74–83
Dobyns, Zipporah. The integration of humanistic psychology and astrology. *Kosmos,* 1971, 4 (1), 8–10
Goethe, J. Quoted in L. L. Whyte. *Accent on form.* New York, Harper & Bros., 1954
Jung, C. G. *The undiscovered self.* New York, Mentor, 1958
May, R., Angel, E., & Ellenberger, H. F. (Eds.) *Existence: A new dimension in psychiatry and psychology.* New York: Basic Books, 1958
May, R. Existential bases of psychotherapy. In M. Zax & G. Stricker (Eds.), *The study of abnormal behavior.* (2nd ed.) New York, Macmillan, 1969
Rudhyar, D. The part of fortune. Lecture given at American Federation of Astrologers Convention, Boston, 1964
Rudhyar, D. *AFA Bulletin,* Washington, D.C., November 20, 1968
Rudhyar, D. How can astrology's claims be proven valid? *Aquarian Agent,* 1970, 10, 7–9
Ruperti, A. Astrology and the needs of modern man. *Kosmos,* 1971, 4 (2), 5–8

Suzuki-roshi, S. *Zen Mind, beginner's mind.* New York, Walker/Weatherhill, 1970
Teilhard de Chardin, P. Esquisse d'un univers personnel. Paris, May 4, 1936
Van Dusen, W. The natural depth in man. In C. Rogers & B. Stevens (Eds.), *Person to person: The problem of being human.* Lafayette, Calif., Real People Press, 1967
Whyte, L. L. *The next development in man.* New York, H. Holt, 1948
Whyte, L. L. *Accent on form.* New York, Harper & Bros., 1954

## Kapitel 4

Campbell, J. The historical development of mythology. In H. A. Murray (Ed.), *Myth and mythmaking.* New York: George Braziller, 1960
Carré, M. H. *Phases of thought in medieval England.* Oxford Univer. Press, 1949
Dobyns, Zipporah. Astrology as a psychological tool. *Aquarian Agent,* 1970, 1 (9), 1
Jung, C. G. Interview with André Barbault. *Astrologie Moderne,* May 26, 1954
Jung, C. G. Die Archetypen und das kollektive Unbewußte. Walter, Olten 1976
Jung, C. G. *The structure and dynamics of the psyche.* London, Routledge & Kegan Paul, 1960
Metzner, R. Astrology: Potential science and intuitive art. *The Journal of Astrological Studies,* 1970, 1, 164–177
Whitmont, E. Why causality? *Aquarian Agent,* 1970, 1 (13), 8
Whyte, L. L. *Accent on form.* New York, Harper & Bros., 1954

## Kapitel 5

Barnett, L. Quoted in Margaret Hone. *The modern text book of astrology.* London, Fowler, 1951
Dobyns, Zipporah. The integration of humanistic psychology and astrology. *Kosmos,* 1971, 4 (1), 8–10
Ebertin, R. Kombination der Gestirnseinflüsse, Ebertin Verlag, Aalen, 1960
Glynn, T. A link between the alpha state and a scientific basis of astrology. *AFA Bulletin,* 1972, 34 (3), 28–31
May, R. Existential bases of psychotherapy. *American Journal of Orthopsychiatry,* 1960, 30, 685–695
Pay, R. Position of planets linked to solar flare prediction. *Technology Week,* May 15, 1967
Rudhyar, D. Astrologie der Persönlichkeit, Hugendubel, München, 1979
Rudhyar, D. *The practice of astrology.* Wassenaar, The Netherlands, Servire, 1968
Rudhyar, D. *Birth patterns for a new humanity.* Wassenaar, The Netherlands, Servire, 1969
Rudhyar, D. *The planetarization of consciousness.* Wassenaar, The Netherlands, Servire, 1970
Ruperti, A. Astrology and the needs of modern man. *Kosmos,* 1971, 4 (2), 5–8

Bugenthal, J. F. T. *Challenges of humanistic psychology.* New York, McGraw-Hill, 1967
May, R. Existential bases of psychotherapy. In M. Zax & G. Stricker (Eds.), *The study of abnormal behavior.* (2nd ed.) New York, Macmillan, 1969
Rogers, C. & Stevens, B. *Person to person: The problem of being human.* Lafayette, Calif., Real People Press, 1967
Rudhyar, D. *AFA Bulletin,* November 20, 1968
Rudhyar, D. *Astrology for new minds.* Lakemont, Ga., CSA Press, 1969
Rudhyar, D. Humanistic Astrology. *Aquarian Agent,* 1971, 2 (1), 4–5
Termerlin, M. On choice and responsibility in a humanistic psychology. *Journal of Humanistic Psychology,* 1963, 3 (1)

## Lesevorschläge

Arroyo, Stephen
*Astrologie, Karma & Transformation*
*Relationships & Life Cycles*
Carter, Charles E. O.
*The Astrological Aspects*
*An Encyclopedia of Psychological Astrology*
Davidson, Dr. William
*Lectures on Medical Astrology*
Ebertin, Reinhold
*The Combination of Stellar Influences*
Greene, Liz
*Saturn*
*Relating*
Guggenbuhl-Craig, Adolf
*Power in the Helping Professions*
Hall, Manly P.
*Secret Teachings of All Ages* (much material on the elements)
Hone, Margaret
Huber, B./L.: Lebensuhr im Horoskop
API, Adliswil 1980
Jung, C. G.
*Essay on a Science of Mythology*
*Four Archetypes*
*Der Mensch und seine Symbole*
*Erinnerungen, Träume, Gedanken*
*Die Welt der Psyche*
*Seelenprobleme der Gegenwart*
*Psychologische Typen*
*Undiscovered Self*

Laymann, Dr. Marvin
*Interviewing and Counseling Techniques for Astrologers*
Mayo, Jeff
*The Planets and Human Behavior*
*Astrologers Astronomical Handbook*
Montgomery, Ruth
*Born to Heal*
Pagan, Isabelle
*From Pioneer to Poet* (The Signs of the Zodiac Analyzed)
Rudhyar, Dane
*Astrology & the Modern Psyche*
*The Practice of Astrology*
*The Pulse of Life*
*Astrologie der Persönlichkeit*
*Triptych*
*Person-Centered Astrology*
*Das astrologische Häusersystem*
*The Lunation Cycle*
*An Astrological Study of Psychological Complexes and Emotional Problems*
Sargent, Lois H.
*How to Handle Your Human Relations* (Synastry)
Tyl, Noel
*Astrology & Personality*

# transformation

Marcus Allen
**Tantra für den Westen**
Der direkte Weg zur persönlichen Freiheit (8392)
**Astrologie für das Neue Zeitalter** (8517)

Lynn Andrews
**Die Medizinfrau**
Der Einweihungsweg einer weißen Schamanin (8094)

Itzhak Bentov
**Auf der Spur des wilden Pendels**
Abenteuer im Bewußtsein (7973)
**Comic Book**
Wie die Schöpfung funktioniert (8334)

Joachim-Ernst Berendt
**Nada Brahma – die Welt ist Klang** (7949)
**Das Dritte Ohr**
Vom Hören der Welt (8414)

Morris Berman
**Wiederverzauberung der Welt**
Am Ende des Newtonschen Zeitalters (7941)

Arthur J. Deikmann
**Therapie und Erleuchtung**
Die Erweiterung des menschlichen Bewußtseins (8089)

Larry Dossey
**Die Medizin von Raum und Zeit**
Ein Gesundheitsmodell. Vorwort von Fritjof Capra (8327)

Norbert A. Eichler
**Das Buch der Wirklichkeit**
Das I Ging für das Wassermann-Zeitalter (7921)

Reshad Feild
**Leben um zu heilen** (8509)
**Schritte in die Freiheit**
Die Alchemie des Herzens (8503)

Piero Ferrucci
**Werde was du bist**
Selbstverwirklichung durch Psychosynthese (7980)

sachbuch rororo transformation

C 2296/3

transformation

Michael Harner
**Der Weg des Schamanen**
Ein praktischer Führer zur inneren Heilkraft (7989)

Paul Hawken
**Der Zauber von Findhorn**
Ein Bericht (7953)

Jean Houston
**Der mögliche Mensch**
Handbuch zur Entwicklung des menschlichen Potentials (8323)

George Leonhard
**Der Rhythmus des Kosmos** (7959)

Lawrence LeShan
**Von Newton bis PSI**
Neue Dimensionen im Umgang mit der Wirklichkeit (7966)

Douglas Lockhart
**Wer den Wind reitet**
Ein westlicher Weg zum Selbst (8370)

Jeff Love
**Die Quantengötter**
Ursprung und Natur von Materie und Bewußtsein (8418)

David Loye
**Die Sphinx und der Regenbogen**
Das Potential unseres Bewußtseins, die Zukunft voraussehen (8461)

Bruno Martin
**Handbuch der spirituellen Wege**
Überarbeitete Neuausgabe (7909)

Caitlin und John Matthews
**Der westliche Weg**
Ein praktischer Führer in die alten Geheimlehren
Band 1: (8483)
Band 2: (8510)

Hermann Meyer
**Astrologie und Psychologie**
Eine neue Synthese (7995)

Peter O'Connor
**Innere Welten**
C.G. Jung verstehen – sich selbst verstehen (8438)

transformation

Peter Orban
**PLUTO**
Über den Dämon im Innern der eigenen Seele (8530)

**Psychologie in der Wende**
Grundlagen, Methoden und Ziele der Transpersonalen Psychologie. Eine Einführung in die Psychologie des Neuen Bewußtseins.
Herausgegeben von Roger N. Walsh und Frances Vaughn (8362)

Jeremy Rifkin
**Kritik der reinen Unvernunft**
Pamphlet eines Häretikers (8317)

Theodore Roszak
**Mensch und Erde auf dem Weg zur Einheit**
Ein Manifest (7998)

Stephano Sabetti
**Lebensenergie**
Erscheinungsformen und Wirkungsweise – ein ganzheitliches Erklärungsmodell (8356)

E. F. Schumacher
**Rat für die Ratlosen**
Vom sinnerfüllten Leben (8311)

Idries Shah
**Das Zauberkloster**
Alte und neue Sufi-Geschichten (8303)
**Denker des Ostens**
Studien in experimenteller Philosophie (8452)

Mary Summer Rain
**Spirit Song**
Der Weg einer Medizinfrau (8537)

Jeremy Taylor
**Das innere Universum**
Die schöpferische Kraft der Träume (8490)

William Irwing Thompsen
**Der Fall in die Zeit**
Mythologie, Sexualität und Ursprung der Kultur (8341)

Uwe Topper
**Wiedergeburt**
Das Wissen der Völker (8430)

rororo sachbuch
transformation

C 2296/3 b

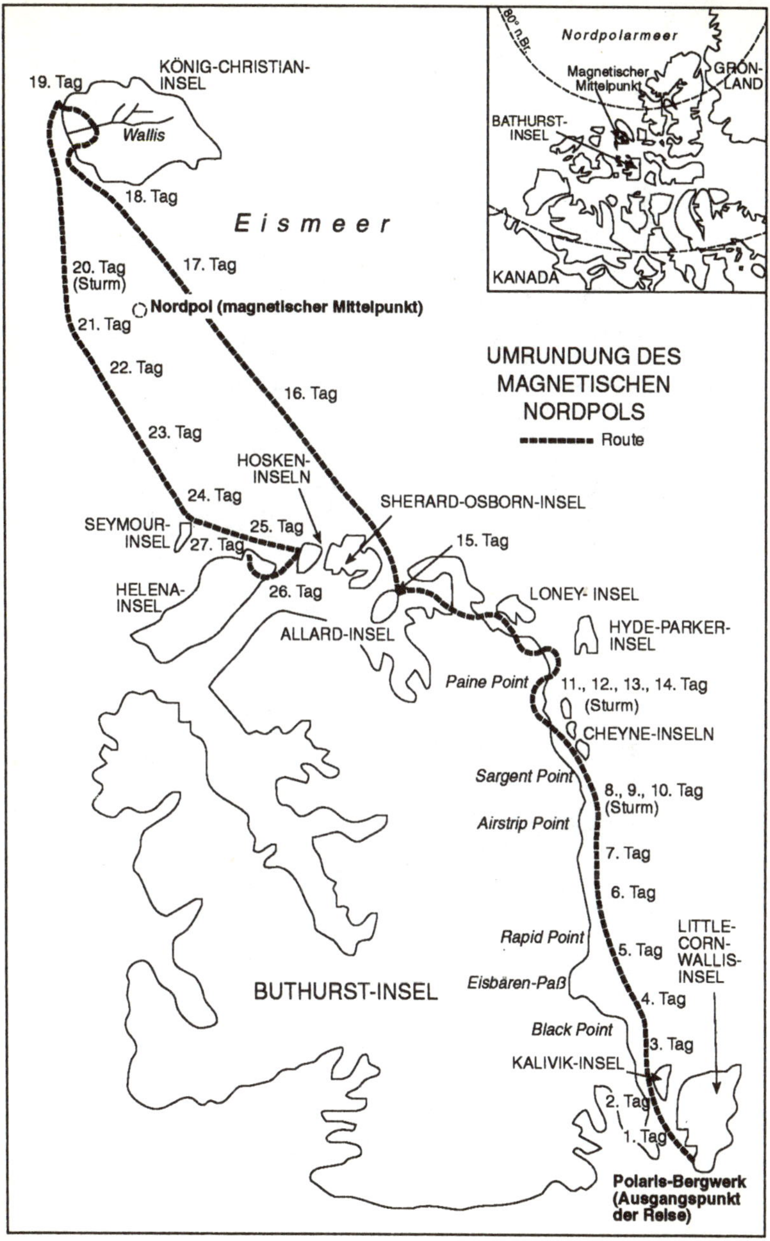
UMRUNDUNG DES MAGNETISCHEN NORDPOLS
Route
Nordpolarmeer
80° n.Br.
Magnetischer Mittelpunkt
GRÖN-LAND
BATHURST-INSEL
KANADA
KÖNIG-CHRISTIAN-INSEL
Wallis
19. Tag
18. Tag
Eismeer
17. Tag
20. Tag (Sturm)
Nordpol (magnetischer Mittelpunkt)
21. Tag
22. Tag
16. Tag
23. Tag
HOSKEN-INSELN
24. Tag
SHERARD-OSBORN-INSEL
SEYMOUR-INSEL
25. Tag
27. Tag
15. Tag
HELENA-INSEL
26. Tag
LONEY- INSEL
HYDE-PARKER-INSEL
ALLARD-INSEL
Paine Point
11., 12., 13., 14. Tag (Sturm)
CHEYNE-INSELN
Sargent Point
8., 9., 10. Tag (Sturm)
Airstrip Point
7. Tag
6. Tag
Rapid Point
5. Tag
LITTLE-CORN-WALLIS-INSEL
Eisbären-Paß
BUTHURST-INSEL
4. Tag
Black Point
3. Tag
KALIVIK-INSEL
2. Tag
1. Tag
Polaris-Bergwerk (Ausgangspunkt der Reise)